교회가 알아야 할
법 이야기

교회가 알아야 할 법 이야기

제1판 1쇄 발행 2015년 4월 20일
제1판 3쇄 발행 2015년 5월 10일
제2판 1쇄 발행 2016년 1월 25일
제2판 3쇄 발행 2022년 9월 30일

지은이 | 황교안 · 최기식
발행인 | 김용성
펴낸곳 | 요단출판사
　　　　　07238 서울특별시 영등포구 국회대로 76길 10
기　획 | (02)2643-9155
보　급 | (02)2643-7290~1   Fax (02)2643-1877
등　록 | 1973. 8. 23. 제13-10호

ⓒ 2016. 황교안 · 최기식 all rights reserved.

기획편집 | 박찬익
디 자 인 | 꽃밥
제　　작 | 정준용
보　　급 | 김동융 이대성

값 15,000원
ISBN 978-89-350-1591-7 03230

이 책의 한국어판 저작권은 저자가 소유하고 있습니다.
저자나 출판사의 사전 승인 없이 책의 내용이나 표지 등을 복제, 인용할 수 없습니다.

교회가 알아야 할 법 이야기

황교안 · 최기식 지음

요단

추천의 글

　내가 아는 황교안 변호사는 신실한 기독법조인이다. 검사로 재직할 때는 각 검찰청에 신우회를 세우는 일에 앞장섰고, 기독교 민영교도소인 소망교도소의 건립 사역에 적극적으로 참여하였으며, 침례신문, 십대선교회(YFC), 세진회 이사로 활동하는 등 교계 연합사업에도 열정을 보이고 있다. 한국 교계를 참으로 사랑하는 사람이다.

　그가 이번에 교회와 신앙생활에 필요한 법률상식을 묶어 책으로 펴내게 되었다. 기독법조인으로서 평소 교회 분쟁을 안타까운 마음으로 바라보던 중, 그 분쟁의 예방을 목적으로 집필하게 된 것이다. 교회에 적용되는 세상법을 소개하는 책이 거의 없어 아쉬웠는데, 이번에 황 변호사에 의해 이 책이 발간된 것은 매우 반가운 일이다.

　이 책은 교회 주변에서 일어날 수 있는 각종 분쟁사례들을 망라하여 잘 정리하였다. 그리고 법률전문가가 아니더라도 이해할 수 있도록 쉽게 설명하고 있다. 요즘 교회 분쟁이 많아지고 있는데, 교회법 상식을 미리 갖고 있으면 분쟁화하는 것을 예방하는 데 크게 도움이 되리라고 본다. 교회 행정을 맡고 있는 분들에게는 필독서라고 할 수 있다.

이제 한국 기독교계에서도 평신도들의 역할이 중요해지고 있다. 특히 법률, 의료, 상담 등 전문분야에서 평신도 전문가들의 적극적 참여와 기여가 필요한 시점이다. 이 책이 한국 교회의 법률분쟁을 예방하고 원만히 해결하는 데 유용한 길잡이가 되기를 기원한다.

2012년 7월
전 법무부장관 김승규 장로

추천의 글

요즘 기독교계 안에 법률분쟁이 많아지고 있다. 성경이 성도들 사이의 송사를 세상 법정으로 가져가는 일을 경계하고 있음에도, 교회의 법률분쟁이 세상 법정으로 이어지는 경우가 늘어나고 있다. 참으로 안타까운 일이다. 2008년 4월에 **한국기독교화해중재원**이 설립되었다. 교회 분쟁을 세상 법정에 의하지 않고 성경이 가르치는 원리와 방법에 의해 신앙적으로 해결하기 위한 것이다. 많은 교계 분쟁들이 화해중재원에 의뢰되어 잘 해결되곤 한다. 교회 분쟁은 발생하지 않도록 예방하는 것이 가장 중요하다. 교회 분쟁을 예방하기 위한 비결의 하나는 교회법과 교회에 적용되는 세상법을 알아두는 것이다. 이를 위해 교회와 관련된 법률문제를 다룬 서적을 고대하고 있었는데 이번에 황교안 변호사에 의해 출간되었다.

황교안 변호사는 평소 종교문제를 많이 다룬 종교법 전문가이다. 이 분야의 서적은 기독교를 잘 이해하면서 동시에 법률에도 정통한 분이라야만 저술할 수 있는데 바로 황변호사가 적임으로 생각된다. 이 책의 내용도 실제의 교회 행정이나 목회에서 현실적으로 문제가 되는 쟁점들을 정리한 것이라 매우 유용하리라 생각된다. 일독을 권한다. 교회 분쟁과 갈등은 교회에 대한 사회적 신뢰에 영향을 주게 된다. 모쪼록 교회 행정가들이 필요한 제반 지식들을 잘 갖춰 교회 분쟁을 예방하고 교회가 신뢰를 회복할 수 있게 되기를 기대한다.

2012년 7월
한국기독교화해중재원 이사장 **피영민 목사**

책 머리에

　초판을 낸 지도 벌써 3년이 지났다. 그 동안에 교회와 관련된 기존 판례들이 일부 변경되거나 새로운 판례들이 나왔다. 그에 따라 개정판을 내기로 하고, 초판에 실린 하급심 판례의 상급심 선고 및 기존 판례의 변경 여부를 검토하였다. 특히 2006년 이후부터 2015년 7월까지 선고된 교회 관련 판례들을 전수 조사하여 다시 확인해 보았다. 한편 초판 이후 현재까지의 변경된 법령과 통계를 반영하였으며, 어려운 한자식 표현을 가급적 쉬운 표현으로 바꾸었다.

　큰 틀에서 보면 **I. 교회법, 쟁점별로 살펴보기**는 변경된 법령(주택임대차보호법 시행령 등), 판례 및 업데이트된 통계 중심으로 수정하였다. 예컨대, 명예훼손과 관련하여 장로들이 집집마다 방문하여 목사에 대한 이야기를 한 경우 공연성이 인정되어 명예훼손죄가 성립될 수 있다고 변경하는 등 대법원 판례를 반영하여 일부 사례의 결론을 변경하고, 가압류·가처분 부분에 들어있던 "기독교화해중재원"은 현재 상황을 반영하여 **1. 교회법 프롤로그 아래 3) 교회법과 세상법, 어떤 것이 우선될까?** 부분으로 재배치하였다. 또한 **I. 교회법 쟁점별로 살펴보기의 2. 교회 재산의 법률관계**의 소목차 (3)과 (4) 사이에 부동산실명제, 교회 재산에도 적용될까?라는 소제목을 추가하였다.

한편 II. 교회 분쟁, 판례로 살펴보기는 중목차 아래 소목차를 만들고, 내용에 따라 관련 판례들을 해당 소목차에 재배치하였다. 추가 또는 수정된 주요 판례는 다음과 같다.

교회 재산과 관련하여서는 ① 단순채무부담행위에는 교인총회의 결의가 필요 없다는 2014년 판례 ② 유치권 행사 중인 교회의 유치물 사용은 교인들이 교인총회의 결의 없이 각자 사용할 수 있다는 사례 ③ 목사 명의 사택의 보증금반환채권자는 교회라는 사례 등을 추가하였고, 교회 재판의 효력과 관련하여서는 ① 권징의 효력에 관한 leading case(2007마224)와 ② 교회 내 개인의 지위에 관한 단체법상 행위에 관한 의사결정도 교의와 신앙의 해석에 관계되어 있다면 이에 대한 사법적 심사는 자제해야 한다는 사례 등을 추가하였다.

또한, 신앙생활과 형사처벌 부분에서는 ① 예배방해죄가 부정된 추가 사례 ② 교회 공금 사용과 관련된 횡령·배임 사례 ③ 교인총회의 결의 없이 부동산 소유권을 이전등기한 사례 ④ 교회를 탈퇴한 목사의 교회 명의 매매계약 사례 ⑤ 안수기도를 정당행위로 볼 수 없다고 한 사례 ⑥ 청탁 명목으로 금원을 수수한 변호사법위반 사례 ⑦ 선교활동에 대한 경범죄처벌법 적용 여부 ⑧ 헌금 등의 기부와 공직선거법위반 사례 등을 추가하였다.

한편, 교회생활과 명예훼손 부분에서는 ① 군종장교가 특정 종교를 비판하는 책자를 발행한 사례 ② 타 종교 교주의 사망을 과장·왜곡한 발언 사례 ③ 이단을 비판하는 전단지 배포 사례 등을 추가하였고, 교회 행정과 법률문제 부분에서는 ① 종교법인 명칭에 전속사용권을 인정할 수 없다는 사례 ② 종교단체의 인격권에 기하여 명칭사용 금지를 구할 수 있는지 여부에 관한 사례 등을 추가하였다.

그 밖에 교회와 조세 부분에서는 ① 폐지된 「택지소유상한에 관한 법률」에 관한 사례를 삭제하고, ② 부목사 사택이 비과세대상이 아니라는 2009년 판례 등을 추가하였으며, 종교의 자유 부분에서는 ① 법학적성시험(LEET)을 일요일에 시행하는 것이 종교의 자유 또는 평등권 침해가 아니라는 사례 ② 양심적 병역거부자에게 대체복무의 기회를 부여하지 아니한 병역법이 〈시민적 및 정치적 권리에 관한 국제규약〉에 반하는 것은 아니라고 본 사례 ③ 구치소 내 종교행사 참석 제한이 위헌이라는 사례 ④ 목사인 청구인에 대한 미얀마의 종교박해를 난민인정 사유로 볼 수 있다는 사례 등을 추가하였다.

이번 개정판이 나오기까지도 여러 분들의 헌신적 도움이 있었다. 특히 관련 판례를 찾아 이를 개정판의 틀에 맞게 일목요연하게 정리해 준 최기식 부장검사와 맞춤법 등 교정작업을 맡아 수고해 준 윤경섭·김양현 변호사와 장성훈 공익법무관에게 고마움을 표한다. 한편 어려운 여건 속에서도 기꺼이 개정판을 낼 수 있도록 배려해 주신 요단출판사에도 거듭 감사를 드린다.

개정판에 대한 마무리작업을 마치고 보니 여전히 아쉬움이 남는다. 다음에 좀 더 시간이 나면 더 멋진 내용으로 독자 여러분들을 만나 뵐 것을 약속드리며, 나의 인생 가운데 늘 힘이 되어 주시는 여호와 하나님께 이 모든 영광을 돌려 드린다.

2015년 12월 황교안

(초판) 책 머리에

"일하는 며느리가 그릇도 깬다"는 속담이 있다. 한국교회와 성도들은 그동안 이 땅과 나라와 백성을 위한 참으로 많은 귀한 사역들을 해왔다. 현재도 한국교회의 사회적 섬김은 그 어떤 종단보다 기여하는 바가 지대하다. 그럼에도 불구하고 오늘날 교회에 대한 비판의 소리가 많고, 점차 높아지고 있다. 교회가 일하는 며느리이지만, 그릇을 깨는 일도 많기 때문이다. 여러 가지 이유가 있지만, 그중의 하나가 바로 교회가 법률분쟁에 휘말리는 일이 적지 않다는 점이다.

요즘 교회 분쟁이 많아지고 있다. 그뿐 아니라 교회 분쟁을 교회 안에서 해결하는 것이 아니라 세상법으로 해결하려는 경향도 높아지고 있다. 이러한 흐름은 교회의 사회적 신뢰도를 저하시키는 원인으로 작용하는 한편, 다른 측면에서는 법에 대한 이해가 필요함을 느끼게 하기도 한다.

이제는 교회에도 신앙생활과 관련하여 적용되는 세상법에 대한 상식이 필요하게 되었다. 왜냐하면 현실적으로 교회 분쟁에는 세상법이 적용될 가능성이 많기 때문이다. 법은 분쟁예방의 가이드라인이 될 수 있다. 법을 미리 알면 교회 분쟁을 사전에 예방할 수 있는 것이다. 일단 교회 안에 분쟁이 발생하였다고 하더라도 일단 법을 알면 신속하게 분쟁을 해결할 수 있다. 이 책의 저술 목적은 교회 행정가들이 교회에 적용되는 세상법 상식을 이해하여 교회 분쟁을 예방할 수 있게 하기 위한 것이다. 그리고 불행히도 일단 교회 분쟁이 발생한 경우에는 그 분쟁을 신속히 해결하는 방편을 제시하기 위한 것이다. 그래서 교회가 분쟁으로 인해 세상 앞에 하나님의 영광을 가리는 일이 없었으면 좋겠다는 바람이다. 따라서 이 책은 교회를 행정적으로 섬기는 분들 – 목사, 장로, 집사들, 그리고 교회를 바로 섬기고 싶은 열망을 가진 분들을 위한 책이다. 이를 위해 누구나 쉽게 읽을 수 있도록 사례 중심으로 평이한 용어를 사용하여 설명하였다.

본서의 내용 중에는 목회자들의 입장에서 볼 때 설명되지 않았으면 하는 부분도 있을 것이다. 현재의 교회 관행과 세상법의 규정이 배치되는 부분이 있고, 세상법의 규정 내용이 교회의 희망에 부합하지 않는 경우가 있기 때문이다. 그러나 법의 내용이 무엇인지를 더 이상 베일 속에 숨겨둘 수는 없다. 세상법이 잘못 되었다면 이를 고쳐나가야 하고, 그렇지 않다면 법을 이해하고 그 내용을 감안하여 지혜롭게 교회 행정을 펼쳐나가야 할 것이다. 그러면 교회 분쟁도 예방할 수 있고 세상에 불필요한 교회 비난의 빌미를 제공하지 않게 되는 것이다.

하나님을 섬기는 법조인으로서, 교회 분쟁을 바라보는 안타까움 속에 이 책을 저술하게 되었다. 모쪼록 이 작은 노력이 교회를 질서 있게 하고, 교회 분쟁을 예방하며, 그래서 성도들이 편안하게 교회생활을 하는 데 이바지하게 되기를 기대해 본다.

이 책이 나오기까지 조언을 해주시고 추천의 말씀을 보내주신 피영민 목사님과 김승규 장로님, 보이지 않는 곳에서 힘이 되어준 아내 최지영 교수와 가족들, 그리고 특히 어려운 출판여건 속에서도 흔쾌히 발간을 맡아주신 요단출판사와 안병창 원장님께 감사의 말씀을 드리며, 모든 영광을 참 좋으신 나의 주 하나님께 돌리고 싶다.

2012년 7월
황교안

CONTENTS

추천의 글 | 04   추천의 글 | 06
책 머리에 | 08   (초판) 책 머리에 | 11
에필로그 | 358

PART 1   교회법, 쟁점별로 살펴보기

01 교회법 프롤로그 ··· 18

1. 목사는 법 몰라도 된다? | 18
2. 교회란 어떤 존재인가? | 23
3. 교회법과 세상법, 어떤 것이 우선될까? | 28
4. 교단과 교회, 어떤 관계일까? | 33
5. 종교의 자유, 어디까지 허용될까? | 39

02 교회 재산의 법률관계 ································ 45

1. 교회 재산은 누구 것일까? | 45
2. 교회 재산을 처분하려면? | 51
3. 교회 재정을 함부로 사용하면? | 56
4. 부동산실명제, 교회 재산에도 적용될까? | 60
5. 헌납한 토지를 돌려달라고 하면? | 63
6. 교회 건축, 어떻게 해야 하나? | 68
7. 예배당 건축자금 빌려도, 못 갚으면 사기죄? | 74
8. 사택의 전세보증금, 어떻게 보호받을까? | 79

03 교회 분쟁의 법률관계 ································ 85

1. 교회의 분열, 어떻게 볼 것인가? | 85
2. 분열된 교회의 예배당 사용권은 누구에게 있을까? | 90
3. 교단을 탈퇴하면 교회의 교인자격도 잃게 될까? | 95
4. 목회자와 교인들이 갈등할 때… | 100
5. 교회 재판, 어떤 효력을 갖고 있을까? | 106
6. 교회 안에서 명예훼손 다툼이 많은 이유는? | 111
7. 이단을 비판한 것도 명예훼손이 될까? | 117
8. 아, 직무집행정지가처분! | 123

04 신앙생활과 법률 ·········· 128

1. 안수기도를 받던 사람이 사고를 당하면? | 128
2. 신앙생활을 열심히 하는 것도 이혼사유가 되나? | 133
3. 예배방해죄란 무엇인가? | 139
4. 교회에도 노동법이 적용될까? | 143
5. 교회도 세금을 내야 할까? | 151

05 세상 속의 교회 ·········· 161

1. 세상의 선거운동, 교회에서도 할 수 있을까? | 161
2. 교회 차의 교통사고, 누가 책임져야 할까? | 166
3. 교회 차를 빌려주고 돈을 받았을 때… | 172
4. 생명 버리기, 성경적인가? | 177
5. 도피성, 오늘날도 가능한가? | 182
6. 교회 주차장, 어떻게 해결할까? | 187
7. 민사사건, 어떻게 처리될까? | 191
8. 형사사건, 어떻게 진행될까? | 197

PART 2 교회 분쟁, 판례로 살펴보기

01 교회의 법적 성격 ·········· 208
02 교회의 대표자 ·········· 216
03 교회 재산에 관한 법률관계 ·········· 220
04 교회 재산의 명의신탁 ·········· 230
05 교회와 교단의 관계 ·········· 239
06 교회의 분열 ·········· 246
07 교회 재판의 효력 ·········· 256
08 신앙생활과 형사처벌 ·········· 266
09 교회생활과 명예훼손 ·········· 289
10 교회 행정과 법률문제 ·········· 308
11 교회와 조세(租稅) ·········· 327
12 종교의 자유 ·········· 341

01 교회법 프롤로그
02 교회 재산의 법률관계
03 교회 분쟁의 법률관계
04 신앙생활과 법률
05 세상 속의 교회

PART 1

교회법, 쟁점별로 살펴보기

01 교회법 프롤로그

1. 목사는 법 몰라도 된다?

"한국기독교총연합회(한기총) 대표회장의 직무가 정지되는 초유의 일이 발생했다. 서울중앙지방법원 제50민사부는 이 아무개 목사 외 15명이 길 아무개 목사를 상대로 제출한 한기총 대표회장 직무집행정지가처분 신청을 받아들였다. 또 직무대행에 김 아무개 변호사를 선임했다." 2011년 3월 28일자 국민일보에 게재된 기사의 내용이다. 우리나라 최대의 교단연합체인 한기총이 법률분쟁에 휘말린 것이다.

한국의 대표적 기독교 교단 중의 하나인 기독교대한감리회도 비슷한 상황에 처한 바 있다. 2010년 12월 12일자 국민일보는 이렇게 보도하고 있다. "기독교대한감리회 감독회장 직무대행에 장로교 소속 변호사가 선임됐다. '직무대행'이라는 꼬리표가 붙기는 했지만 타 교단 인사, 그것도 '비(非)목회자'가 한국 감리교회의 수장이 되기는 처음이다. 법원은 2008년 9월 감독회장 선거 파행 이후 2년 이상 지속돼 온 감리교 사태가 교단 내부의 자정능력만으로는 해결되기 어렵다고 판단한 것으로 보인다." 한국교회는 지금 법률분쟁에 빠져있다. 한기총, 감리교단뿐만 아니라 우리나라의 대표적인 대형교회들 중에도 분쟁을 겪고 있는 교회들이 적지 않다.

최근에는 이런 일도 있었다. 어느 교회가 예배당으로 사용하기 위해 서울 변두리에 6층짜리 건물을 구입했는데, 건물구입비가 부족하여 빚을 얻어 매입하였다. 그러나 그 후 교인들로부터 약정된 건축헌금이 제대로 들어오지 않아 제때에 약속한 채무를 갚지 못하자 채권자들로부터 빚 독촉이 심해졌고, 다급해진 담임목사는 그 교회에 출석하는 어느 집사에게 위 예배당 건물을 담보로 제공하고 돈을 빌려오도록 위임하였다.

그 집사는 의류도매업자였는데, 담임목사로부터 담보로 제공받은 예배당 건물을 본래 담임목사로부터 부탁받고 교회와 약속한 내용과는 달리 교회에는 전혀 돈을 빌려다 주지 않고, 자신이 거래하던 의류회사에 담보로 제공하고 의류를 공급받아 장사를 하였다. 그러던 중 그 집사의 사업이 부도났고, 설상가상으로 그 집사는 간경화증에 걸려 사경을 헤매게 되었다. 그러자 그 집사로부터 예배당을 담보로 제공받은 의류회사는 예배당 건물을 경매에 붙였다. 결국 그 교회의 담임목사는 교회 집사에게 예배당을 담보로 잡히도록 위임해 주었다가 온 교인들의 보금자리인 예배당을 잃게 될 처지에 놓였다.

이러한 사정을 딱하게 여긴 많은 사람들의 도움과 의류회사의 양보로 인해 경매로 예배당을 잃어버리는 낭패는 가까스로 면할 수 있었으나, 그 과정에서 그 교회는 엄청난 경제적 손해를 입었고, 많은 교인들이 교회를 떠나버리는 어려움을 겪었다.

본래 담보권이라는 것은 아주 강력한 법률적 효력을 갖는 것이기 때문에 예배당 건물을 함부로 집사에게 담보로 제공하도록 위임해 주는 것부터가 잘못이었다. 만약 교회의 재정 형편상 예배당 건물을 담보로 돈을 빌려야 할 필요가 있었다면 반드시 담보관련 서류는 담임목사 자신이, 또는 확실히 믿을 수 있는 교회 일꾼들이 직접 소지하고 다니며 일처리를 했어야 했다.

이 사건은 교회 담임목사가 세상법률을 너무 몰라서 아무런 대비책 없이 예배당 건물을 담보로 제공하도록 위임한 큰 실수에서 비롯된 것이다. 이러한 경우 "세상이 교회를 이해하지 못한 채 무리하게 세상법을 적용하고 있다"고 한탄한다고 문제가 해결되지는 않는다. 더욱이 교회를 이끌어갈 책임을 지고 있는 교회 지도자들이 세상법에 무관심하거나 무지하여 위와 같은 실수를 범한다면 이는 매우 무책임한 일이라 아니할 수 없다.

이제는 더 이상 교회나 교단이 세상법의 치외법권 지역이 아닌 상황이 되었다. 교회나 교단, 교계의 여러 분야에서 실제로 법률분쟁이 종종 일어나 많은 사람들이 어려움을 겪고 있다. 따라서 교회나 교계의 지도자들은 이제 최소한 교회나 신앙생활과 관련한 법률상식을 갖춤으로써, 발생할 수 있는 법률문제에 관하여 미리 예방하거나 대처해 나갈 수 있어야 한다. 이러한 관점에서 앞으로 이 책에서는 기독교인들, 특히 각 교회의 목사, 장로, 집사 등 교회 지도자들이 반드시 알고 있어야 할 교회관련 법률에 대하여, 가능한 한 이해하기 쉽도록 설명하려고 한다.

"법"이라 하면 대부분의 사람들이 어렵다는 생각부터 한다. 그러나 요즘의 각 분야 학문 수준에 비추어 볼 때 법은 결코 어려운 분야가 아니다. "법은 어렵다"는 선입견을 가지고 법에 대해 알아보려는 노력을 게을리하거나, 법에 대해 거부감을 갖고 기피하기 때문에 점점 더 법이 어렵다는 생각이 드는 것이다. 실제로 법은 우리 생활 이야기이므로, 우리가 이해할 수 있도록 만들어진 것이다. 다만 우리나라의 경우, 법이 일제 강점기를 거쳐 한자문화 속에서 우리나라에 전해지는 바람에 어려운 한자 용어를 많이 사용하게 되었고, 특히 오늘날에는 일반인들이 잘 사용하지 않는 용어들이 여전히 남아있어서 어렵게 느껴지는 부분이 많았던 것은 사실이다. 그러나 이제는 그런 용어들이 많이 순화되었고, 법률내용 자체도 쉽게 만들고 있기 때문에 우리가 조금만 관심을 가지고 살펴본다면 누구나 최악의 상황은 예방할 수 있도록 법에 대해 어느 정도 이해할 수는 있게 되었다.

"법률문제야 전문 법률가들의 도움을 받으면 되지 않겠느냐"고 말할 수도 있다. 맞는 이야기이기는 하지만 부분적으로만 맞는 말이다. 법률가의 도움을 받아 해결한다는 것은 대부분 어디까지나 일단 법률분쟁이 발생한 이후의 처리에 대한 경우들이다. 그러나 한 번 법률분쟁이 발생하고 나면 그것이 해결되기까지 당사자들이 많은 어려움을 겪게 되고, 경우에 따라서는 엄청난 피해가 발생할 수도 있다. 특히 교회 분쟁의 경우 일단 분규가 현실화되면 그 폐해는 매우 심각한 것이 되고 만다. 법률분쟁의 사후 해결은 법률가의 도움을 받으면 되겠지만, 그보다 더 중요한 것은 법률분쟁이 발생하지 않도록 미리 예방하는 것이다. 법률분쟁이 생기지 않도록 하기 위해서는 법률적 상식을 갖는 것이 필요하다. 물론 일처리를 하는 과정이나 그 이전에 법률가의 도움을 받으면 더 좋겠지만, 법률적 상식이 없으면 법률가의 도움을 받아야 할 부분이 무엇인지조차 모르기 때문에 문제가 되는 것이다. 교회 분쟁의 예방은 교회 지도자들의 몫이다.

교회와 관련하여 발생할 수 있는 법률관계를 크게 분류하여 보면 다음과 같이 정리할 수 있다.

첫째, 교회 내에서의 징계와 같이 교회 내부에서 발생하여 교회 내부에서만 효력이 미치는 문제이다. 이에 대해서는 세상법이 그 개입을 최대한 자제하고 있다.

둘째, 교회가 다른 사람으로부터 예배당 부지를 매입하는 경우와 같이 교회와 교회 외부와의 관계에 있어서 발생한 법률문제이며, 설사 교회 내부문제라고 하더라도 교회 외부에 대해 영향을 주거나 관련을 갖게 되는 사안 또한 이 분류에 포함된다. 이에 대해서는 세상법이 이를 교회 밖에서의 일반적 법률문제와 비슷하게 취급하되 다만 종교단체와 관련된 사안이라는 점을 참작하여 결론을 내리고 있다.

셋째, 목사가 자동차를 운전하다가 교통사고를 당해 상해를 입은 경우 등 목회자나 성도가 당사자가 되지만, 교회나 신앙생활과는 직접 관계가 없는 문제이다. 이에 대해서는 세상법이 교회 밖에서의 일반적 법률관계와 동일하게 취급한다.

따라서 교회나 신앙생활과 관련하여 어떤 법률문제가 발생한 경우에는 먼저 그 문제가 교회 내부에만 영향을 미치는 문제인지 또는 교회 외부에 대해서도 영향을 미치는 문제인지를 검토해 보아야 한다. 교회 내부의 문제라면 가급적 교회내의 각종 치리제도나 행정에 의해 해결하고, 교회 외부와도 관련이 있는 것이라면 세상법의 규정 내용을 살펴 각 사안에 맞게 적절히 처리해야 할 것이다.

자, 이제 본격적으로 "법의 세계"로 함께 여행을 떠나 보자.

2. 교회란 어떤 존재인가?

어떤 교회가 예배당 신축 부지로 토지를 매입하였다면 교회 자체의 이름으로 토지등기를 할 수 있을까, 아니면 담임목사나 기타 교회 구성원의 명의로 등기해야 할까? 또는 예배당 바로 옆에 새로 빌딩을 짓는 사람이 그 건축공사를 거칠게 하여 예배당 벽에 금이 가게 했다면 교회가 교회의 명의로 상대방에 대해 손해배상을 청구할 수 있을까, 아니면 담임목사 명의로 청구해야 할까?

『교회가 알아야 할 법 이야기』에서 가장 먼저 살펴보아야 할 문제는 "교회란 법률적으로 도대체 어떤 존재인가?" 하는 것이다. 교회의 법적 성격을 분명히 알고 있어야 교회 행정이나 교회 분쟁에 있어서 올바르게 대처할 수 있기 때문이다. 또한 교회의 법적 성격이 어떻게 인정되고 있느냐에 따라 교회와 관련된 법률적 문제들의 처리방법도 다르게 전개된다.

먼저 기독교 교리적으로「교회」는 '예수 그리스도를 영접하여 구속함을 받은 사람들의 무리(에클레시아)'로 정의되고 있다. 그러나 세상의 법학자들과 대법원 판례는 교회를 조금 달리 정의한다. 즉 대법원 판례는 '교회란 기독교의 신도들이 교리의 연구, 예배, 기타 신교(信敎)상 공동목적을 달성하기 위하여 각기 자유의사로 구성한 단체'라고 정의하고 있다(대법원 1957. 12. 13. 선고 4289민상182호 판결 참조). 물론 여기서 법학자들이나 판례가 말하는 "교회"란 '우주적 교회'(무형교회)가 아니라 개개의 '지역교회'(유형교회)를 의미한다. 나아가 대법원 판례는 그와 같은 교회에 대한 정의 위에서 교회의 법적 성격을 "비법인사단(非法人社團)"으로 보고 있다.

그렇다면 여기서 말하는 비법인사단이란 무엇일까? 이해를 돕기 위해 조금 상세히 설명하여 보기로 한다. 현재 현실 사회 속에서 실제로 법률적 의미가 있는 행위, 즉 법률행위를 할 수 있는 주체는 「사람」뿐이다. 다시 말하면 사람만이 법에서 규정하는 권리와 의무의 주체가 될 수 있는 것이다. 그런데 법률상 이 「사람」에는 '자연인(自然人)'과 '법인(法人)' 두 종류가 있다.

첫째, 「자연인」이란 자연적 생물로서의 사람을 말한다. 모태에서 태어난 모든 사람이 자연인이다. 모든 자연인은 성별, 계급의 구별 없이 평등하게 권리능력을 가지며, 아울러 법률행위의 주체가 될 수 있다.

둘째, 「법인」이란 자연인이 아니지만 법률적으로 사람으로서의 권리능력이 인정되고 따라서 법률행위의 주체가 될 수 있다고 인정된 존재이다. 본래 사람은 아니지만 법에 의해 법인격이 주어진 사람인 것이다. 이러한 법인에는, 두 종류가 있는데 하나는 일정한 목적과 조직 하에 모인 '사람들'의 단체인 '사단법인(社團法人)'이고, 다른 하나는 일정한 목적 하에 바쳐진 '재산'의 집단인 '재단법인(財團法人)'이다. 예를 들어 한국기독교총연합회(한기총)는 사단법인이고, '기독교한국침례회 유지재단' 등 각 교단의 유지재단은 재단법인이다.

그런데, 위에서 설명한 사단법인과 유사한 '사람들의 단체'이기는 하지만 법률상으로는 '법인'으로 성립되지 못한 단체들이 있는데 이를 「비법인사단(非法人社團)」 또는 「법인 아닌 사단」이라고 부른다. 정식적인 법인은 아니지만, 법인 중 하나인 사단으로 볼 필요가 있는 단체라는 의미에서 비법인사단이라고 하는 것이다. 예를 들면, 종교단체, 학술연구단체, 동창회 등이 바로 그것이다. 법률가들은 교회를 바로 이와 같은 비법인사단으로 보고 있는 것이다. 우리나라의 법원은 교회뿐 아니라 교회들의 결합체인 '교단'에 대해서도 비법인사단으로 인정하고 있다(대법원 1964. 4. 28. 선고 63다722호 판결 참조).

그렇다면 교회는 왜 정식 사단법인이 아닌 비법인사단으로 인정되는 것일까? 법률상 사단법인으로 인정받기 위해서는 정관 작성, 주무관청의 허가, 설립등기 등 일정한 절차가 필요하다. 교회도 이런 절차를 밟으면 정식으로 사단법인이 될 수 있다. 실제 현실적으로 교회가 사단법인의 자격을 취득하는 것이 불가능하거나 어려운 것은 아니다. 그러나 대부분의 교회들은 사단법인 자격을 취득하지 않고 있다. 그 이유는 대부분의 개교회가 사단법인의 자격을 취득할 필요성을 크게 느끼지 못하고 있고, 법인이 되려면 당국의 허가를 받아야 하기 때문에 이를 꺼려하는 경우가 많기 때문이다. 또 '사단법인'이 되면 제도적 혜택을 받는 것도 있지만, 동시에 법인허가를 해준 정부로부터 감독이나 제약도 받게 되기 때문에 법인 자격을 취득하지 않는 경우도 있다.

그러나 비록 교회가 정식 법인등록을 하지 않았거나 못했다고 하더라도 법률적으로 교회는 비법인사단으로서 사실상 법인과 마찬가지로 취급되고 있다. 이에 따라 교회에는 여러 가지 법률상 능력이 부여된다. 우리나라 민사소송법은 "법인이 아닌 사단이나 재단은 대표자 또는 관리인이 있는 경우에는 그 사단이나 재단의 이름으로 당사자가 될 수 있다"라고 규정하고 있다(제52조). 따라서 '법인이 아닌 사단'인 교회도 교인이나 교회의 대표자 이름이 아니라 교회 자신의 이름으로 민사소송의 당사자가 될 수 있다. 또한, 『부동산등기법』도 "종중,

문중 그 밖에 대표자나 관리인이 있는 '법인 아닌 사단'이나 재단에 속하는 부동산의 등기에 관하여는 그 사단이나 재단을 등기권리자 또는 등기의무자로 한다. 그 등기는 사단 또는 재단의 명의로 그 대표자 또는 관리인이 신청한다"라고 규정하고 있어(제26조), '법인 아닌 사단'인 '교회'도 부동산의 등기권리자가 될 수 있음을 분명히 밝히고 있다. 그 외에도 민법 등에서는 사단법인에 관해 많은 규정들을 두고 있는데, 법학자들은 "법인격 없는 사단에 대하여는 사단법인에 관한 규정 가운데서 법인격을 전제로 하는 것을 제외하고는, 사단의 권리능력·행위능력 등 사단법인에 관한 모든 규정을 비법인사단에 적용하여도 좋다"라고 함으로써, 교회도 정식의 사단법인이 할 수 있는 거의 모든 법률행위를 할 수 있다고 결론짓고 있다.

그러면 교회와 유사한 개념인 예배당은 어떤가? 예배당은 법률적으로 어떤 존재로 인정되고 있는가? 신앙적 측면에서의 예배당은 예배처소로서의 거룩함을 지닌 성전(聖殿)이지만, 세상법에서는 예배당의 성격도 법률적으로 이해하고 있다. 일반적으로 예배당은 ⑴예배당 부지와 ⑵그 부지 위에 세워진 건물과 ⑶그 건물 안에 예배와 신앙 활동을 위해 구비된 물건 등으로 구성되어 있다. 그런데 우리나라 민법 제99조는 재산의 종류에 관해 "①토지 및 그 정착물은 부동산이다. ②부동산 이외의 물건은 동산이다"라고 규정하고 있다. 따라서 예배당 부지와 그 위에 건축된 정착물인 예배당 건물 자체는 법률적으로는 '부동산'으로 취급되고, 예배당 건물 안에 구비된 물건들은 '동산'으로 여겨진다. 동산과 부동산의 가장 큰 차이는 이를 매매할 때 나타난다. 부동산의 경우에는 '등기(登記)'를 하여야 매매에 따른 권리변동의 효력이 생기고, 동산의 경우에는 이를 '인도(引導)'하면 권리변동의 효력이 생기는 것이다. 따라서 부동산인 예배당 건물이나 부지에 관해 거래를 할 때에는 등기가 뒤따라야만 효력이 생긴다는 것을 특히 유의해야 한다. 예를 들어 예배당을 신축하기 위해 부지를 매입하려 한다면 반드시 먼저 그 부지의 명의가 누구 앞으로 되어 있는지를 확인해야 한다. 원칙적으로는 등기명의자가 그 부지의 소유자로 인정되기 때문이다. 만일 등기명의자가 아닌 사람으로부터 부지를 매입하면 분쟁이 발생할 소지가 많고, 경우에 따라서는 아무런 권리가 없는 사람에게 속아 사기를 당할 가능성도 있는 것이다.

'교회'는 비법인사단으로서 법률행위의 주체가 되는 반면에, '예배당'은 법률행위의 주체들에 의한 법률행위의 객체가 된다는 점에서 법률상 중요한 차이가 있다. 법률적으로 사람들에 의해 거래대상이 될 수 있는 것은 예배당일 뿐 교회는 그 대상이 될 수 없는 것이다.

지금까지의 설명은 순수한 법률적 해설이기 때문에 좀 어려운 이야기가 되었을 것이다. 그러나 교회가 교회를 어떤 존재로 이해하는가 하는 것과는 별도로, 세상법이 교회를 어떻게 평가하는가 하는 것은 교회에 관련된 모든 분쟁을 해석하고 처리함에 있어서 가장 근본적인 전제가 되는 중요한 문제이기 때문에 좀 상세히 설명하였다. 교회 행정을 담당하는 사람들에게 참고가 되었기를 바란다. 다만 어떤 경우에도 교회가 '예수 그리스도를 영접하여 구속함을 받은 사람들의 무리'로 남아있어야지 '기독교 신도들이 교리의 연구, 예배, 기타 친교 등 공동목적을 달성하기 위하여 각기 자유의사로 구성한 단체'로 취급되지 않았으면 하는 간절한 바람이다. 이는 낮아짐과 희생, 온유함과 배려, 그 무엇보다도 하나님에 대한 사랑이 우리의 선택과 행동의 기준이 될 때 가능한 일이다.

3. 교회법과 세상법, 어떤 것이 우선될까?

대부분의 기독교 교단의 헌법 또는 장정에는 "개교회의 재산을 노회의 소유로 한다든가" 또는 "어느 지교회에 속한 것이든 토지 혹 건물 사건에 대하여 변론이 있으면 노회가 처단할 권한이 있다"는 식의 규정을 두고 있다. 그러나 이에 비해 우리나라 민법은 매매나 증여 등을 통해 부동산의 실질적 소유권을 갖게 된 사람이 등기까지 마친 경우에 비로소 그 사람에게 소유권이 인정되고, 그 사람이 그 부동산을 처분할 권리를 갖는 것으로 규정하고 있다. 즉 교회 재산의 소유 및 처리방법에 관해 교회법과 세상법이 서로 다른 규정을 하고 있는 것이다. 이와 같이 교회법과 세상법이 규정하고 있는 내용이 서로 다른 경우에 실제로 위 교회의 부동산은 누구의 소유로 인정되는 것일까?

그 답을 찾기 전에 먼저 사회규범 전반에 관해 간단히 살펴볼 필요가 있다. 사람들이 사회를 이루어 공동생활을 하자면 구성원 각자가 지켜야 할 행동준칙이 있어야 한다. 이러한 행동준칙을 「사회규범(社會規範)」이라고 한다. 그중에서도 어떤 절차를 거쳐 문자화된 법을 「성문법(成文法)」이라고 하고, 문자화되지는 않았으나 사실상 관행적으로 사회에서 적용되고 있는 법을 「불문법(不文法)」이라고 한다.

성문법에는 헌법, 법률, 명령, 규칙, 조례 등이 있고, 불문법에는 판례법, 관습법, 조리 등이 있다. 이를 좀 더 상세히 설명하면 다음과 같다. 첫째, 「헌법(憲法)」이란 국가의 조직, 통치의 기본원칙, 국민의 권리의무 등 근본원칙을 정한 법으로서, 법체계상 모든 법 위에 있는 우리나라의 최고법이라 할 수 있다. 둘째, 「법률(法律)」은 헌법이 정한 절차에 따라 국회의 의결을 거쳐 대통령이 서명, 공포하는 법을 말한다. 우리가 보통 말하는 '법'은 바로 이 「법률」을 의미한다. 셋째, 「명령(命令)」이 있는데 이는 국회의 의결을 거치지 않고 행정기관에 의하여 제정된 법규를 말한다. 「법률」보다 하위의 법으로서 법률이 위임한 사항에 대해 규율한다. 넷째, 「규칙(規則)」은 행정기관 이외의 특수한 국가기관이 제정하는 법규로서 국회규칙, 대법원규칙, 중앙선거관리위원회규칙 등이 있고, 명령과 마찬가지로 법률보다 하위의 법이다. 다섯째, 「조례(條例)」는 시, 도, 군 등 지방자치단체가 그 의회의 의결을 거쳐 제정하는 법을 말한다. 이상의 다섯 가지가 「성문법(成文法)」에 해당한다. 여섯째, 「판례법(判例法)」은 법원이 동일한 유형의 사건에 대하여 내렸던 판결 중에서 나중에 발생하는 사건에 있어서도 그대로 적용되어 법으로서의 역할을 할 수 있게 된 것을 말한다. 성문법이 실제로 발생 가능한 모든 사례들을 모두 예상하여 그와 관련된 규정을 두는 것은 기술상 불가능하기 때문에, 현실적으로는 법원의 판례가 '성문법에 대한 권위 있는 해석과 적용'으로서 매우 중요한 의미를 갖고 있다. 일곱째, 「관습법(慣習法)」은 일반 국민들 사이에 성문법과 같은 정도로 지켜져야 한다는 인식이 굳어져버린 사회적 관행으로서, 법적 가치를 갖고 있으며 선량한 풍속이나 공공질서에 어긋나지 않는 것을 말한다. 여덟째, 「조리(條理)」라 함은 사물의 본질적 법칙, 도리 등을 의미하며 사람의 이성(理性)에 의해 승인된 공동적 사회생활원리라고도 설명할 수 있다. 뒷부분의 세 가지, 즉 판례법, 관습법, 조리가 「불문법(不文法)」에 해당한다.

그렇다면, 실제로 어떤 분쟁이 발생하였을 경우에 위와 같은 8가지의 법 중 어느 법을 먼저 적용해야 할까? 기본적으로는 성문법을 먼저 적용한다. 그러나 그 사안에 적용될 수 있도록 분명하게 규정된 성문법이 없는 경우에 비로소 판례법을 적용하며, 그에 해당되는 판례도 없을 경우 관습법을 적용하고, 관습법도 없는 경우에만 조리를 적용한다. 우리나라 민법 제1조도 "민사(民事)에 관하여 법률에 규정이 없으면 관습법에 의하고 관습법이 없으면 조리에 의한다"고 규정하고 있다. 지금까지 설명한 성문법과 불문법을 통칭하여 「세상법」이라고 말할 수 있다.

그런데 특히 종교 활동에 대해서는 각종 종교 활동의 내용과 방법, 종교단체의 존립과 질서, 구성원과의 관계 등을 규율하는 법이 필연적으로 필요하게 되는데 이를 규정한 것을 「종교법(宗敎法)」이라고 한다. 그중에서도 특히 교회 내부에서 적용되는 종교법을 「교회법」이라고 한다.

교회법은 사람들 사이의 분쟁을 다룬다는 점에서 세상법과 유사한 점이 많고, 경우에 따라서는 교회 또는 교인 사이에 발생하는 문제에 관해 세상법과 교회법이 동시에 적용될 수 있는 상황도 발생하기 때문에 세상법과 교회법과의 관계가 문제된다. 예를 들어 교회에 분쟁이 생겨 '교회 재산의 분배'가 문제되었을 때, 세상법에 따라 재산을 처리할 것인가 아니면 교회 또는 교단 내부의 헌법이나 장정에 따라 처리할 것인가 하는 것이 문제가 된다.

물론 세상법과 교회법의 내용이 일치하고 있다면 아무 문제가 되지 않을 것이다. 그런데 두 법의 내용이 서로 상충되는 경우에는 그 사안에 어떤 법을 적용할 것인가 하는 것이 중요한 쟁점이 된다.

교회 분쟁의 당사자들이 이를 세상 법정에 호소하지 않음으로 인하여 법원이나 검찰, 경찰 등 세상의 사법관련 기관들이 그 분쟁과 문제를 알지 못한다면 교회 분쟁은 주로 교단 또는 교회 안에서 교회법에 의해 처리될 것이다. 그러나 교회 분쟁의 당사자가 상대방을 고소하거나 소송을 제기하는 경우, 또는 검찰이나 경찰이 교회 안의 불법을 알고 이를 처리하기 위해 나서는 경우에는 상황이 달라진다. 이러한 경우에 교회가 교회법을 이유로 세상법의 적용배제를 요구할 수 있는 것인가?

기독교인들은 세상법보다 교회법이 우선 적용되어야 한다고 생각할 수 있다. 하나님이 이 세상보다 크고 앞서시기 때문이다. 그러나 세상법은 그렇게 인정하지 않는다. 결론적으로 말하자면 아쉽게도 우리나라에서는 교회문제가 일단 세상 법정으로 비화하게 되는 경우 대체로 교회법보다 세상법을 우선 적용하도록 규정하고 있다. 그러나 이는 우선적용의 문제일 뿐이고, 그렇다고 해서 모든 교회 분쟁에 대해 세상법을 반드시 적용하는 것은 아니다. 이에 관해서는 앞으로 상세히 설명할 것이나, 우선 교회와 관련하여 발생할 수 있는 법률관계를 개괄적으로 분류하여 각각에 대해 살펴보면 다음과 같이 정리할 수 있다.

첫째, 교회 내부에서 발생하여 교회 내부에서만 효력이 발생하는 문제에 대해서는 세상법이 교회 분쟁에 대한 개입을 최대한 자제하고 있다. 예를 들어 교회장로에 대해 개교회나 소속 교단이 '정직' 등과 같은 치리징계를 하는 경우 비록 해당 장로가 세상법원에 그 무효소송을 제기하더라도 일반적으로 법원은 사법심사의 대상이 되지 않는다는 이유로 기각한다.

둘째, 개교회가 타인으로부터 예배당 건축 부지를 매입하는 과정에서 발생한 분쟁과 같이 교회 외부에 대하여 발생한 법률문제나, 양심의 자유를 이유로 한 병역거부와 같이 설사 교회 내부로부터 비롯된 문제라 하더라도 교회 외부에 대해 영향을 주거나 관련을 갖게 되는 사안에 대해서 세상법은 이를 일반사항과 동일하게 세상법의 적용대상으로 한다. 다만 종교단체와 관련된 사안이라는 점을 참작하여 결론을 내린다.

이와 같이 세상법이 교회법의 입장을 고려하면서 적용된다고 하더라도 세상법이 교회법보다 우선 적용되는 '세상법 우선적용 구조' 자체는 기독교인의 입장에서 볼 때 마땅치 않다는 생각이 들 수 있다. 기독교인들은 국가나 법이 교회나 종교의 특수성을 전폭적으로 고려하여 세상법의 적용을 자제해 주기 바랄 것이다. 그러나 헌법에 규정되어 있는 '종교의 자유'(헌법 제20조)도 필요한 경우 제한될 수 있는 것이다(헌법 제37조). 그리고 기독교인도 역시 국가라는 테두리 안에서 국가의 보호를 받으면서 생활하고 활동하는 것이므로 그러한 바람이 다 충족되기는 어려운 것이 현실이다. 즉, 국가가 법을 만들고 운용함에 있어서 교회와 종교의 특수성을 반영해 주도록 촉구하는 것은 필요하다. 하지만 우리나라는 적어도 종교의 자유를 상당한 정도로 보장하고 있으므로 일단은 국가의 법질서를 존중하고 그 범주 안에서 종교 활동과 신앙생활을 해야 할 것이다. 이것이 "그런즉 가이사의 것은 가이사에게, 하나님의 것은 하나님께 바치라"고 말씀하신 예수님의 교훈에도 부합할 것이다.

한편, 기독교인들 간의 분쟁을 일반 법정에 가지 않고 기독교인들 스스로 해결하고자 하는 노력의 일환으로 지난 2008년 4월 1일 (사)한국기독교화해중재원(The Korea Christian Conciliation and Arbitration Institute: KCCI)이 설립되어 교회 분쟁의 중재에 나섰다. 그리고 2011년 11월에는 대법원으로부터 법인설립허가를 받게 되었다. 이를 통하여 법적인 근거가 있는 자율적 중재가 교계 안에서 가능하게 된 것이다. 화해중재원에는 대한민국의 권위 있는 법조인들이 관여하고 있어서 일반 법원의 판단 못지않은 법률적 판단을 신앙적 기초 위에서 내리고 있다. 그런데도 왜 교회 분쟁이 자꾸 세상 법정으로 비화되는가? 여러 가지 이유들을 거시하지만, 결국은 '나' 때문이 아닐까? 더 이상 교회 지도자들이 복음의 확산을 가로막는 장애물이 되지 않았으면 하는 바람을 가져본다.

4. 교단과 교회, 어떤 관계일까?

어느 교회의 장로 한 분이 사업상 교인들로부터 많은 돈을 빌렸다가 갚지 못하여 고소를 당하는 문제가 생겼다. 이에 피해를 당한 교인들이 그 장로를 노회에 제소하자 노회는 그 장로가 장로로서 적절치 못한 처신을 하였다는 이유로 장로면직 판결을 하였다. 그러나 그 교회의 목사님(당회장)은 그 장로가 일부러 그런 것도 아니고 세계적인 경제위기 상황 때문에 사업이 잘 되지 않아 부득이 돈을 갚지 못한 것뿐인데 장로면직은 과한 처분이고, 오히려 이를 노회에 제소한 사람들이 나쁘다고 생각했다. 따라서 자신의 교회에서 그 장로가 사실상 장로직을 수행하게 함으로써 교단적인 법률적 분쟁이 발생하게 되었다. 위 당회장의 조치는 합법적인 것일까?

법조계에 있다 보니 많은 목사님, 장로님들이나 교단과 교회 관계자들이 법률적인 자문을 구하곤 한다. 그때마다 필자는 법률적인 견지와 신앙적 입장을 함께 고려하여 답변을 한다. 그 이유는 대부분의 사안에 있어서 신앙적으로 볼 때 합리적이라고 할 수 있는 해결방법이 법률적 결론과는 서로 다르기 때문이다. 특히 교단과 교회와의 관계에 관해서는 그런 문제가 많이 발생한다. 그러나 이곳에서는 본인의 개인적 가치관과는 별도로 법률적 해석결과를 설명하고자 한다.

우선, 교단이란 도대체 어떤 존재인지에 관해 살펴보아야 한다. 「교단(敎團)」이란 법률적으로는 '개신교에 있어서 신앙의 내용과 형식을 같이 하는 교회들의 단체'라고 정의될 수 있다. 이것은 불교의 종교단체를 「종단(宗團)」이라고 부르는 것과 대조된다. 문화체육관광부 발표에 의하면 2008년도 현재 개신교 교단은 예장합동, 예장통합, 예장고신, 기독교대한감리회, 예수교대한하나님의성회, 기독교한국침례회, 기독교대한성결교회 등 모두 124개로 파악되고 있다.

개개의 교회가 반드시 특정 교단에 가입해야 하는 것은 아니다. 그러나 교회의 지상목표인 선교와 전도, 구제사업 등에 있어서 개교회의 힘만으로는 이를 수행하기가 매우 어려운 것이 사실이다. 따라서 현실적으로는 대부분의 교회들이 특정 교단에 가입하여 선교, 전도와 구제사업에 있어서 협력함은 물론, 개교회 활동의 관리나 행정 처리의 편의를 도모하고 있다.

그런데 이러한 사실상의 협력관계와는 별도로, 법률적으로는 교단과 교회의 관계로 인하여 문제되는 일이 자주 발생한다. 이를 정확히 설명하는 것은 쉽지 않으나, 결론부터 이야기하면 교단과 교회와의 관계는 이분적(二分的)이라는 것이다. 즉, 기본적으로 (1)개교회의 「존속」에 관한 사항, 특히 '교단의 선택'과 '교회 재산'에 관해서는 개교회의 자주성과 독립성을 중시하여 교단 헌법의 내용과는 관계없이 개교회 교인들의 총의(總意)에 따라 결정하게 되고, (2)개교회의 대표자 선출, 징계 등 교회의 「운영」에 관해서는 교단 헌법이 개교회에 대해 강제력을 갖게 된다. 이를 좀 더 상세히 설명하기로 한다.

먼저, 모든 개교회는 자신이 소속할 교단을 스스로 선택할 수 있다. 이는 법률이 교회를 독립성 있는 하나의 법률행위 주체로 인정하고 있는 결과에 따른 것이다. 이 경우 교회가 어떤 교단에 가입하기 위해서는 그 교단이 요구하는 가입자격을 갖출 것과 그 교단에서 정한 가입절차를 밟는 것이 필요하다.

아울러 모든 개교회는 그 교회가 소속되어 있는 교단을 변경할 권리도 갖고 있다. 이러한 개교회의 교단 탈퇴권 또는 교단 변경권은 비록 소속 교단 헌법에서 이를 금지하고 있다고 하더라도 아무런 지장을 받지 않는다. 따라서 소속 교단의 헌법이 개교회의 교단 탈퇴에 관한 규정을 가지고 있지 않거나, 심지어는 "가입교회는 그 교단을 탈퇴할 수 없다"는 명문의 규정을 가지고 있다고 하더라도 개교회는 자유롭게 그 교단을 탈퇴하고 새로운 교단에 가입할 수 있는 것이다.

다만, 현재 우리나라의 대법원 판례에 의하면 교회의 교단 변경 결정은 의결권을 가진 교인 2/3 이상의 찬성에 의한 결의를 통해 가능하며, 의결권을 가진 교인의 찬성이 2/3에 미치지 못하는 경우에는 비록 과반수 찬성이라 하더라도 교단 변경의 효력이 발생하지 않는다는 점을 유의해야 한다.

다음으로, 개교회의 재산에 대하여 교단은 어떤 권리를 갖는가 하는 문제가 중요한 쟁점이 되고 있다.

개교회는 교인들의 헌금, 연보 등으로 교회 재산을 소유하게 된다. 이러한 교회 재산은 관리, 운용상의 편리성 때문에 교단의 명의로 넘겨놓는 경우가 많고, 또는 아예 교단의 헌법이나 장정 등에서 "개교회의 재산은 교단의 소유로 한다"고 규정하고 있는 경우도 있다. 이러한 경우 개교회의 재산은 실제로 누구의 소유로 되는 것일까?

현재의 법률에 의하면 개교회의 재산은 교단 헌법의 규정내용과 관계없이 개교회의 소유로 보아야 한다. 개교회의 재산은 개교회의 존립근거가 되는 중요사항으로서 개교회의 자주성과 독립성을 중시해야 하기 때문이다. 우리나라 대법원도 "교회의 부동산소유권 귀속문제 등 국가의 강행법규를 적용하여야 할 분쟁에 있어서는 이와 다른 내용의 교회 헌법규정은 적용되지 않는다"고 판결한 바 있다(대법원 1991. 12. 13. 선고 91다29446호 판결).

따라서 개교회의 교인들이 그들의 헌금 등으로 구입한 교회 재산에 관하여 그 명의를 교회명의로 하든지, 교인들의 공동명의로 하든지, 또는 교단의 명의로 하든지 하는 것은 모두 그 교회 교인들의 자유선택에 속하는 일이다. 이에 따라 "모든 교회의 재산은 교단의 소유로 한다"고 규정한 교단 헌법이 있더라도 그 규정은 법률상 효력을 갖지 못하는 것이다.

나아가, 비록 어떤 교회의 교인들이 종전에 소속되어 있던 교단을 탈퇴한다고 하더라도 그들이 교회 자체로부터 탈퇴하는 것이 아닌 한, 종전 교회의 교회 재산에 대해 가지고 있던 권리에는 아무런 변동이 없다.

그렇다면 교단은 교회에 대해 아무런 법적 권한도 갖지 못하는 것일까? 결코 그렇지는 않다.

교단은 개교회에 대해 억지로 자기 교단에 가입하도록 강제할 수 없고, 현실적으로도 모든 개교회는 소속 교단을 자유로이 선택하여 스스로 가입하고 있다. 그렇다면 최소한 신앙의 질서를 유지하기 위해서라도 교단에게는 그 교단에 스스로 가입한 교회에 대해 어느 정도의 통제권한을 부여하는 것이 타당할 것이다. 그래서 법적으로도 교단이 그에 소속된 개교회에 대해 일정한 권한을 갖는 것으로 인정하고 있다.

즉, 교회 재산에 관한 교단의 헌법규정은 효력이 없지만, 교회의 「운영」에 관한 교단의 헌법규정은 개교회에 대해 강제력을 갖는다. 따라서 개교회의 대표자 선출, 교인이나 교회 대표자의 징계 등 교회운영에 관한 문제에 대해서 교단의 헌법이나 규약, 장정 등은 강제적 효력을 가지며 이에 위배되는 교회의 결정은 무효로 처리된다. 대법원도 "교단의 헌법규정을 무시하고 자의적으로 교회를 관리, 운영한 장로에 대해 교단이 장로면직 판결을 한 경우에는 교단의 장로면직 판결이 유효하므로 그 장로는 장로 및 그 교회를 대표할 자격이 없어진다"고 판결한 바 있다(대법원 1972. 11. 14. 선고 72다1330호 판결).

나아가 대법원은 "법인 아닌 사단으로서의 실체를 갖춘 교회가 특정교단 소속 지교회로 편입되어 교단의 헌법·장정에 따라 의사결정기구를 구성하고 교단이 파송하는 목사를 지교회의 대표자로 받아들이는 경우, 지교회는 교단이 정한 헌법·장정을 교회 자신의 규약에 준하는 자치규범으로 받아들임으로써 그의 독립성이나 종교적 자유의 본질이 침해되지 않는 범위 내에서 교단의 헌법·장정에 구속된다"고 판단한 바도 있다(대법원 2006. 6. 30. 선고 2000다15944호 판결). 즉 교단의 헌법·장정은 개교회의 독립성이나 종교적 자유의 본질을 침해하지 않는 범위 내에서 개교회에 강제적 효력을 미치는 구속력을 갖고 있는 것이다. 여기서 개교회의 독립성이나 종교적 자유의 본질을 침해하는 사항이 될 수 있는 것이 바로 앞에서 설명한 교회의 재산과 교단의 선택에 관한 사항들인 것이다. 따라서 이러한 사항들을 제외한 나머지 교회와 교단 운영에 관해서는 교단의 헌법·장정에 강제력이 인정되는 셈이다. 특히 교단의 권징재판으로 말미암은 목사, 장로의 자격에 관한 시비는 비록 법원에 소송을 제기하더라도 원칙적으로는 법원의 심판 대상이 되지도 않는다(대법원 1995. 3. 24. 선고 94다47193호 판결 참조).

이제 처음에 예로 들었던 사례의 결론을 생각해 보자. 장로가 교회에서 금전대차 관계로 물의를 일으켜 노회로부터 장로면직 판결을 받았다면 그 판결은 종교단체 내부적인 제재에 지나지 아니하므로 원칙적으로 법원의 사법심사의 대상이 되지 않고, 그 효력과 집행은 교회 내부의 자율에 맡겨져 있는 것이다. 따라서 장로면직 판결은 유효한 것이므로 개교회의 당회장이 노회의 판결을 무시한 채 계속 장로직을 수행하게 하는 것은 부적법한 조치가 된다. 교단이 당회장의 조치를 문제 삼는 경우 다시 교회법상 불법인 행위가 될 가능성이 많은 것이다.

교회와 교단과의 관계에 대해 법률적으로는 위와 같이 설명할 수 있다. 그러나 교회에 대한 관계에 있어서 교단은 세상의 정부와 다른 것이고, 교단과의 관계에 있어서 교회가 함부로 처신해서도 안 되는 것이며, 교단과 소속 교회는 법률적인 문제로 비화되기 전에 성서적이고 기독교적인 방법으로 모든 문제를 원만히 해결하는 것이 바람직한 해결책임을 강조하고 싶다.

5. 종교의 자유, 어디까지 허용될까?

어떤 종파의 신도들은 국민의 국방의 의무에 의한 군복무를 기피하고 있다. 그 이유는 '군복무는 전쟁을 준비하는 행위로서 살상을 예비하는 것이나 다름이 없다'는 것이며, '종교의 자유'와 '양심의 자유'라고 하는 헌법상의 기본권을 병역기피의 사유로 들고 있다.

우리 헌법은 제20조 제1항에서 종교의 자유를 보장하고 있고, 제19조에서는 "모든 국민은 양심의 자유를 가진다"고 규정하고 있다. 그렇다면 종교적 교리상의 이유로 군복무를 기피하는 것이 가능할까?

그 결론을 얻기 위해서는 먼저 종교의 자유가 무엇인지 살펴볼 필요가 있다. 우리 헌법 제20조 제1항은 "모든 국민은 종교의 자유를 가진다"고 규정하여 종교의 자유를 보장하고 있다. 여기서 「종교의 자유」란 '국민 누구나 자기가 원하는 종교를 자기가 원하는 방법으로 신봉할 자유'를 말한다. 종교의 자유의 구체적 내용에는 (1)신앙의 자유 (2)종교적 행사의 자유 (3)종교적 집회 및 결사의 자유 (4)선교(포교)활동의 자유 (5)종교교육의 자유가 포함된다.

첫째, 「신앙의 자유」란 '사람이 어떤 종교든지 믿고 싶은 것을 믿고, 믿고 싶지 않은 것을 믿지 않는 자유'를 말한다. 이는 신앙문제에 관하여 외부로부터 강제를 받지 아니하고 자신의 종교적 확신을 가질 수 있는 자유로서, 종교의 자유의 내용 중에서 핵심을 이루는 것이다.

둘째, 「종교적 행사의 자유」라 함은 '기도나 예배와 같이 신앙을 외부에 표현하는 의식·축전을 행할 수 있는 자유'를 말한다. 이는 곧 내심의 신앙을 외부에 표현하는 자유를 말하는 것이다. 따라서 개인적 또는 집단적으로 행하는 어떤 종교적 행사에 대하여 이를 방해 또는 금지할 수 없음은 물론, 개인의 의사에 반하여 강제로 종교적 의식이나 집회에 참가하게 할 수도 없는 것이다.

셋째, 「종교적 집회 및 결사의 자유」란 '종교적인 목적으로 같은 신앙을 가진 사람들이 모이거나(집회), 결합하여 단체를 조직(결사)할 자유'를 말한다. 구체적으로는 특정종교를 위한 집회나 단체형성의 자유, 그리고 그러한 집회 및 단체에 참가 또는 가입하거나 그로부터 자유롭게 이탈할 수 있는 자유를 포함한다.

넷째, 「선교활동의 자유」라 함은 '자기가 신봉하는 종교를 선전하거나 새로운 신자를 모으기 위한 활동을 할 수 있는 자유'를 말한다. 이 선교의 자유에는 다른 종교를 비판하거나 다른 종교의 신자에 대하여 개종을 권고하는 자유도 포함된다. 물론 정당성 없는 타종교 비방이나 강압적인 방법의 개종 권고는 상대방의 신앙의 자유를 침해하는 것이 될 수 있으므로 허용되지 않는다.

다섯째, 「종교교육의 자유」란 '종교를 위한 교육을 실시할 수 있는 자유'를 말한다. 국가나 지방자치단체가 국공립학교에서 특정종교를 위한 종교교육을 실시하는 것은 정교분리의 원칙(헌법 제20조 제2항)에 따라 금지되고 있지만, 사립학교에서의 종교교육은 종교교육의 자유의 일환으로서 허용되고 있다.

이와 같이 우리나라의 경우 종교의 자유를 매우 폭넓게 인정하고 있다. 그러나 이러한 종교의 자유가 무제한적인 것은 아니다. 즉 헌법은 제37조 제2항에서 "국민의 모든 자유와 권리는 국가 안전보장·질서유지 또는 공공복리를 위하여 필요한 경우에 한하여 법률로써 제한할 수 있다"고 규정하여, 종교의 자유에 대해서도 국가질서를 운영·유지하기 위해서 필요한 경우 국가가 법률로써 규제를 가할 수 있음을 명시하고 있다. 다만, 국가나 법이 국가적 목적을 이루기 위해 종교의 자유를 비롯한 국민의 기본권을 과도하게 침해하는 일은 없어야 할 것이므로, 특별한 목적에 의해 종교의 자유를 제한하는 경우에도 자유와 권리의 본질적인 내용을 침해할 수는 없다.

그리하여 우리나라에서는 기본적으로 종교와 신앙의 자유를 인정할 뿐 아니라 최대한 보장하고 있지만, 경우에 따라서는 국가목적 또는 행정목적을 위하여 교회의 법률행위, 재산관계 등을 규제하는 경우가 생겨나게 된 것이다. 즉, 모든 국민은 종교를 선택할 자유를 갖고, 또한 자유롭게 종교 활동을 할 자유를 갖지만, 국가 안전보장이나 질서유지 또는 공공복리를 위해서는 그것이 제한될 수 있는 경우가 있는 것이다. 위 헌법조항을 「기본권 유보조항」이라고 부른다.

그렇다면 어떠한 경우에 이러한 종교의 자유를 제한할 수 있는 것인가? 먼저, 종교의 자유라고 하더라도 그것이 정신적·내적 영역을 벗어나 집회(集會), 결사(結社) 등에 이른 때에는 이미 인간의 정신적·내적 문제가 아니라 외부 사회에 영향을 미치는 대외적인 사안이 되는 것이므로 그것이 국가안전보장, 질서유지 또는 공공복리를 위태롭게 하는 것이면 이를 제한할 수 있다.

또한, 종교를 이유로 국방의 의무를 거부할 수 없다. 첫째, 우리나라의 국가 안보상황에 비추어 종교의 교리를 내세워 법률이 정한 병역의무나 군복무를 거부하는 것은 종교의 자유에서 보장하는 기본권의 범주를 벗어나는 일이다. 따라서 이러한 병역의무의 거부는 실정법에 따라 처벌될 수밖에 없을 것이다. 병역의무 및 군복무의 거부는 주로 여호와의 증인 신도들이 군복무 자체를 '비인도적 전쟁행위'로 간주하는 교리에 따라 이루어지고 있다. 둘째, 집총훈련 거부의 문제이다. 특정 종교의 신도가 병역의무나 군복무를 거부하는 것은 물론, 일단 군부대에 입대한 신도가 집총훈련을 거부하는 것도 현행법상 허용되지 않는다. 특히, 북한과 대치하고 있는 우리나라의 국가안보상황에 비추어 종교의 교리를 내세워 법률이 정한 병역의무를 거부하는 것은 헌법상의 종교의 자유가 보장하고 있는 기본권의 한계를 벗어나는 일이다. 따라서 종교적 이유로 병역의무를 기피한다든지, 집총훈련이나 군사훈련을 거부한다든지 하는 것은 실정법에 따라 처벌될 수밖에 없는 것이다.

그리고 '국기에 대한 경례' 거부도 인정되지 않는다. 국기에 대한 경례를 우상숭배로 여겨 이를 거부한 여고생에 대해 대법원은 "학생들은 그 학교의 학칙을 준수하고 교내 질서를 유지할 의무가 있으므로 그 종교의 자유 역시 그들이 재학하는 학교의 학칙과 교내 질서를 해치지 아니하는 범위 내에서 보장된다. 따라서 국기에 대한 경례를 종교상의 우상숭배라 하여 거부한 학칙위반 학생의 제적처분은 정당하다"고 판결한 바 있다(대법원 1976. 4. 27. 선고 75누249호 판결).

이와 관련하여 공무원시험을 주일에 치르는 것은 주일성수를 신념으로 하는 기독교인들의 종교의 자유를 침해하는 것이 아니냐는 문제가 제기되어 왔다. 기독교계에서는 공무원시험을 주일에 치르는 것은 기독교신자의 예배권을 침해하는 것이라고 주장하는 것이다. 이 예배권은 종교의 자유에서 말하는 '종교적 행사의 자유'의 하나로서 신앙의 자유와 함께 종교의 자유의 본질적 요소를 이루는 것이다. 그리고 기독교의 특성상 가장 중요한 공예배는 주일에 드려지고 있으므로 공무원시험을 주일에 치르는 것은 기독교인들의 종교의 자유를 본질적으로 침해하는 결과가 될 수 있다는 것이 기독교인들의 주장인 것이다.

그럼에도 불구하고 우리나라 헌법재판소는 지난 2001년 9월 27일 사법시험 1차 시험을 일요일에 시행하는 것은 종교의 자유를 침해하는 것이 아니라고 결정했다. 즉 헌법재판소는 결정문에서 "종교적 행위의 자유는 신앙의 자유와 달리 질서유지·공공복리 등을 위하여 제한할 수 있는 것으로서 사법시험과 같이 대규모 응시생들이 응시하는 시험에 있어 일요일 아닌 평일에 시험이 있을 경우, 시험장소·시험 관리를 위한 공무원 확보가 어려우며, 수험생 중 직장인 등은 결근을 해야 하는 등 시험 당일의 원활한 시험 관리에 상당한 지장을 초래한다. 일요일은 특별한 종교의식일이 아니라 일반적인 공휴일로 보아야 하므로 일요일에 사법시험을 치르는 것에 대해 기독교를 다른 종교에 비해 불합리하게 차별대우하는 것으로 볼 수 없으며 사법시험 시행일을 일요일로 정한 공고는 공무담임의 기회를 제공하는 것이어서 종교의 자유나 행복추구권을 침해한다고 볼 수 없다"고 밝혔다(2001. 9. 27. 선고 2000헌마159호 결정).

헌법재판소가 주일에 공무원시험인 사법시험을 치르는 것이 합헌이라고 결정한 것은 유감이라고 아니할 수 없다. 비록 헌법재판소의 결정이 위와 같다고 하더라도 이것이 곧 공무원시험을 주일에 치르라는 명령이 될 수는 없는 것이다. 따라서 공무원시험을 주관하는 정부로서는 종교의 자유의 본질을 침해하지 않도록 이미 대다수 국민들에게 휴일이 되고 있는 토요일 오후 등 주일이 아닌 적당한 기회를 마련하여 공무원시험을 실시함으로써 모든 국민의 편의를 배려할 줄 아는 성숙한 행정이 필요할 것이다. 이후 정부는 이와 같은 생각을 받아들였는지 2006년 제48회 사법시험부터 주일이 아닌 다른 요일에 시험을 실시하고 있다.

기독교인의 입장에서 보면 국가나 법이 교회나 종교의 특수성을 전폭적으로 고려하여 세상법의 적용을 자제해 주기 바랄 것이지만, 기독교인 역시 국가라는 테두리 안에서 국가의 보호를 받으면서 생활하고 있는 것이므로 그러한 소망이 다 충족되기는 어렵다는 점을 공감해야 할 것이다. 즉, 국가에 대해 법을 만들고 운용함에 있어서 교회와 종교의 특수성을 반영해 주도록 촉구하는 것은 계속해야 하지만, 일단은 국가의 법질서를 존중하고 그 범주 안에서 종교 활동, 신앙생활을 해나가야 할 것이다.

종교의 자유, 양심의 자유만 알고 기본권 유보조항이 있다는 사실을 알지 못한다면 이는 하나만 알고 둘은 모르는 것이 된다. 그러다가 결국 어느 종파처럼 그 신도들로 하여금 국법을 어기게 함으로써 형사처벌이라는 큰 불이익을 당하게 할 수도 있다. 우리는 '가이사의 것은 가이사에게, 하나님의 것은 하나님에게' 돌려야 할 것이다.

02 교회 재산의 법률관계

1. 교회 재산은 누구 것일까?

성도들은 교회에 다니면서 교회의 운영과 선교, 구제 등을 위해 헌금을 하게 된다. 교회는 그와 같은 성도들의 헌금을 적립하거나 적절히 운용하여 예배당 또는 기도원·수양관 등의 대지와 건물, 현금, 예금 등 교회 재산을 갖게 될 수 있다. 세상 사람들은 소유에 관심이 많다. 그래서 교회 재산에 대하여도 그 소유권이 과연 누구에게 있는 것일까 하는 것이 문제가 되는 경우가 종종 있다. 물론 교회 재산은 하나님의 소유이다. 그런데 세상법에서는 교회 재산의 소유권자를 하나님으로 인정하지 않고 있는 터이니, 이에 관해 살펴보고자 한다. 그렇다면 교회 재산은 세상의 법률적으로는 누구의 소유가 되는 것일까? 이는 각각의 개교회에 재산과 관련된 자체 규정이 있는지 여부에 따라 그 관계가 달라진다.

첫째로, 교회 재산이 누구의 소유인지, 그 관리는 어떻게 할 것인지, 이를 처분할 때는 어떻게 하면 되는지 등에 관해 정하고 있는 개교회의 정관 등의 규정이 있으면 그것에 따라 교회 재산의 소유관계가 결정된다. 일부 교회들은 이러한 규정을 「장정」, 「정관」 또는 「규약」이라는 이름으로 만들었는데 대다수의 교회들에서는 아직 이러한 규정을 마련하지 못하고 있다

그런데 여기서 말하는 「장정」, 「정관」 또는 「규약」이라고 하는 것은 교단이나 총회의 장정 또는 규약을 말하는 것이 아니라, 개개의 지역교회 즉, 개교회에서 마련한 것만을 의미한다. 이 점을 특히 유념해야 한다. 순수하게 세상 법률적으로만 말하면 각 교단에서 정한 개교회의 재산에 관한 장정·규약은 선언적이고 상징적인 효력만 가질 뿐이고, 개교회의 재산에 대해서는 법률적 효력을 갖지 않는다. 따라서 개교회의 재산에 관해 유효한 처분을 하기 위해서는 그 개교회 자체의 장정, 정관, 규약에 따라 처분 또는 결정해야만 처분의 효과가 생기는 것이다.

둘째로, 각각의 개교회에 이러한 장정이나 규약이 없는 경우에는 어떻게 될까? 교회 재산에 관하여 교인들의 합의에 의해 작성된 교회 장정이나 규약을 가지고 있지 못한 대다수의 교회들은 부득이 우리나라의 세상법 규정에 따라 처리하게 된다.

사실 우리나라 법률 자체에서도 교회 재산이 누구 소유인가에 관해 분명한 규정을 두고 있지는 않지만, 우리나라 법원은 "교회에서 교인들의 연보, 헌금, 기타 교회의 수입으로 이루어진 재산은 특별한 사유가 없는 한 그 교회 소속 교인들의 총유(總有)에 속한다"고 판결하고

있다. 즉 교회 재산은 원칙적으로 개교회에 소속한 교인들 전체의 공동소유가 되는 것이다. 이러한 형태의 공동소유를 법률적으로는 「총유」라고 한다.

그렇다면 구체적으로 이 총유라고 하는 것은 무엇인가? 하나의 물건 또는 권리를 여러 사람이 공동으로 소유하게 되는 경우를 「공동소유(共同所有)」라고 하는데, 총유는 이러한 공동소유의 형태 중 하나이다. 총유라는 공동소유관계에 있어서는 공동소유자들이 해당 재산에 관해 '지분'을 인정받지 못하고, 단체의 구성원으로서 단체 재산에 대한 수익권을 가질 뿐이다. 우리나라 법원이 이렇듯 교회 재산을 교인들의 총유로 인정하고 있는 이유는 교회가 재산분쟁으로 인해 쉽게 소멸되지 않도록 하겠다는 생각도 그 밑바탕에 깔려 있는 것으로 보인다.

교회 재산이 교인들 전체의 공동소유라고는 하나, 총유의 특수한 성질상 일반적인 공동소유와는 달리 교인들 개개인에게는 공동소유권과 사용권이 있을 뿐 지분권이 없기 때문에 개별적으로 처분할 수는 없게 되어 있다. 교인들이 각자 자기의 지분을 다른 사람에게 팔아버리거나 양도하는 것은 불가능하다는 것이다. 그렇다면 이러한 교회 재산을 처분하고자 할 때에는 어떻게 해야 할까? 물론 교회 재산의 처분에 관한 교회의 장정이나 규약이 있으면 그에 따르면 되겠지만 대부분의 교회에 그런 규정이 없기 때문에 교회 재산의 처분방법이 자주 문제가 된다.

그런데 우리나라 민법 제276조 제1항은 "총유물의 관리 및 처분은 사원총회의 결의에 의한다"라고 규정하고 있다. 교회 재산도 교인들 전체의 총유물이기 때문에 위 민법규정에 의해야 하고, 따라서 교회 재산을 처분하기 위해서는 일반적 사단법인의 '사원총회'에 해당되는 '교인총회'의 결의가 있어야 한다는 결론이다.

따라서 교인총회의 결의 없이 행해진 교회 재산의 처분은 아무런 효력이 없게 된다. 이는 마치 다른 사람의 재산을 처분하는 것과 동일하기 때문이다.

다만, 교회 재산을 사용하는 것은 달리 특별한 제한 규정이 없는 한, 교인 개개인의 권리로 되어 있다. 즉 개교회의 구성원인 각 교인들은 교회 정관이나 규약이 정한 바에 따라서, 또 그러한 정관이나 규약이 없으면 통상적 사회상규(社會常規)에 따라 각자 교회 재산을 사용할 수 있다. 즉, 예배당에 들어가 예배에 참석하거나, 혼자서라도 예배당에서 기도를 하는 등 교회 재산을 개인적으로 사용할 수 있는 것이다.

셋째로, 그렇다면 교인들은 교회 재산에 대해서 언제부터 권리를 갖게 되는 것일까? 그리고 어떻게 하면 그 권리를 잃게 되는 것일까?

교회 재산이 그 교회에 소속된 교인들 전체의 소유이기는 하지만, 그 소유의 형태가 총유이기 때문에 교회의 구성원인 교인들이 교회 재산에 대해 '지분권'을 갖지는 않는다. 교인들이 교회에 소속되어 그 교회의 구성원으로 있는 동안에만 교회집단의 일원으로서 교회 재산에 대해 권리를 갖는 것이다.

따라서 어떤 사람이 개교회에 등록하고 그 교회의 교인이 되면 교회 재산에 대한 사용권 등 권리를 취득하게 된다. 이는 그 사람이 개교회 등록 이전에 그 교회에 헌금한 일이 전혀 없다고 하더라도 마찬가지다.

그러나 그 교인이 소속교회를 탈퇴하여 나가버리면 그는 그 교회 교인으로서의 지위를 상실하게 되고, 따라서 그 교회 재산에 관한 권리도 상실하게 된다. 그가 과거 교회에 많은 헌금을 하여 교회 재산 형성에 크게 이바지했다고 하더라도 마찬가지다.

다만, 교회에 분쟁이 생겨 교인들 중의 일부가 일시적으로 예배처소를 옮겼다고 하더라도 그 교인들이 소속교회로부터 탈퇴한 것이 아닌 경우에는 교회 재산에 대한 권리를 상실하지 않는다.

그렇다면 어떤 교단에 속해 있는 개교회의 교인 일부가 교인총회의 결정이 아닌 자신들만의 결정에 의해 그들의 교회가 원래 가입해 있던 교단을 탈퇴하는 경우에 교회 재산에 대한 권리는 어떻게 될까? 이는 교회가 분열하는 경우에 종종 발생하는 문제이다. 이러한 경우 교인들이 비록 자신들의 교회가 본래 속해 있던 교단으로부터 탈퇴하였다고 하더라도 그 자체가 교회로부터 탈퇴하는 것이라고는 할 수 없다. 따라서 교단을 탈퇴한 사람들이 개교회로부터 탈퇴하는 절차를 밟지 않는 한 교회 교인의 신분을 계속 유지하고 있는 것이 되고, 따라서 교회 재산에 대한 권리도 상실하지 않는다.

이러한 결론은 비록 당초에 개교회가 소속되어 있던 교단의 헌법이 이와 다른 규정을 가지고 있다고 하더라도 마찬가지다. 즉, 비록 교단 헌법에 "교단을 이탈한 사람은 교회 재산의 사용권을 가지지 못한다"라는 식으로 규정하고 있다고 하더라도, 법률적으로는 교인들이 교회를 탈퇴하지 않는 한 교단을 변경하거나 탈퇴한 경우에도 여전히 개교회의 재산에 대한 권리를 가지는 것이다.

넷째로, 그렇다면 교회 재산에 관하여 개교회와 교단과의 관계는 어떠할까?

많은 교회들은 교단의 일원이라는 소속감과 교회 재산의 관리, 유지의 편리성 때문에 개교회의 재산을 교단 또는 교단의 유지재단 명의로 등기·등록하고 있고, 실제로 어떤 교단에서는 개교회의 재산에 관해 그 소유를 교단 또는 교단에서 설립한 별도의 유지재단 소유로 한다는 내용의 헌법, 장정 규정을 갖고 있기도 하다.

그런데 교회와 교단 간에 재산분규가 발생하는 경우에는 법적으로 개교회의 재산을 누구의 소유로 보아야 하는가 하는 문제가 발생한다. 결론부터 이야기하면, 개교회에서 취득한 재산은 비록 교단의 명의로 되어 있다고 하더라도 법률적으로는 개교회의 소유가 된다. 비록 교단 헌법이 위 결론과 다른 내용의 규정을 갖고 있다고 하더라도 그러한 교단의 헌법규정이 개교회의 재산에 대한 소유관계에 영향을 미치는 것은 아니다.

이에 관해서는 종교단체의 특성상 특정교단의 교리에 따라 교단활동을 하기로 결정하고 그 재산을 교단 앞으로 이전하였으면 그 소유를 실질적으로 교단의 것으로 보아야 한다는 주장이 있을 수 있으나, 우리나라의 현재의 법체계 아래에서는 그렇게 해석할 수는 없다. 대법원 판례도 부동산소유권에 관한 법률적 분쟁에 대해서는 교단 헌법의 규정이 적용될 여지가 없다고 판결하고 있다. 어떠한가? 그동안 알고 있었던 것과 좀 차이가 있지 않는가? 지금까지 설명한 내용은 저자의 생각이 그렇다는 것이 아니고, 우리나라의 법 규정에 의하면 그런 결론이 된다는 것이다. 그런데, 실제로 교회 재산에 관해 분쟁이 발생하면 결국 세상법에 따라 처리되는 것이니, 이러한 법률관계를 알고 있어야 할 것이다. 부디 교회 재산에 관한 분쟁이 일어나지 않기를 바라면서 좀 어려운 내용이기는 하지만, 중요한 내용이기 때문에 조금 상세히 설명해 보았다. 우리 교회들 안에서 이 분야에서도 주님의 뜻이 이루어지기를 기도해 본다.

2. 교회 재산을 처분하려면?

얼마 전에 예장 소속의 어떤 교회가 예배당을 이전하는 과정에서 내부분쟁이 발생하고 말았다. 그 교회는 남의 건물을 빌려 예배당으로 사용하던 중 교세가 확장되자 예배당을 신축하기로 결정하였다. 그리하여 적당한 토지를 물색하여 그 토지소유자와 토지매매계약을 맺은 후 계약금, 중도금, 잔금을 모두 지급하였다. 교인들에게는 토지의 매입 및 매매대금 지급사실을 교회 주보에 게재하는 방법으로 알려 주었다.

그러던 중, 그 교회의 당회장과 건축위원장인 장로는 위와 같이 구입한 토지가 예배당 부지로는 너무 좁다고 생각하여 더 넓은 대지를 물색하게 되었고, 적당하다고 생각되는 새로운 대지를 발견하고는 종전의 토지를 이 새로운 대지와 교환하기로 작정하였다. 그리하여 당회장과 건축위원장인 장로는 종전의 토지와 새로운 대지를 교환하게 되었는데, 이 과정에서 종전의 토지와 새로운 대지를 교환하는 문제에 대해 교인들과 충분히 협의하지 않았기 때문에 교인들이 문제를 제기하게 되었다. 이러한 경우 위 토지와 대지의 교환행위는 유효한 것인가, 아니면 효력이 없는 것인가?

그 결론을 말하기 전에 먼저 교회 재산의 관리 및 처분방법에 관해 살펴볼 필요가 있다. 누구에게나 재산의 처분 문제는 어렵고 힘든 일이 아닐 수 없다. 교회 안팎에서도 교회 재산의 처분 문제와 관련된 분쟁이 종종 발생하고 있다. 교회 재산도 부득이 처분해야 할 필요가 있는 경우가 있다. 그런데 이 과정에서 교회의 재산관리를 담당하는 사람들이 교인들의 의사와는 달리, 또는 교인들의 의사를 묻지 않고 교회 재산을 처분하려 하다가 분쟁이 생기는 일이 있는 것이다.

그렇다면 교회 재산은 어떻게 해야 적법하게 처분할 수 있는 것일까? 이에 대해 결론을 얻기 위해서는 먼저 교회 재산의 법적 성격에 대해 알아야 한다. 교회 재산은 누구의 소유인가? 교회는 법률적으로 비법인사단(非法人社團)이고, 이에 따라 교회 재산은 교인들의 총유(總有)라고 하는 형태의 공동소유가 된다는 것은 이미 설명한 바와 같다. 그러면 총유재산인 교회 재산의 구체적 관리방법은 어떻게 되는 것인가?

일반적으로 총유재산의 관리와 처분에 관한 구체적 내용은 그 소유권자인 '사단(社團)'의 정관이나 규약에 의하여 결정된다. 따라서 비법인사단인 교회에 있어서도 교회 소유의 재산에 대한 구체적 권리, 의무의 내용은 「교회규약」 또는 「교회장정」 등에 의해 결정된다. 여기서 말하는 「교회규약」 또는 「교회장정」 등은 '교단총회의 헌법, 규약 또는 장정'을 말하는 것이 아니라, 개개의 지교회에서 마련하여 시행하고 있는 교회 재산에 관한 규약 또는 장정을 의미하는 것이다. 비록 개교회의 재산이 노회 또는 교단에서 설립한 유지재단에 편입되어 있다고 하더라도 그 재산은 법률적으로 엄밀히 말할 때 노회 또는 교단의 소유가 아니고 개교회의 소유에 해당된다. 그렇다면 그 재산의 관리나 처분에 관해 결정할 수 있는 권한도 노회나 교단이 아닌 개교회에 있다고 해야 할 것이다. 그러므로 교단에서 정한 개교회의 재산에 관한 헌법, 규약, 장정 등은 선언적이고 상징적인 효력만 가질 뿐 개교회의 재산에 대해서 법률적 효력을 가질 수 없는 것이다.

따라서 개교회의 재산을 유효하게 처분하기 위해서는 그 개교회 자체의 규약이나 장정이 있는 경우에는 그 규정에 따라야 한다. 즉 교회들 중에서는 미리 교회 정관으로 "만약 교회 부동산을 처분할 때에는 처분 당시 등록교인들의 5분의 3 이상 출석에, 출석등록교인 5분의 3 이상의 찬성으로 처분을 결의할 수 있다"는 등으로 교회 재산의 처분 방법에 관해 규정해 두는 경우가 있는데, 이러한 경우에는 교회 정관에 따른 교인들의 결의절차를 밟아야 교회 재산처분이 유효하게 되는 것이다.

그러나 현실적으로는 대부분의 교회가 교회 재산에 관해 교인들의 합의에 의해 작성된 교회장정이나 규약을 가지고 있지 못한 형편이다. 이렇듯 개교회가 교회장정이나 규약을 갖고 있지 않을 경우에 교회 재산에 관한 법률관계는 어떻게 되는가? 이러한 경우에는 민법의 규정(제275조 내지 제278조)에 의해 처리된다. 우리 민법 제276조 제1항은 "총유물의 관리 및 처분은 사원총회의 결의에 의한다"라고 규정하고 있다. 앞에서 설명한 바와 같이 교회 재산은 민법 제276조 제1항이 말하는 총유물이다. 그리고 여기서 '사원총회'라 함은 교회로 말하면 '교인총회'가 된다. 따라서 교회 재산의 관리 또는 처분에 관해 어떤 조치를 취하기 위해서는 교인총회에서 적법한 절차를 밟은 결의가 있어야 한다. 따라서 교인총회의 결의 없이 행해진 교회 재산의 처분은 아무런 효력이 없는 '무효(無效)의 법률행위'가 된다.

그렇다면 위와 같은 '교인총회의 결의'는 어떻게 하면 되는 것일까? 교인총회의 결의 방법에 대해서도, 개교회의 장정 또는 규약에 그 절차가 미리 규정되어 있으면 그에 따라 결의절차를 밟으면 될 것이다.

그러나 그와 같은 개교회의 장정, 규약이 없는 경우에는 민법 제75조의 규정을 적용해야 한다. 즉 우리 민법 제75조는 「사단법인 총회의 결의방법」에 대하여 "총회의 결의는 민법 또는 정관에 다른 규정이 없으면 사원 과반수의 출석과 출석사원의 결의권의 과반수로써 한다"라고 규정하고 있다. 따라서 교회에서의 교인총회 결의는 위 민법 규정에 따라 교인 과반수의 출석과 출석교인의 과반수 찬성으로써 결의가 가능하다고 본다.

그러나 특별히 교회의 재산 내역이 그 교회의 정관·규약에 특정되어 있거나 그렇지 않더라도 재산의 존재가 정관·규약에 정하여진 교회의 목적수행 및 교단의 명칭·소재지와 직접 관련되어 있는 경우에는 교인총회의 결의방법이 조금 달라진다. 이러한 경우의 교회 재산의 처분은 정관의 변경을 수반하기 때문에 이러한 경우에는 사단법인 정관변경에 관한 민법 제42조 제1항의 규정 취지대로 총 구성원의 2/3 이상의 동의를 필요로 한다.

물론 이러한 교인총회의 소집을 위해서는 전체 등록교인들에 대한 적법한 총회소집통지가 전제되어야 한다. 적법한 소집통지가 이루어지지 아니한 채 총회의 개최를 강행하면 총회의 성립 여부 자체가 문제될 수 있는 것이다.

자, 이제 처음에 소개했던 분쟁 교회의 토지와 대지 교환이 법적으로 유효한 것인지 그렇지 않은지의 여부에 대한 결론을 살펴보기로 하자. 이 사건에 대해서 대법원은 "종전의 토지와 새로운 대지를 교환하기 위해서는 교인총회의 결의가 필요한데, 이 사건의 경우에는 그 같은 교인총회의 결의가 없었기 때문에 위 토지교환은 효력이 없다"고 선고하였다(대법원 1989. 3. 14. 선고 87다카1574호 판결). 즉, 종전의 토지와 새로운 대지를 교환하는 것은 새로운 대지의 측면에서 보면 재산의 취득이 되는 것이므로 이에 대해서는 교인총회의 결의가 꼭 필요하지는 않다. 그러나 이미 교회의 소유가 된 종전의 토지의 측면에서 보면 교회 재산을 처분하는 것이 된다. 따라서 종전의 토지를 새로운 대지와 교환하는 것은 교회 재산의 처분을 포함하는 것이 되므로 여기에는 새로운 교인총회의 결의가 필요하게 되는 것이다. 그런데 그러한 교인총회 결의가 없었다면 종전의 토지를 새로운 대지와 교환하는 것은 법적 효력을 가질 수 없게 되므로 그 토지를 전득하여 등기를 마친 자가 선의라 하더라도 교회는 그 처분행위의 무효인 사실을 대항할 수 있다.

물론 위에서 설명한 교회 재산의 관리방법은 현행 법률에 의한 설명일 뿐이고, 기존의 교회지도자들이 생각하는 것과는 많은 차이가 있을 것이다. 현행 법제도에는 교단 또는 교회 운영의 올바른 신앙적 방향과 배치되는 부분도 있는 것이므로, 교계의 의사가 반영된 「기독교재산관리법」의 제정 등을 통해 점차 교회 현실에 맞는 입법적 뒷받침이 있기를 기대한다.

교회 안에서 교회 재산으로 인한 분쟁이 발생하는 것은 참으로 불행한 일이다. 따라서 교회에서 이러한 사태가 발생하지 않도록, 교회지도자들은 어느 정도 세상법에 대한 이해도를 높여 법률적 분쟁 없이 교회 일을 처리하도록 노력해야 할 것이다. 그럼에도 불구하고, 어떤 교회지도자들은 세상법에 너무 무관심하여 미리 예방할 수 있는 분쟁을 막지 못한 채 확대시키고 있으니, 참으로 안타까운 일이 아닐 수 없다.

3. 교회 재정을 함부로 사용하면?

얼마 전 어느 교회의 재정담당 집사가 의류사업을 경영하던 중 자금사정이 어려워져 수표를 결제할 돈이 모자라게 되자, 자신이 보관하고 있던 교회 재정 4,500만 원을 자신의 수표결제 대금으로 사용해 버린 사건이 발생했다. 그 집사는 사업을 잘하던 사람이었는데, 전 세계적인 금융위기 과정에서 점차 자금이 부족해져 결국에는 교회 돈까지 사용하게 되었던 것이다. 그리고는 그 돈을 갚지 못한 채 사업은 부도가 나버려 교회에 많은 재정적 어려움을 주고 있다는 것이다.

물론 그 재정집사로서야 교회 재정이긴 하지만 우선 자신이 급한 대로 사용한 뒤 적정한 이자를 보태어 교회에 반환하려고 하였을 것이고, 그렇게 하는 것이 교회에 꼭 손해가 되거나 해롭지는 않을 것으로 생각했을 것이다. 그러나 갑자가 불어 닥친 경제난이 오래 지속되어 사업이 더욱 어려워진 그는 결국은 부도를 내게 되었고, 이미 수표결제에 사용해버린 교회 재정을 반환하지 못하였다고 한다. 이러한 경우에 대해 법률적으로는 어떤 조치가 가능할 것인가?

법률적으로 말하면 교회 재정은 교인들의 공동소유에 해당하는 것이고, 이를 관리 또는 보관하는 사람이 함부로 사용해 버렸다면 이는 업무상 횡령죄에 해당한다.

본래 「횡령죄(橫領罪)」라 함은 다른 사람의 재물을 보관하는 사람이 그 재물을 보관시킨 사람의 의도와는 달리 자기 마음대로 함부로 처분하거나, 보관시킨 사람이 돌려달라고 하는데도 그 반환을 거부하는 것을 말한다. 그중에서도 특히 재물을 보관·관리하는 업무를 담당하는 사람이 자신이 보관·관리하던 그 재물을 횡령하는 것이 '업무상' 횡령죄이다. 교회의 재정집사도 교회 재정을 보관·관리하는 업무를 담당하는 사람이므로 그런 사람이 교회의 승낙 없이 자신이 보관하던 교회 재정을 자기 멋대로 사용해 버렸다면 이는 당연히 업무상 횡령죄에 해당한다고 할 것이다.

이러한 경우 교회로서는 즉시 문제를 일으킨 재정집사의 직무를 정지시키고, 그에 대하여 '교회 재정은 하나님의 것이므로 우선 변제해야 함'을 주지시켜, 그의 다른 재산을 모두 동원하여 반드시 갚도록 설득해야 할 것이다. 교회 재정을 모두 갚은 뒤에는 교회 내부 규정에 따라 용서할 수도 있고, 또는 교회법에 따라 치리하거나 사안이 중하다고 판단할 때에는 검찰·경찰에 고소하여 형사처벌을 받게 할 수도 있다. 어떤 조치가 좋을지에 관해서는 각 교회가 개별적으로 판단하여 정할 수밖에 없다.

그러나 그 재정집사가 교회 재정을 갚지 못하고 교회도 그러한 재정집사를 그냥 용서할 수 없다면 교회는 그를 수사기관에 고소할 수 있다. 그러면 교회 재정을 횡령한 재정집사는 형사법 절차에 따라 적절한 형사처벌을 받게 되는데, 피해변제가 되지 않았고 피해액수가 거액이라면 구속까지 될 수도 있고, 그렇지 않더라도 불구속 상태에서 재판에 회부되거나 거액의 벌금형이 내려질 수 있다.

또한, 피해를 입은 교회는 위 재정집사에 대한 고소와 동시에, 또는 고소와는 별도로 법원에 재정집사를 상대로 그가 횡령한 교회 돈에 대한 반환청구소송을 제기할 수도 있다. 그 재판을 통해 승소판결을 받은 후에는 집행관에게 의뢰하여 강제집행을 통해 횡령당한 돈을 되찾을 수도 있다. 이와 같이 반환청구소송을 제기해야 하는 경우에는 미리 그 재정집사의 다른 재산을 찾아내어 법원에 그 재산에 대한 처분금지가처분 신청 등을 하여 두는 것이 좋다.

교회 재정에 대한 범법행위는 위와 같은 전형적 범죄 이외에도 다양하게 발생할 수 있다. 예를 들어 교회학교의 부장집사, 총무 등 교회 일을 맡아 하는 사람은 그 봉사과정에서 교회로부터 필요경비를 지급받는 경우가 많은데, 이때 실제로 소요될 경비보다 더 많은 돈이 소요되는 것처럼 꾸며 교회로부터 돈을 받아내면 이는 「사기죄」에 해당할 수 있다.

본래 「사기죄」라고 하는 것은 '다른 사람을 속여 재물을 교부받거나 재산상 이익을 얻는 것'을 말한다. 흔히들 돈을 빌려간 사람이 그 돈을 갚지 못하면 사기죄가 된다고 생각하는데, 그렇지 않다. 단순히 다른 사람으로부터 돈을 빌렸다가 사정상 갚지 못하는 경우에는 일반적으로 사기죄가 성립하지 않는다. 특히 다른 사람을 '속여' 재물을 교부받거나 재산상 이익을 얻는 경우에만 사기죄가 성립하는 것이다.

위에서 설명한 바와 같이 교회학교 총무가 예를 들어 여름성경학교를 준비하면서 사실은 200만 원이 소요될 것임을 알면서도 교회에는 350만 원이 소요된다고 거짓말을 하여 350만 원을 받아낸 경우에는 위에서 설명한 '속이는' 행위가 있었기 때문에 사기죄가 성립하는 것이다. 그러나 단지 계산을 잘못하여 실제 사용된 돈보다 많은 재정지원을 받은 것에 불과하다면 여기에는 '속이는' 행위가 있었다고 할 수 없으므로 사기죄가 성립되지 않는다.

그런데 위와 같이 잘못 계산하여 사용하고 남은 돈이 있는데, 교회학교 총무가 그 잔액을 반환하지 않고 자기 마음대로 자신의 개인용도로 사용해 버렸다면 어떻게 되는가? 비록 정당하게 지급받은 재정이라 하더라도 사용하고 남은 돈은 교회에 반환하여야 하고, 이를 반환하기 전까지 위 교회학교 총무는 그 돈의 보관자가 된다. 따라서 그 잔액을 반환하지 않고 임의로 사용했다면 위에서 설명한 「횡령죄」가 되는 것이다.

그러나 교회학교 총무가 위와 같이 지급받아 사용하고 남은 돈을 자신의 개인용도로 사용한 것이 아니라 교회학교의 다른 사업(예를 들어 전도왕 시상품 구입비)을 위해 사용하였다면 일반적으로는 횡령죄가 되지 않는다. 교회학교의 다른 사업을 위해 사용하는 것은 교회 재정을 보관시킨 교회의 의도에 반하는 것이 아니고, 교회에 반환했다가 다시 지급받는 과정을 생략한 것으로 보는 것이 옳기 때문이다.

그리고 사용하고 남은 돈이 아주 작은 소액인 경우에는 이를 개인적 용도로 사용했다고 하더라도 횡령죄의 고의를 인정하기 어려운 경우가 많을 것이다. 예를 들어 여름성경학교 개최 비용으로 정상적으로 200만 원을 지급받아 사용하고 남은 것이 3,000원에 불과하여 이를 다른 친한 교사들과 함께 아이스크림을 사먹는 데 사용하였다고 하자. 그렇다면 교회학교 총무로서는 교회로부터 받은 공금의 대부분을 제대로 사용하였고 남은 소액에 대하여는 그동안 여름성경학교 봉사로 수고한 자신이 그 정도는 사용해도 된다고 믿을 수 있다고 보여, 횡령의 고의를 인정하기 어려울 수 있기 때문이다. 물론 이러한 경우에도 남은 소액의 처리를 교회에 묻는 것이 바른 자세이기는 하지만 말이다.

교회 재정을 함부로 사용하는 것이 범죄가 됨은 물론, 그 외에도 어떤 사유로든 교회 부동산을 다른 사람에게 등기 이전해주는 경우에는 사안에 따라 배임죄 또는 횡령죄가 성립할 수 있다. 이와 같이 교회 재산을 함부로 사용·처분하는 경우에는 어떤 경우에든 원칙적으로 횡령, 배임 등의 범죄가 성립되는 것이다.

조금 복잡한 설명이 되었다. 그러나 위에서 살펴본 바에 의하면, 작은 사실관계 차이로 인해 법률적으로는 그 결론에 있어서 큰 차이가 생겨나는 경우가 있을 수 있다. 이와 같이 세상법은 교회 내부의 세세한 부분에까지 관여할 가능성을 갖고 있는 것이다. 그럼에도 불구하고 많은 교회 행정책임자들은 그런 법적 중요성을 크게 의식하지 않고 쉽게 교회 재정을 관리 또는 처리하는 경향이 있다. 이는 조심해야 할 일이다.

교회 재산은 법률상으로는 '총유'라고 하는 형태의 교인들의 공동소유이지만 그 실상은 하나님의 것이다. 따라서 하나님의 재물을 함부로 사용하는 사례들이 우리들의 교회에서 더 이상 생겨나지 않기를 바라는 마음이 간절하다. 이를 위해 교회로서도 만에 하나 교회 재정을 담당하거나 집행하는 분들이 악한 마음을 품을 만한 상황이 발생하지 않도록, 복수의 재정책임자에 의한 교회 재정의 공동관리, 정기적인 자체 점검 등을 통해 사전에 지혜롭게 재정을 운용하는 것이 바람직함을 기억해야 하겠다.

4. 부동산실명제, 교회 재산에도 적용될까?

얼마 전, 예장통합의 한 장로님께서 "현재 우리나라에서는 부동산실명제가 실시되고 있다고 하는데, 그래도 개교회 부동산을 교단 앞으로 등기 이전하는 것이 괜찮은지, 교단 앞으로 등기 이전하는 경우에 그 부동산은 누구의 소유로 인정되는 것인지"에 대해 물어오셨다. 그 장로님의 걱정과 같이, 부동산실명제의 실시로 인해 교회들에 적지 않은 문제점이 발생하였고, 앞으로도 많은 분쟁이 발생할 것이다. 교계 지도자들이나 관계자들이 이 문제에 대해 심각하게 생각하지 않고 있는데, 사실 부동산실명제는 매우 중요한 문제이므로 이에 대해 설명해 보기로 한다.

보통 「부동산실명제」라고 불리는 제도는 부동산에 관한 소유권, 전세권, 지상권 등(이러한 부동산권리를 법률적으로는 「물권」이라고 부른다)은 반드시 실제 권리자의 이름으로만 등기하도록 하는 제도이다. 이 제도는 「부동산 실권리자명의 등기에 관한 법률」(보통 간략히 「부동산실명법」이라고 부른다)에 의해 1995년 7월 1일부터 시행되고 있다.

종래 우리 사회에서는 소위 '명의신탁'이 많이 활용되었다. 「명의신탁」이란 예를 들어 실제로는 A라는 사람의 소유인 부동산을 B라는 사람의 명의로 등기를 해놓고 실제로는 A가 관리하고 사용하는 경우와 같은 것이다. 이 경우에 A를 「명의신탁자」라고 하고, B를 「명의수탁자」라고 한다. 이때 A와 B 둘 사이의 내부적 관계에서는 명의신탁자 A가 위 부동산에 대한 소유권을 가지고 이를 행사하되, 등기상의 소유명의만 명의수탁자 B로 하여 두는 것이다. 그런데, A와 B 이외의 다른 사람에 대한 대외적 관계에 있어서는 수탁자 B가 위 부동산의 소유자인 것으로 인정된다. 따라서 명의수탁자 B가 명의신탁자 A의 승낙 없이 위 부동산을 다른 사람에게 팔아버려도 수탁자 B의 부동산처분행위는 법률상 유효한 것이 된다. 즉 신탁재산의 소유권은 대내관계(對內關係)에 있어서는 명의신탁자(A)에게, 대외관계(對外關係)에 있어서는 명의수탁자(B)에게 있는 것으로 된다.

이러한 명의신탁제도는 사회적으로 부정한 재산을 은닉하거나 탈세 또는 부동산투기 등 불법행위를 숨기기 위한 방편으로 많이 활용되어 왔다. 예를 들어 공무원이 뇌물을 받아 매입한 부동산을 공무원 자신이 아닌 다른 사람의 명의로 등기해 두면 부정한 재산을 은닉할 수 있기 때문이다. 또는 많은 부동산을 소유한 사람이 높은 할증세율을 피하기 위해 다른 사람 명의로 등기를 분산시켜 놓음으로써 탈세할 수도 있다. 따라서 이러한 불법관행을 막기 위해 부동산실명제가 도입되어 실시되고 있는 것이다.

종래 많은 교회들은 위와 같은 세상에서의 부정한 이유와는 달리 교단의 일체감 확보 또는 개교회 재산의 관리·유지의 편의 때문에 개교회의 부동산을 교단 또는 교단의 유지재단(이하에서는 '교단 또는 교단의 유지재단'을 단순히 '교단 유지재단'이라고 부르기로 한다) 명의로 등기하고 있다. 이러한 교단 유지재단으로의 등기는 개교회 소유의 재산을 그 권리자가 아닌 다른 주체의 명의로 등기한다는 점에서 역시 명의신탁에 해당한다.

그런데 위 부동산실명법 제3조는 부동산 명의를 다른 사람 앞으로 등기하는 것을 금하고 있고, 제4조는 명의신탁 약정 즉 부동산을 다른 사람 명의로 등기하기로 하는 약정의 효력은 무효이며, 이에 따른 등기로 이루어진 물권변동(실제소유권의 변동)도 무효라고 규정하고 있을 뿐 아니라, 제11조에서는 위 법의 최초 시행 이전에 명의수탁자 명의로 등기한 경우에는 위 법 최초 시행일(1995년 7월 1일)로부터 1년 이내에, 즉 1996년 6월 30일까지 등기를 실권리자에게 전환해야 한다고 규정하고 있다. 그리고 이들 의무를 위반한 경우에는 과징금, 이행강제금은 물론 징역이나 벌금 등 벌칙을 부과할 수 있도록 규정하고 있다.

그렇다면 개교회가 교단 유지재단 앞으로 등기를 이전해 놓은 개교회의 부동산 명의신탁에 있어서는 어떠한가?

부동산실명법 제8조 제3호에서는 조세포탈, 강제집행의 면탈(免脫) 또는 법령상 제한의 회피를 목적으로 하지 아니하는 경우에는 종교단체의 명의로 그 산하조직이 보유한 부동산에 관한 물권을 등기한 경우 위와 같은 법리를 적용하지 않도록 규정하고 있다. 다시 말해, 개교회가 교단 유지재단 앞으로 한 등기는 유효하다는 것이다. 또한 이러한 종교단체 명의의 명의신탁행위에는 과징금, 이행강제금은 물론 징역이나 벌금 등의 벌칙을 부과할 수 있도록 하는 규정 또한 적용되지 않는다.

이는 2010년 3월 31일 부동산실명법 개정을 통해 신설된 것으로, 기존에 종중이 보유한 부동산에 관한 물권을 종중 외의 자의 명의로 등기한 경우(제1호)와 배우자 명의로 부동산에 관한 물권을 등기한 경우(제2호)만 규정되어 있던 것에서, 종교단체의 명의로 그 산하 조직이 보유한 부동산에 관한 물권을 등기한 경우(제3호)를 추가한 것이다.

위 신설규정은 부동산실명법 부칙(2013. 7. 12. 제11884호) 제2조에 따라 법률 제4944호 부동산실명법의 시행일인 1995년 7월 1일로 소급하여 적용되므로, 명의신탁등기의 시점을 둘러싼 복잡한 다툼의 여지는 없다 할 것이다.

5. 헌납한 토지를 돌려달라고 하면?

얼마 전, 어느 교회의 목사님이 걱정을 하며 물어오셨다. 그 교회는 개척한 지 3년이 조금 지난 교회인데, 그 교회에 다니던 할머니 성도

한 분이 신앙생활 중 은혜를 받고 자신이 소유하고 있던 시가 2억 원짜리 대지 100여 평을 교회에 헌납하기로 하고 헌납서를 제출하였다고 한다. 그래서 교회는 감사한 마음으로 그 대지를 받아 교회 앞으로 소유권이전등기를 마치고 이를 토대로 다른 교인들도 건축헌금을 하여, 헌납 받은 위의 대지 위에 예배당 건물을 짓게 되었다. 그러던 중 할머니 성도가 돌아가셨는데, 그러자 교회에 다니지 않는 그 할머니의 아들이 할머니가 교회에 헌납한 대지를 돌려달라고 요구하고 있다는 것이다. 그 아들은 할머니 성도의 상속자이기는 하지만, 교회가 헌납 받은 대지를 돌려줄 의무가 있는 것인지 궁금하다는 것이었다.

헌납 직후라면 모르되 이미 헌납된 대지 위에 예배당을 건축하고 있는 중에 토지를 돌려달라고 요구하니 그 교회는 참으로 난감한 처지가 되었을 것이다. 기본적으로 위 할머니 성도가 자신의 대지를 교회에 헌납한 것은 법률적으로 증여(贈與)에 해당한다.「증여」라고 하는 것은 어떤 재산의 소유자가 다른 사람에게 자신의 재산을 값없이 주는 것을 말한다. 우리나라 민법 제554조는 "증여는 당사자 일방이 무상으로 재산을 상대방에 수여하는 의사를 표시하고 상대방이 이를 승낙함으로써 그 효력이 생긴다"고 규정하고 있다. 따라서 증여에 관한 문제에 있어서 꼭 기억해야 할 것은 최초에 자신의 재산을 증여할 때는 증여자의 마음대로 증여할 수 있지만, 일단 재산을 증여하고 난 후에는 마음대로 자신이 주었던 재산을 되돌려 달라고 할 수 없게 된다는 점이다. 증여도 일종의 '계약'이므로 증여받은 쪽의 입장도 고려해야 하기 때문이다.

일단 증여한 것을 되돌려 받으려면 적법한 '증여의 해제(민법 제555조 내지 제557조)'가 있어야 한다. 그런데 우리 민법상 증여를 해제하는 것은 다음과 같은 몇 가지 사유가 있는 경우에만 가능하다. 즉, 첫째로는 서면으로 증여하지 않은 경우에는 각 당사자가 증여를 해제할 수 있다(민법 제555조). 둘째로는 증여를 받은 사람이 증여한 사람이나 그 배우자 또는 그의 부모, 친자식 등 직계혈족에 대해 범죄행위를 한 경우, 또는 증여한 사람을 부양하기로 약속했는데 그 부양의무를 이행하지 않은 경우에도 증여를 해제할 수 있다(민법 제556조). 셋째로는 증여하기로 약정한 이후에 증여한 사람의 재산상태가 현저히 나빠져 실제 약정대로 증여를 하면 증여자의 생계에 중대한 영향을 미칠 경우에 해제할 수 있고(민법 제557조), 넷째로는 증여를 한 사람과 증여를 받은 사람이 모두 증여를 해제하기로 합의한 경우에도 해제할 수 있는 것이다.

위와 같은 네 가지 중 어느 하나에 해당한다면 증여를 해제할 수 있으나, 위 네 가지 중 어느 하나의 증여 해제사유가 없다면 비록 증여자라 할지라도 자기 마음대로 증여를 해제하여 증여된 재산을 되돌려 달라고 요구할 수 없다. 따라서 위와 같은 증여 해제사유가 없고 일단 교회에 헌납된 대지에 대해 등기 이전까지 마쳐져 있다면 이를 돌려달라는 요구는 받아들여질 수 없는 것이다.

앞에서 목사님이 문의하신 사안에 있어서는 할머니 성도의 헌납서 제출과 교회의 승낙으로 증여가 적법하게 성립하였고, 증여해제의 사유는 전혀 없는 것으로 보인다. 따라서 위 할머니의 아들이 비록 적법한 상속인이라고 하더라도 일단 증여가 이루어진 이상 위 대지에 대한 반환을 요구할 수는 없는 것이다. 그러므로 교회 측에서는 그 대지를 돌려달라는 아들에게 지금까지 설명한 증여의 법리관계를 잘 납득시켜 좋은 마음으로 대지반환을 포기하게 하면 될 것이다.

이와 관련하여, 교회가 성도 등으로부터 중요재산을 헌납 받는 경우에는 반드시 서면으로 헌납을 받는 것이 좋다는 것을 기억해야 한다. 왜냐하면 헌납 의사표시를 서면으로 하지 않는 경우 헌납자가 중도에 마음이 바뀌어 증여의 의사표시를 취소하면 헌납도 해제되고, 이러한 경우 교회는 큰 어려움에 처하기 십상이기 때문이다. 앞에서 본 교회의 사례에 있어서는 다행히 헌납한 할머니 성도로부터 미리 헌납서를 받아놓았기 때문에 훨씬 수월하게 문제를 해결할 수 있었다.

이와 관련한 사안으로, 성도가 헌금을 약정하였으나 약정한 대로 헌금을 하지 않는 경우에는 법률적으로 어떻게 되는 것일까? 통상의 헌금의 경우에는 문제가 되지 않으나 예배당 신축 또는 증축, 개축을 앞두고 성도들이 작정헌금을 통해 거액의 헌금을 약정하는 경우가 많은데, 이러한 경우 약정한 성도가 중간에 자금사정이 어려워지거나 마음이 바뀌어 그 헌금을 하지 않는 사례가 종종 발생한다. 이런 경우에 교회는 그 성도에게 약정한 헌금을 드릴 것을 요구할 수 있을까?

법률적으로 정의하자면 「헌금」이란 공공의 목적을 위한 무상의 지출행위인 '기부'에 해당하는 것이다. 이러한 기부는 앞에서 설명한 민법상의 증여와 다르지 않다. 위에서 설명한 바와 같이 서면으로 증여하지 않은 경우에는 각 당사자가 증여를 해제할 수 있다. (1)헌금 약정을 서면으로 한 것이 아니라면 증여 해제의 의사표시를 통해 증여가 해제되고 헌금을 약정한 성도는 그 약정헌금을 낼 의무가 없어진다는 것이다. (2)헌금 약정을 서면으로 한 경우에도 헌금약정자의 증여 해제 의사표시가 있고 이에 대해 교회 측도 동의한 경우에는 증여가 해제된다. (3)그러나 만약 서면 약정을 하였는데, 교회가 증여의 해제에 동의하지 않는다면 헌금 약정자는 약정한 헌금을 내야 할 의무가 여전히 남아있는 것이다.

그런데 이렇듯 헌금 약정자에게 약정한 헌금을 내야 할 의무가 있는 경우에, 그 성도가 약정헌금을 내지 않아 교회가 이를 이행하도록 촉구하였는데도 그 성도가 계속 약정헌금을 하지 않는다면 법원에 소송을 제기하여 헌금을 받아낼 수 있을까?

실제로 이러한 일이 있었다. 서울의 한 교회에서 예배당을 건축하게 되었는데, 한 장로가 건축위원장을 맡아 거액의 건축헌금을 약정하고 교회 건축을 진행하였다. 그러던 중 그 장로가 교회 측과 의견충돌이 생겨 교회에서 탈퇴한 후 약정한 건축헌금을 내지 않자 예배당 건축자금이 부족해진 교회에서는 법원에 그 장로를 상대로 약정금 청구소송을 제기하였다. 이에 대해 서울중앙지방법원은 "신도가 신앙심으로 종교단체에 헌금할 것을 약정한 경우 신도의 헌금약정에 기한 의무는 자연채무에 불과하여 신도의 자의적인 임의이행이 없는 경우에는 법률적으로 지급을 강제할 수 없다"고 판단하였다(서울지법민사합의16부 2001. 6. 14. 선고 2000가합5867호). 여기서 위 판례가 말하는 「자연채무」란 채무자가 임의로 채무를 이행하는 때에는 이를 유효하게 받을 수 있지만, 만약 채무자가 이행하지 않는 경우라도 채권자가 법원에 소송을 통해 이행을 요구할 수는 없는 채무를 말한다. 즉 채무자가 그 의무를 이행해도 되고, 하지 않아도 되는 특수한 형태의 채무이다. 법원의 판례에 의하면 약정헌금 납부의무는 자연채무이므로 헌금을 약정한 성도가 자발적으로 헌금을 내면 유효한 증여가 되는 것이지만, 그 성도가 자발적으로 약정헌금을 내지 않는다고 하더라도 교회가 재판을 통해 약정헌금을 받아낼 수는 없는 것으로 된다.

현실적으로 비록 성도가 약정한 헌금을 사정상 내지 못한다고 하더라도 '증여받는 자로서의 권리'를 법적으로 행사하는 교회는 거의 없으며, 또 헌금의 성격상 그렇게 하는 것은 바람직하지 않다고 생각한다. 이 때문에 어떤 교회들은 '작정헌금 사면'을 하기도 한다.

그러나 작정헌금을 약정한 성도가 나중에 마음이 바뀌어 헌금약정을 이행하지 않기로 하는 경우에도 그때까지 이미 헌금한 것이 있다면 이에 대하여는 돌려달라고 요구할 수 없다. 그때까지 헌금한 것은 헌금할 당시에 이미 증여로서 교회의 소유로 넘어가 버렸기 때문이다.

성경은 돈을 악으로 표현하고 있지 않다. 그러나 돈을 사랑함이 일만 악의 뿌리가 된다고 가르치고 있다(디모데전서 6장 10절). 교회에 토지를 헌납하는 일이나 헌금을 작정하는 것은 참으로 귀한 일이다. 그러나 돈을 사랑하는 마음이 싹트면 상황이 달라져 헌납한 재산도 돌려받고 싶어지고 약정한 헌금도 하기 싫어진다. 아나니아와 삽비라(사도행전 5장)에게서 그 예를 극명하게 볼 수 있지 않은가? 그렇더라도 헌금으로 인해 성도와 교회 사이에 분쟁이 생겼을 때에는 누구든 한 쪽이 양보하여 그 분쟁이 오래가거나 법정으로 비화되지 않도록 해야 한다. 어디까지나 믿음과 은혜로 해결해 나가야 할 문제인 것이다.

6. 교회 건축, 어떻게 해야 하나?

어떤 목사님으로부터 다음과 같은 자신의 사례에 대한 문의가 있었다. 그 목사님이 담임하고 있는 교회에서 교회 부지를 구입하여 예배당을 건축하게 되었다. 당초 건축허가를 받을 때 허가받은 건축면적은 430평이었는데, 건축과정에서 남·녀전도회, 청년회와 학생부 및 주일학교 교사실, 그리고 교육실을 만들어야 한다는 견해가 많아 이를 수용하다 보니 실제로 건축된 면적은 520평이 되고 말았다. 그랬더니 관할구청에서 그 교회를 건축법 위반으로 고발하여 경찰로부터 경찰서로 출두하라는 연락이 왔다. 그 교회는 당초 교회를 건축할 당시 건축위원회를 구성하였고, 교회의 한 장로님이 건축위원장을 맡았으며, 건축위원장이 건축과정에서 발생하는 모든 법률적인 문제까지 책임지기로 교회 내부적으로 약정했었다. 그렇다면 예배당 건축에 관한 경찰수사에 있어서도 건축위원장인 장로님이 조사받으면 되는 것인지, 아니면 담임목사가 조사받아야 하는 것인지에 대한 질문이었다.

이것은 예배당 건축과 관련된 문제인데, 최근 우리나라 기독교계의 성장이 둔화되고 있다고는 하나 여전히 많은 교회들이 새로 세워지거나 교회를 확장해 가고 있으므로, 교회건물을 신축 또는 증축하거나 다른 용도의 건물을 용도 변경하여 예배당으로 사용해야 할 경우가 여전히 많다. 따라서 교회의 건축문제는 매우 중요한 사안이므로, 교회건물 건축에 관한 제반 문제들을 간략히 살펴보고자 한다.

예배당을 비롯한 건물 건축에 관한 기본적인 법률은 「건축법」이다. 그런데 건축법은 "건축물을 건축하거나 대수선하려는 자는 특별자치시장·특별자치도지사 또는 시장·군수·구청장의 허가를 받아야 한다"고 규정하고 있다(제11조 제1항).

여기서 「건축」이란 건축물을 신축하는 것은 물론, 증축, 개축, 재축(再築)하는 것과 건축물을 이전하는 것을 모두 포함한다. 그리고 「대수선」이란 건축물의 기둥, 보, 내력벽, 주 계단 등의 구조나 외부 형태를 수선·변경하거나 증설하는 것을 말한다(제2조 제8호, 제9호). 예배당도 건축물에 해당하는 것이므로, 예배당을 건축하거나 대수선하려면 당국의 허가를 받아야 하는 것이다. 따라서 예배당을 새로 짓는 경우는 물론 기존의 예배당에 덧붙여 증축하거나 대수선에 해당하는 수리를 하는 경우에도 건축허가를 받아야 한다.

다만 바닥면적의 합계가 85제곱미터 이내의 소규모에 해당되는 건축물의 증축, 개축, 대수선의 경우에는 행정당국의 허가를 받을 필요 없이 신고만 해도 되도록 되어 있다(제14조 제1항). 그러나 예배당은 대부분 바닥면적의 합계가 85제곱미터를 초과하는 경우가 많으므로 증축, 개축, 대수선하는 경우에 허가를 받아야 하는 것이 일반적이다.

특히 유의해야 할 점은 정식으로 건축허가를 받고 건축하는 경우에도 적법한 설계변경 없이 당초의 허가면적보다 더 넓게 건축하면 그 초과부분은 무허가건축으로 취급된다는 점이다.

또한 예배당을 건축하는 것이 아니라 사무실, 창고 등 기존의 건물을 구입하여 예배당 건물로 사용하고자 하는 경우가 있다. 이를 「용도변경」이라고 하는데, 이런 경우에도 사전에 당국의 허가를 받거나 신고를 하여야 한다(건축법 제19조).

우리나라 건축법은 매우 엄한 편이어서, 만약 건축허가를 받거나 신고를 하지 않고 예배당을 신축하거나 대수선 또는 증축, 개축, 용도변경을 하면 강제철거 등 행정규제를 받음은 물론, 건축법에 의해 형사처벌의 대상이 될 수도 있으며, 규모가 큰 경우에는 구속까지 될 수도 있다. 따라서 예배당을 건축하거나 기존 건물을 예배당으로 용도를 변경하여 사용하려고 하는 경우에는 사전에 면밀히 건축 관련 법령을 검토하여 필요한 절차를 밟아야 한다.

그뿐 아니라 예배당의 건축 또는 예배당으로의 용도변경에는 여러 가지 까다로운 제한들이 있는 경우가 많으므로, 예배당을 건축하고자 하는 경우 또는 다른 건물을 임대하여 예배당으로 사용하려고 하는 경우에는 관할 시청, 구청, 군청에 그 대지에 예배당을 건축할 수 있는지 또는 임대하려고 하는 건물을 예배당으로 용도변경하는 것이 가능한지 등에 관해 미리 알아보아야 한다. 미심쩍은 부분이 있는 경우에는 만일을 위해서 사전에 시청 등에 서면으로 질의하여 회신을 받아 놓은 것도 필요하다. 그 외에도 우리나라에서는 지역주민들이 교회가 들어서는 것을 극렬히 반대하는 경우가 많다. 따라서 예배당을 세우기 위해 대지를 매입하거나 건물을 임대하는 경우에는 사전에 위와 같은 "법률적 제한"이나 그 외의 "사실상의 장애요인"이 없는지 미리 확인한 후 이상이 없을 때 매입 또는 임대계약을 체결하여야 한다. 이러한 절차를 사전에 치밀하게 거치지 않음으로써 예배당 건축 과정에서 예상치 못한 어려움을 겪는 교회들을 많이 보게 된다. 이는 특히 주의해야 할 점이다.

이제 처음에 예로 들었던 상담사례에 관해 살펴보기로 하자. 위 교회는 예배당 건축을 하면서 정식 허가를 받았으나 실제 건축과정에서 90평을 초과 건축한 것이 문제가 되는 것이다. 건축과정에서 증축의 필요성 등 문제점이 발견되었으면 사전에 설계변경 절차를 밟았어야 하는데 그러한 절차를 거치지 않고 초과 건축하였기 때문에 건축법 위반의 책임을 지게 되고 말았다.

그런데 위 교회의 경우 사전에 담임목사가 아닌 장로가 건축위원장이 되어 건축과정에서 발생하는 모든 법률문제를 책임지기로 되어 있었다고 하니, 이러한 경우 과연 누가 건축법 위반으로 처벌되게 되는 것일까? 담임목사일까 아니면 건축위원장인 장로일까? 건축법상으로는 '건축주'를 처벌대상으로 하도록 되어 있다. 「건축주」란 건축물의 건축 등에 관한 공사를 발주하거나 현장 관리인을 두어 스스로 그 공사를 하는 사람을 말한다(제2조 제12호). 그렇다면 예배당의 경우에는 누가 건축주가 되는 것일까? 예배당 건축의 경우 법률상 건축주는 교회 자체가 된다. 교회도 '법인 아닌 사단'으로서 행위주체가 될 수 있기 때문이다. 따라서 처벌대상이 되는 것도 교회 자체이지만, 교회는 실제 건축행위를 할 수 있는 행위주체가 아니기 때문에 현실적으로는 실제의 행위주체인 교회의 대표자가 처벌대상이 되고 있다. 따라서 교회가 건축법을 위반한 경우 형사처벌 대상자는 교회의 대표자라고 할 수 있는 교회의 당회장 또는 담임목사가 되는 것이다.

이 경우 비록 교회 내부적으로 건축 또는 증축 등에 관해 건축위원장 또는 실무책임자가 별도로 있다거나 "담임목사는 건축 관계로 인한 책임을 지지 않는다"고 하는 교회의 내부약정이 있다고 하더라도 무허가 건축 또는 무허가 증축에 대한 법적 책임은 형식상의 건축책임자가 아니라 실질적으로 교회의 대표자라고 할 수 있는 당회장 또는 담임목사가 지게 되는 것이다. 다만 극히 예외적으로 당회장 또는 담임목사는 전혀 건축에 관여하지 않고 전적으로 건축위원장이 예배당 건축의 모든 과정을 책임지고 추진하였다면, 이러한 경우에는 예외적으로 건축위원장이 예배당 건축에 관한 한 교회의 대표자로 처벌대상이 될 수도 있다. 이러한 경우 어떤 경우에 해당되는지는 구체적인 사안에 따라 판단해야 한다.

따라서 위 사례의 경우, 일단 담임목사가 건축법 위반의 피의자가 되었다면 담임목사 자신이 조사를 받아야 하는 것이다. 비록 구체적인 건축 실무는 건축위원장인 장로가 담당하였고, 그 내용을 잘 알고 있다고 하더라도 우리나라 형사법의 절차상 담임목사 자신이 수사기관에 출석하여 진술해야 하는 것이 원칙이다. 물론 이러한 경우 수사기관에서는 실무책임자인 건축위원장도 불러 자초지종을 들어야 될 것이다. 그러나 건축위원장은 참고인으로서 조사를 받는 것뿐이고, 피의자는 담임목사 자신이므로 별도의 조사를 받아야 하는 것이다. 교회 입장에서 볼 때는 참으로 딱한 일이지만, 법률상으로는 부득이한 일이다.

오늘날 교회 건축의 실태를 보면, 예산은 부족하고 예배당 건물은 크게 짓고 싶기 때문에 당초 허가받은 건축면적보다 더 넓게 건축하게 되는 경향이 있다. 그러나 이러한 경우에 초과 건축부분은 무허가 건축으로 처벌될 수 있고, 이러한 경우 당회장 또는 담임목사가 처벌 대상이 될 수 있으므로 선한 일을 진행하다가 교회가 어려움을 당하는 일이 없도록 법을 준수하는 풍토가 정착되어야 할 것이다.

우리나라는 법치국가이지만 아직도 많은 사람들에게는 법을 철저히 지켜야겠다는 의식이 부족한 것이 사실이다. 법의 저촉 여부에 상관없이, 우선 자신이 편한 대로 또는 자신에게 이익이 되는 대로 우선 행동하고 나중에 문제가 되면 처리해 나가면 된다는 식의 의식이 적지 않다. 특히 건물 건축에는 많은 규제가 따르기 때문에 현실적으로 일반인들은 건축 관련 법령의 규제를 어느 정도 어기는 일이 많다. 심지어 교회에서도 예배당 건축과 관련하여 위법인 줄 알면서도 '하나님을 위한 일'이라고 스스로 자위하면서 건축 관련 법령을 지키지 않는 경우가 있다. 그러나 이러한 풍조가 교회에 흘러 들어와서는 안 된다고 생각한다. 예수님께서 "가이사의 것은 가이사에게"(마태복음 22

장 21절)라고 말씀하신 의도 중 하나는 하나님의 진리 안에서는 세상 법을 지키는 것이 좋겠다는 뜻이셨을 것이다. 또 법을 잘 지키는 선한 행실을 통해 교회는 하나님께 영광을 돌릴 수 있다. 오염되어 가는 세상 속에서 교회는 사회적 약속인 법을 잘 지키는 마지막 보루가 되어야 하지 않을까? 비록 좀 손해를 보더라도.

7. 예배당 건축자금 빌려도, 못 갚으면 사기죄?

지방도시에 있는 어느 교회는 개척한 지 12년 만에 임대건물을 벗어나 독립된 예배당을 건축하게 되었다. 건축비로는 모두 2억 5천만 원 정도가 필요하였으나, 교회에서 적립해 놓은 건축재정은 1억 7천만 원밖에 되지 않아 전교인을 상대로 약 5천만 원 정도의 건축헌금을 작정 받고, 사채업자 甲으로부터 4천만 원을 빌려 공사대금으로 충당하면서 공사를 진행하게 되었다.

그러던 중 점차 경제가 어려워져 헌금이 제대로 들어오지 않고 사채업자 甲이 이자를 달라고 독촉하자 그 교회 담임목사는 다른 사채업자 乙에게 그와 같은 사정을 설명하면서 그로부터 2천만 원을 빌려 위 사채업자 甲의 이자를 갚고 급한 건축비용에도 사용하였다. 그러나 그 이후에도 계속 헌금이 제대로 들어오지 않아 나중에 빌렸던 사채업자 乙에게 약속한 기일에 돈을 갚지 못하였다. 몇 차례 돈을 갚으라고 독촉하던 乙은 돈을 받지 못하자 경찰에 그 교회 담임목사를 사기죄로 고소하였다. 그 목사는 예배당 건축과정에서 건축헌금 작정을 한 교인들이 제대로 헌금을 하지 못했기 때문에 돈을 갚지 못한 것뿐인데, 과연 사기죄로 처벌될 수 있는 것일까?

예배당 건축과정에서 담임목사가 사기죄로 고소까지 당했다니 참으로 안타까운 일이 아닐 수 없다. 그런데 실제로 한국교회의 예배당 건축 현황을 보면 법률적으로 문제가 되는 경우가 적지 않다. 예배당 건축과정에서 건축법에 관한 규정들을 위배하여 건축법 위반으로 문제되는 경우가 많고, 교회 주변 주민들의 반발이나 그들과의 마찰 등으로 인한 어려움도 많으며, 그 외에도 건축자금 문제로 법률분쟁에 휘말리는 경우도 많다.

즉 우리나라 교회들의 예배당 건축 현황을 보면 미리 건축비를 확보한 후 건축을 시작하기보다는, 대지를 구입할 정도의 자금만 있으면 곧바로 건축을 시작하고 건축비 자체는 그 이후에 헌금으로 충당하는 경우가 많다. 교회가 계속 부흥되는 경우에는 별 문제가 없을 것이나, 교회의 부흥이 정체되거나 또는 예배당 건축과정에서 힘이 들어 교인들이 교회를 떠나거나 오히려 헌금을 줄이는 경우에는 건축자금 조달이 큰 어려움에 봉착하게 된다. 그러다가 교회가 외부에 지급해야 할 돈을 제대로 지급하지 못하여 형사문제로 비화되는 일까지 일어나게 되는 것이다. 특히 요즘은 각 교회마다 실제로 헌금액수가 줄어들어 어려움을 겪는 교회가 많다고 한다.

앞에서 든 사례에서 담임목사가 사기죄로 고소를 당했는데, 「사기죄」라고 하는 것은 나중에 갚을 의사나 능력이 없으면서 제대로 갚을 것인 양, 또는 갚을 수 있는 경제적 능력이 있는 양 피해자를 거짓말로 속여 재물을 교부받거나 경제적 이익을 취득하는 경우에 성립하는 범죄로서, 범죄 중에서도 질이 좋지 못한 것으로 평가된다.

예를 들면 재산도 별로 없고 특별한 벌이도 없는 사람이 어떤 사람에게 접근하여 자신에게 많은 재산이 있는 양 거짓말을 하고 유망한 사업체를 경영하는 것처럼 행세하면서, 자기에게 사업자금을 투자하면 충분한 대가를 주겠다고 속여 사업자금 명목으로 돈을 빌려간 후 갚지 않는다면 이것은 사기죄에 해당할 수 있는 것이다. 실생활 가운데서 많이 발생하는 사례로는, 가진 재산이 없어 다른 사람으로부터 돈을 빌리더라도 이를 제때에 갚을 능력도 없으면서 돈을 빌리는 것이나, 심지어는 처음부터 돈을 갚을 생각도 없으면서 자신의 급한 용도에 사용할 목적으로 다른 사람으로부터 돈을 빌리는 경우 등이 여기에 해당되며 이는 매우 자주 발생하는 사기사건의 예이다.

일반적으로 돈을 빌려간 후 이를 갚지 못하면 사기죄가 된다고 생각하는 사람들이 많은데, 실제로 사기죄가 성립되려면 반드시 세 가지 요건이 필요하다. 첫째, 자신의 속생각과는 달리 또는 객관적 상황과는 전혀 달리 피해자에게 거짓말을 할 것. 둘째, 그로 인해 피해자가 속았을 것. 셋째, 속은 피해자로부터 금품이나 재산상 이익을 제공받았을 것. 이 세 가지 요건들 중 어느 하나만 있으면 되는 것이 아니라, 이 세 가지 요건이 모두 갖추어졌을 경우에만 사기죄가 성립하는 것이다. 예를 들어 누가 사기를 치기 위해 피해자를 속이려는 거짓말을 함으로써 사기죄의 첫 번째 요건을 충족하는 행위를 하였다고 하더라도 피해자가 그 거짓말에 속지 않아 돈을 주지 않았다면 두 번째, 세 번째 요건이 충족되지 않아 결국 사기죄가 성립하지 않는 것이다.

그렇다면 앞에서 본 사례의 경우에는 어떻게 보아야 할까? 사기죄의 첫째 요건부터 살펴보자. 객관적인 상황으로 보아 그 담임목사가 당초부터 돈을 갚을 생각이 없이 사채업자 乙로부터 돈을 빌린 것이 아님은 분명해 보이기 때문에, 담임목사가 처음부터 자신의 속생각과는 달리 거짓말을 한 것으로는 판단할 수 없다. 또한 자신의 교회가 처한 상황과 예배당 건축에 따른 사정을 사채업자 乙에게 설명하고 돈을 빌렸다는 것이니, 돈을 빌릴 당시의 상황에 관해 거짓말을 한 것도 없다. 즉 위 사안에 있어서는 그 담임목사는 처음부터 돈을 갚을 의사가 없었다고 보기 어렵고, 건축비 조달에 어려움은 있었으나 교인들이 5천만 원 규모의 건축헌금 작정까지 하였고 그중 일부는 실제로 헌금되는 상황이었을 것이므로 돈을 빌리는 시점에서 보아도 나중에 갚을 능력이 없었다고 볼 수 없기 때문에 사기죄의 첫 번째 요건이 충족되지 못하는 것이다.

그렇다면 사기죄가 성립하기 위한 두 번째 요건과 세 번째 요건은 따져볼 필요도 없이 이 사건의 경우에는 사기죄가 되지 않는 것이다. 그러나 참고로 나머지 요건들에 대해서도 살펴본다면, 담임목사가 거짓말을 하지 않았으니 사채업자 乙이 속은 것도 없어 두 번째 요건도 성립되지 않는다. 세 번째 요건에 관해서는 담임목사가 돈을 빌린 후 갚지 못한 것은 사실이니 이 요건은 충족된 것으로 보인다. 그러나 사기죄가 되기 위한 첫 번째와 두 번째 요건이 갖추어지지 않았기 때문에 전체적으로는 역시 사기죄가 성립되지 않는 것이다.

결국 위 사안에 있어서는 예배당 건축을 주도하던 담임목사님이 사채업자로부터 건축자금을 빌렸다가 이를 제대로 갚지 못한 것은 사실이지만, 그 목사님이 사채업자에게 예배당 건축을 위해 돈을 빌리는 것이라고 말했고, 또 실제로 교회 건축비 등으로 사용하였다면 그 목사님에게 빌린 돈을 갚을 의사나 능력이 없었다고 단정하기 어렵다. 즉 중간에 경제상황이 바뀌어 돈을 제대로 갚지 못한 것뿐이라고 보아야 할 것이다. 따라서 담임목사님이 사채업자로부터 빌린 돈을 갚지 못했다고 하여 사기죄가 성립한다고 보기는 어렵다. 이와 유사한 사례에 대해 대법원이 무죄를 선고한 일도 있다. 즉 "목사가 교회건물 건립을 위하여 돈을 빌리고 그 채무의 원리금을 갚기 위하여 다시 돈을 빌린 경우 사실상 그 빌린 돈으로 교회건물을 건축하고 채무를 변제한 사실이 있다면 변제할 의사가 없었음이 명백하지 않은 한 원리금 변제에 궁색하였다는 사유만으로 위 금원 차용 시 사기의 범의가 있었다고 단정할 수 없다"는 것이다(대법원 1981. 10. 13. 선고 81도1366호 판결).

다만 담임목사가 사기죄의 형사책임을 지지는 않지만, 건축자금으로 빌린 돈을 갚아야 할 책임은 여전히 남아있는 것이니 될 수 있으면 조속히 갚아나가야 할 것이다. 따라서 사채업자 乙이 민사소송을 걸어오면 빌린 돈 2,000만 원과 그에 대해서 지급하기로 약속했던 이자 및 갚기로 약속했던 날짜로부터 실제로 돈을 갚을 때까지의 지연이자를 모두 지급해야 하는 것이다.

결국 사채업자 乙로부터 돈을 빌린 담임목사는 사기죄라고 하는 무거운 형사책임을 지게 되지는 않고, 다만 빌린 돈과 그 이자를 갚아야 하는 민사책임만 남게 되는 것이니, 큰 걱정을 하지는 말고 빌린 돈을 갚아가는 노력을 기울이면 되겠다.

지금까지 교회 행정과 관련하여 발생할 수 있는 형사법 문제에 대해 살펴보았다. 특히 "사기죄"라고 하는 빈번히 발생하는 법률분쟁에 관한 법률상식도 검토하였다. 세상이 점차 교회의 권위를 인정하지 않고, 옛날처럼 인정이나 도리에 따라 문제를 해결하기보다는 순전히 법률논리로만 대처하려는 경향을 나타내고 있다. 교회에 대해서도 마찬가지다. 따라서 교회가 선한 일을 하려다가 세상 사람들에게 흠을 잡히고 법률쟁송까지 당하는 일들이 생길 수 있기 때문에 이런 점까지 세심히 배려하여 교회 행정을 수행하여야 할 것으로 생각된다. 특히 교회 건축을 하다보면 마음이 급해져 무리하기 쉬운데 이는 매우 조심해야 할 일이다. 그럼에도 불구하고, 믿음을 가지고 성실히 예배당을 건축하려는 교회들에 하나님의 도우심이 함께 하시기를 간절히 기원해 본다.

8. 사택의 전세보증금, 어떻게 보호받을까?

얼마 전, 어느 교회의 사모님께서 다음과 같은 내용을 문의하셨다. 그 교회는 11년 전에 지방도시에서 개척하여 다른 사람 소유의 건물 2층을 임대하여 예배장소로 사용하여 오다가, 작년 9월에야 비로소 예배당 건축을 시작해서 현재 건축 진행 중에 있다고 한다. 그런데 그 교회의 담임목사님은 예배당 헌당 때까지는 사택을 구입할 수 없다고 하면서 지금까지도 단독주택에서 전세로 살고 계신다는 것이다. 그런데, 그 목사님이 전세 들어 사는 집의 주인이 사업을 하다가 지난 연말에 부도를 내는 바람에, 집주인에게 사업자금을 빌려준 은행에서 그 집에 경매를 붙였다. 그래서 경매를 통해 그 집을 구입한 사람이 최근 그 목사님에게 집을 비워달라고 요구하여 그 교회와 목사님이 매우 딱한 입장에 처하게 되었다는 것이다. 그 목사님은 집주인에게 전세보증금 2,500만 원을 주었으나 한 푼도 되돌려 받지 못하고 있는데, 그대로 쫓겨나야 하는 것인지 궁금하다는 것이다.

극히 일부 교회의 경우를 제외하고, 대다수의 교회는 아직 재정적으로 여유롭지 못하거나 또는 선교·건축 등 다른 용도에 재정을 사용하느라 목회자용 사택은 구입하지 못하고 임대하여 제공하는 경우가 많다. 심지어는 사역하는 교회가 임대사택도 제공할 형편이 되지 못하여 목회자 개인이 스스로 임대보증금을 내고 타인의 집에 입주하여 살아가는 경우도 많다. 교회가 사택을 구입하여 제공하는 경우에는 아무런 문제가 없으나, 교회가 사택을 임대하여 제공하거나 목회자가 스스로 전세를 얻어 거주하는 경우 그 사택의 소유자(집주인)가 바뀌거나 경매로 집이 넘어가는 등 상황이 변하면 과연 그 전세보증금을 돌려받을 수 있는가 하는 것이 문제가 되곤 한다.

우리나라에서는 일반적으로 세입자들이 집주인에 비해 경제적 약자로서 불리한 조건의 전세계약을 할 수밖에 없는 경우가 많기 때문에 경제적 약자인 세입자들의 피해를 막기 위해 1981년 3월 5일 「주택임대차보호법」이 만들어졌다. 주택임대차보호법은 오로지 '주거용 건물' 즉 '주택'에 대해서만 적용되는데, 목회자의 사택도 역시 여기서 말하는 주택에 해당하는 것이므로 주택임대차보호법에 의한 보호의 대상이 된다.

이 주택임대차보호법의 주요 골자는 첫째 전세보증금의 반환을 최대한 보장한다는 것, 둘째 임대차기간(전세기간)을 어느 정도 충분히 보장한다는 것이다. 먼저, 임대차기간과 관련하여서는 임대차기간은 기본적으로 2년으로 본다. 즉 전세기간의 최소한을 보장하는 것이다(제4조). 그리고 임대차기간이 끝나기 1개월 전까지 임대차계약을 변경하자는 통지가 없다면 임대차계약은 종전과 동일한 조건으로 연장되어 다시 임대차한 것으로 본다(제6조). 이러한 규정들은 집주인이 임대보증금을 올리기 위해 함부로 임차인을 내쫓는 일이 있었기 때문에 만들어진 세입자 보호규정이다. 그런데, 실제 앞의 상담사례에서 문제되는 것은 전세보증금 반환의 문제이다. 따라서 지금부터는 주택임대차보호법에 규정되어 있는 전세보증금 반환권의 보장 내용에 대해 살펴보기로 한다.

주택임대차보호법에 의해 사택의 전세보증금을 보장받기 위해서는 반드시 아래 세 가지 요건을 구비해야 한다. 첫째, 주거용 건물을 임차한 세입자가 그 주택에 실제로 '입주'하여 살고 있어야 한다. 둘째, 그 주소지에서 '주민등록(전입신고)'을 마쳐야 한다. 셋째, 임대차계약서상에 '확정일자(確定日字)'를 받아두어야 한다. 여기서 「확정일자」라 함은 등기소 또는 공증사무소, 읍·면사무소나 동 주민센터 등 확정일자부여기관에 가서 그 날짜 현재 그 임대차계약서가 존재하고 있었다는 사실을 증명하기 위해 그 임대차계약서(전세계약서) 위에 날짜 확인을 받아두는 것을 말한다. 확정일자는 집주인의 동의 없이 임차인 또는 전세계약서 소지인이 언제든지 계약서 원본을 제시하면 받을 수 있다.

전세입주자가 이러한 세 가지 조건을 갖춘 경우에는 비록 전세등기를 하지 않은 경우에도 전세등기를 한 것과 마찬가지로 다른 사람에 대하여 대항력이 생긴다. 집주인뿐 아니라 집주인으로부터 매매 또는 경매 등에 의해 그 주택에 대한 권리를 취득한 제3자에 대해서도 전세권자로서의 자신의 권리를 주장할 수 있는 것이다. 따라서 그 주택의 전세기간 중 주택의 소유자가 변경되는 경우에도 그 집에서 쫓겨나지 않고 생활할 수 있게 된다. 또한, 경매에 의해 집이 처분되더라도 그 처분금액으로부터 다른 채권자들보다 우선하여 전세보증금을 변제받을 권리도 생기는 것이다.

다만, 세입자가 입주와 전입신고를 하기 전, 그리고 확정일자를 받아두기 전에 그 집에 대해 이미 저당권이나 가압류, 가등기 등이 설정되어 있었다면 먼저 설정된 담보권은 세입자의 임차권에 우선하기 때문에 이러한 경우에는 전세입주자가 위와 같은 보호를 받을 수 없음을 유의해야 한다. 따라서 교회가 목회자용 사택을 임차하여 사용하는 경우에는 반드시 사전에 등기부를 확인하여 담보권이 설정된 것은 없는지 확인한 후 실제로 입주하여 전입신고를 마치고 확정일자까지 받아두어야 한다.

그러나 주택임대차보호법에는 위 세 가지 요건을 갖추지 못한 경우에 대해서도 예외적 보호제도가 있다. 「소액보증금 보호제도」라고 하는 것인데, 전세보증금이 소액인 경우에는 비록 위 세 가지 요건을 갖추지 못했다고 하더라도 전세보증금 중 일정액에 한해서는 전세권보다 앞선 순위의 담보권보다도 먼저 변제받을 수 있는 것이다. 이 제도에 의해 보호받을 수 있는 전세보증금의 한도와 실제로 우선 변제받을 수 있는 금액은 전세주택이 어느 지역에 있느냐에 따라 따르다. 구체적으로는 (1)서울특별시 지역에서는 전세보증금이 9,500만 원 이하인 경우 그중 일부인 3,200만 원까지, (2)「수도권정비계획법」에 따른 과밀억제권역(서울특별시는 제외) 지역에서는 전세보증금이 8,000만 원 이하인 경우 그중 일부인 2,700만 원까지, (3)광역시, 안산시, 용인시, 김포시 및 광주시 지역에서는 전세보증금이 6,000만 원 이하인 경우 그중 일부인 2,000만 원까지, 기타 지역의 경우 전세보증금이 4,500만 원 이하인 경우 1,500만 원까지 우선 지급받을 수 있다(주택임대차보호법 시행령 제10조, 제11조).

처음에 소개했던 문의사안으로 돌아가 보자. 위 문의에 있어서는 목사님이 전세 들어간 때가 언제인지, 전입신고는 하였는지, 확정일자는 받았는지, 했다면 각각 언제 했는지, 또 집주인에게 사업자금을 빌려주었다가 경매를 신청했다는 은행은 언제 그 집에 대해 담보를 설정한 것인지 등이 분명하지 않다. 그러나 목사님이 사택을 얻어 들어갈 때는 그 집의 등기부를 확인해 보았을 것이고, 그 결과 전세입주 당시 다른 담보가 설정되어 있지 않았었다면 목사님의 전세권은 분명히 보호되는 것이다. 따라서 경매에 의해 집을 경락받은 사람이 나가라고 요구하더라도 그 경락받은 사람이 목사님에게 전세보증금을 지급하지 않는 한 집을 비워줄 필요가 없는 것이다.

다만, 목사님이 사택에 입주할 당시 이미 다른 담보가 설정되어 있었다면 그 담보에 기초해서 경매를 받은 사람에 대해서는 목사님도 자신의 권리를 주장할 수 없음을 유의해야 한다. 이러한 경우에는 소액보증금 보호제도의 적용대상은 아닌지 살펴보아야 한다. 만약 그 어떤 조건에도 해당되지 않는다면 경매로 낙찰 받은 사람에 대해서는 대항할 수 없고, 부득이 본래의 집주인에게 전세보증금을 돌려달라고 요구하는 수밖에 없다. 이를 위해서 필요한 경우에는 미리 집주인의 다른 재산을 찾아 가압류 등 다른 조치를 해놓을 필요가 있을 것이다.

이에 덧붙여서, 교회에 따라서는 상가건물 중 일부를 임대하여 교회를 개척하는 경우도 있다. 상가건물에 대하여도 주택의 경우와 유사하게 「상가건물 임대차보호법」이 마련되어 영세한 상가건물 임차인을 보호하고 있다. 그러나 이 법에 의해 보호받기 위해서는 세법에 의한 사업자등록이 필요한데, 교회로서는 이러한 사업자등록을 받지 않는 경우 상가건물 임대차보호법에 의해 보호받을 수 없다.

다만 임대한 예배당의 일부 공간에서 목회자가 살림을 하는 경우도 적지 않은데, 이러한 경우에는 어떨까? 목회자가 살림에 사용하고 있는 부분만이라도 주택임대차보호법에 의해 보호되지 않는 것일까? 주택임대차보호법에 의해 보호받는 대상은 '주거용 건물'에 국한되는데, 주거용과 비주거용으로 겸용되는 건물의 경우에는 구체적으로 그 임대차의 목적, 전체 건물과 임대차 목적물의 구조와 형태, 임차인이 그곳에서 일상생활을 영위하는지 여부 등을 종합적으로 고려하여 주거용 건물인지 여부를 결정하게 된다. 따라서 각각의 사안에 따라 판단을 달리하게 된다. 예를 들어 상가건물의 일부를 예배당으로 임차하고 다시 그중 일부를 개조하여 목회자의 살림에 사용하는 경우에는 일반적으로 주거용 건물로 인정받지 못한다(대구지방법원 1999. 4. 30. 선고 98나16171호 판결 참조). 즉 이러한 경우에는 주택임대차보호법에 의해 보호받을 수 없다는 결론이 되는 것이다. 그러나 상가건물이 아닌 근린생활시설의 일부를 임차하여 목회자가 그중 일부를 꾸며 아내, 자녀들과 함께 실제 입주하여 살면서 나머지 부분을 예배당으로 사용하고 있는 경우 주거용으로 사용하는 부분이 적지 않은 면적이었다면 주거용 건물로 인정받을 수 있다고 한 판례도 있다(대법원 2003. 5. 13. 선고 2003다11455호 판결).

교회가 세상 속에서 일상 활동을 하다 보니 여러 가지 법률문제에 휩쓸리기도 한다. 특히 전세 문제는 고달픈 서민의 아픔을 공감하게 하는 분야인데, 이로 인해 교회와 목회자가 세상법률 문제로 고통당하는 일이 없어지기를 기도해 본다.

03 교회 분쟁의 법률관계

1. 교회의 분열, 어떻게 볼 것인가?

대전에 있는 A교회는 기독교대한성결교회 소속의 지교회이고, 甲목사는 그 교회의 담임목사로 재직해 왔다. 그러던 중 甲목사와 당회 구성원인 장로들과 갈등이 있었고, 그러자 甲목사는 임의로 별도의 기획위원회를 조직하여 교회를 운영하였다. 이러한 교회 운영으로 인해 甲목사가 소속 교단으로부터 징계재판을 받을 지경에 이르자 甲목사는 자신을 지지하는 교인들을 모아 소속 교단을 탈퇴하여 독립교회를 설립하고 교회 명칭을 B교회로 하기로 결의하였다. 그러자 소속 교단에서는 甲목사에 대해 면직판결을 하고 후임목사를 파송하였다. 그러자 B교회는 A교회 명의로 등기되어 있던 예배당 건물과 대지에 관하여, 그 재산이 본래 甲목사와 그를 따르는 교인들이 설립한 B교회의 소유이므로 이를 B교회 앞으로 이전해 달라고 요구하였다. 이런 경우 A교회는 B교회에게 교회 재산을 등기 이전하여 줄 의무가 있을까?

교인들이 교회를 이루어 신앙생활을 함께 하는 것은 참으로 아름다운 일이다. 그러나 교회도 사람들의 집합체이므로 교인들이 같은 울타리 안에서 신앙생활을 하다보면 종교적인 이유나 그 밖의 여러 가지 이유로 갈등도 생기게 된다. 그러다가 결국 교회 분열이 일어날 수 있는데, 이러한 경우 원래 교회의 재산이 누구의 소유인지 또는 교회의 동일성이 어떤 교회에 남아있게 되는지 등에 관한 법률관계가 복잡하게 발생한다.

이러한 교회의 분열은 많은 법률분쟁을 초래할 뿐만 아니라, 그 과정에서 발생하는 종교상, 도덕상의 불미스러운 사태로 인해 비그리스도인들에게 덕이 되지 못하기 때문에, 지양되어야 한다. 그러나 현실적으로 교회의 분열은 자주 발생하고 있으며, 그때마다 한국 교계에 치명적인 손상을 가져오고 있다. 교회가 교회 분열시의 법률적용 내용을 잘 알아야 하는데, 이는 분열을 사전에 예방하는 데 도움이 됨은 물론, 교회가 분열된 경우에도 슬기롭게 사후 수습을 할 수 있기 때문이다. 따라서 이번에는 교회 분열에 있어서의 법률관계에 대해 설명해 보고자 한다.

교회 재산은 원칙적으로 모든 교인들의 공동소유(법률적으로는 '총유'라고 하는 형태임)가 된다. 그러나 교회가 분열된 경우에는 종전 교회의 재산이 누구의 소유로 되는 것인지가 법률상으로도 큰 쟁점이 되고 있다. 실제로 교회와 관련된 법률 분쟁 가운데 가장 많이 발생하는 쟁점 중 하나가 교회가 분열된 경우에 종전 교회가 소유하고 있던 재산이 분열 이후에 누구의 것이 되는가 하는 것이다.

먼저, '교회의 분열'이란 도대체 무엇을 의미하는가? 일반적으로는 하나의 교회가 두 개 이상의 교회로 나누어지는 것을 교회의 분열이라고 하겠지만, 법률적으로는 다음과 같은 두 종류만을 교회의 분열로 볼 수 있다. 첫째는 하나의 교회에 속한 교인들이 교리와 예배형식 등 신앙노선을 달리하는 2개의 집단으로 나뉘어 그 신앙공동체로서의 기초가 상실되는 정도에 이른 경우이다. 둘째는 상당수의 교인들이 집단을 이루어 소속 교단을 변경하는 정도에 이른 경우이다. 첫 번째 유형은 같은 교단 안에서 교회가 분열하는 것이고, 두 번째 유형은 교단을 바꾸면서 교회가 분열하는 것이라는 점에서 차이가 있다.

그저 단순히 어떤 교회의 교인 한두 사람 또는 교인 일부가 그 교회의 다른 교인들과 뜻이 맞지 않는다는 등의 이유로 교회를 떠나가는 경우는 교회의 분열이라고 할 수 없다. 그러한 것은 교회로부터 '탈퇴' 또는 '이탈'에 불과하기 때문이다. 여기서 말하는 「교회의 분열」이란 적어도 한 교회가 위에서 설명한 두 가지 유형에 따라 둘 이상의 '사단적 성격(社團的 性格)을 갖는 교인들의 집단'으로 나누어지는 것을 말하는 것이다.

이러한 교회 분열의 경우, 종전 교회의 재산을 누구의 소유로 인정해야 하는가에 관해서는 법률가들 사이에 세 가지 견해가 있다. 첫째 견해는 분열된 교회의 재산은 '분열 당시의 교인들'의 총유에 속한다는 견해이다. 둘째 견해는 분열된 교회가 분열 전에 소유하고 있던 교회 재산은 '분열되어 새로이 만들어진 각 교회'의 공동소유라는 견해이다. '교인들'의 소유가 아니라 '분열된 교회들'의 소유라는 점에서 첫째 견해와 큰 차이가 있다. 셋째 견해는 교회가 분열되었다고 하더라도 '종전의 교회와 동일성이 유지되는 교회'가 단독으로 종전 교회의 교회 재산을 소유하게 해야 한다는 것이다. 위 세 번째 견해는 결과적으로 교회의 분열 자체를 인정하지 않는 입장이 된다.

이에 관해서는 법률가들이나 학자들 사이에 많은 논란이 있지만, 실제로 사건이 발생하였을 때 최종판단의 기준이 되는 것은 대법원 판례의 입장이다. 그런데 우리 대법원 판례는 세 번째 견해를 취하고 있다.

즉, 대법원 판례는 '법인 아닌 사단'의 구성원들의 집단적 탈퇴로써 그 사단이 2개로 분열되고 분열되기 전 사단의 재산이 분열된 각 사단들의 구성원들에게 각각 총유적으로 속하게 되는 결과를 초래하는 형태의 '법인 아닌 사단의 분열'은 허용되지 않는다고 한다. 교회가 바로 여기서 말하는 '법인 아닌 사단'이므로, 교회의 경우에 재산이 나누어지는 교회 분열은 허용되지 않는다는 것이다. 그러면서 대법원 판례는 "종전 교회는 잔존 교인들을 구성원으로 하여 실체의 동일성을 유지하면서 존속하며 종전 교회의 재산은 그 교회에 소속된 잔존 교인들의 총유로 된다"고 판단하였다(대법원 2006. 4. 20. 선고 2004다37775호 전원합의체 판결).

즉 대법원의 견해는 교회가 두 개의 집단으로 나누어진 경우에도 이는 어느 한 집단의 집단탈퇴에 해당할 뿐 법률상으로는 교회의 분열로 인정되지 않고, 탈퇴 교인들을 제외한 잔존 교인 공동체에 종전 교회와의 동일성이 유지된다고 판단하는 것이다. 따라서 일부 교인들이 교회를 탈퇴하여 그 교회 교인으로서의 지위를 상실하게 되면 종전 교회의 총유 재산의 관리처분에 관한 의결에 참가할 수 있는 지위나 그 재산에 대한 사용·수익권을 상실하게 된다. 그리고 종전 교회는 잔존 교인들을 구성원으로 하여 실체의 동일성을 유지하면서 존속하는 것이며, 종전 교회의 재산도 그 교회에 소속된 잔존 교인들의 총유로 되는 것이다.

다만 대법원은, 탈퇴 교인들의 숫자가 많아져서 의결권을 가진 교인 전체의 2/3 이상에 이르는 경우에는 종전 교회의 실체가 탈퇴한 교회에 존속하게 되고, 종전 교회의 재산도 위 탈퇴한 교회 소속 교인들의 총유가 된다고 판결하고 있다. 즉 교단 탈퇴에 찬성하는 교인이 의결권을 가진 교인의 2/3에 이르지 못한다면 종전 교회의 동일성은 여전히 잔존 교인들에게 남아있게 되는 것이다.

이와 같이 교회가 분열된 경우 '종전의 교회와 동일성이 유지되는 교회'가 아닌 다른 분열집단이나 그 지지자들이 종전 교회의 재산을 함부로 처분하거나 취득하면 불법이 된다. 즉 이들이 종전 교회의 예배당에 있던 강대상, 의자 등 집기를 가져다가 자신들이 새로 만든 예배실에서 사용하였다면 이는 절도라고 하는 범죄에 해당한다. 또한 이들이 종전 교회 명의의 부동산에 대해 자신들의 명의로 함부로 등기 이전을 하였다면 공정증서원본 불실기재죄가 되는 것이다.

이제 처음에 예를 들었던 사례의 결론을 내려 보자. 현재의 대법원 판례에 의하면, B교회는 甲목사를 따르는 성도들(의결권을 가진 교인들)의 숫자가 종전 교인 전체의 2/3 이상이 되지 않는 한 A교회에 대해 등기 이전을 요구할 권리가 없다. 따라서 A교회는 B교회의 등기 이전 요구에 응할 필요도 없는 것이다.

과거의 대법원 판례는 일관되게 "교회 분열시 종전 교회의 재산은 분열 당시의 교인들의 총유에 속한다"고 판단하고 있었다. 그러나 그렇게 보는 경우에는 결국 교회 재산에 관한 합의를 이루기 어려워 교회 분쟁을 해결할 수 없다는 비난이 많았는데, 2006년도에 대법원 판례의 입장이 위에서 설명한 바와 같이 변경되어 오늘에 이르고 있다.

바람직한 것은 교회 분열과 같은 불행한 일이 아예 일어나지 않도록 미리 예방하는 것이다. 이를 위해 기도하고 교우들이 서로 화목해야 한다. 만일 불행히도 교회가 분열하게 되었더라도 서로 협의하여 법적 분쟁에 이르지 않도록 원만히 타협해야 한다. 그리고 최악의 경우 세상법에 호소하여 법률적으로 해결하게 된 경우에는 법원이나 검찰 등 사법기관의 판정에 승복하여 분쟁상태를 신속히 해소하는 것이 좋겠다.

이것은 다소 어렵고 매우 법리적인 설명이나, 교회를 섬기는 사람들은 꼭 알아야 할 내용이기에 다루어 보았다.

2. 분열된 교회의 예배당 사용권은 누구에게 있을까?

A교회는 원래 대한예수교장로회 '울산노회'에 속하여 있었고 울산노회에서 파송된 甲목사가 시무하고 있었다. 그런데 교인들 사이에 甲목사의 평상시 품행이 목사답지 못하고 교인들에 대한 신앙지도도 올바르지 못하다고 비난하는 사람들이 생겨 교인들 사이에 의견이 나뉘게 되었다. 그러다가 결국 세(침)례교인 95명 중 일부인 30명이 임시회의를 열어 교회 소속을 대한예수교장로회 '서울노회'로 옮기기로 결정하였고, 이에 따라 서울노회에서는 乙목사를 파송하였다. 그리하여 乙목사를 추종하는 교인들은 乙목사의 인도 하에 기존의 교인들과는 별도로 A교회의 예배당에서 예배를 드리게 되었다. 그러자 A교회의 기존교인들이 그들에게 예배당에서 물러가라고 요구하면서 예배

당 사용권에 대한 분쟁이 생기고 말았다. 이런 경우 과연 乙목사를 추종하는 교인들은 위 예배당에서 예배를 드릴 수 있는 것일까?

한 교회에서 교인들이 서로 나뉘어져 같은 예배당에서 따로따로 예배를 드린다는 것은 참으로 안타까운 일이다. 이 문제에 대한 신앙적 해답은 분열되기 전의 모든 교인들이 다시 모여, 합심하여 기도하면서 하나님의 뜻을 구한 후에 하나님의 인도하심에 따라 선하게 분규를 끝내고 함께 예배드리는 것이다. 그러나 현실적으로 이미 교회 안에 분규가 생겨 둘로 갈라져 버린 뒤에는 위와 같은 신앙적 방법에 의해 해결되는 사례를 거의 보지 못하였고 결국 세상 법정에서 법률적으로 다투어 분쟁을 끝내는 것이 대부분이다. 따라서 여기서도 '신앙적 방법'이라기보다는 '세상 법률적'으로 이 사건이 어떻게 될 것인가에 대해서 설명하고자 한다.

먼저, 교회의 재산은 법률적으로 누구의 소유인가? 이미 앞에서 설명한 대로, 개교회의 정관·장정·규약에 명시적인 규정이 없는 한 개교회의 재산은 법률적으로는 그 교회 소속 교인들 전체의 총유가 된다. 공동소유 중에서도 특히 '총유(總有)'는 교인들이 개인적으로 교회 재산에 대해 지분을 갖는 것은 아니고 전체 교인이 함께 소유하는 것으로 보는 특수한 소유형태인 것이다.

우리 민법에 의하면 '총유'에 있어서 그 소유권의 내용은 두 가지로 나누어진다. 하나는 「관리·처분권」인데, 이는 교회 재산을 등기하여 권리자가 되는 권리와 교회 재산을 매각하거나 다른 사람에게 빌려주는 등 처분할 수 있는 권한을 말한다. 또 하나는 「사용·수익권」인데, 이는 예배당을 사용하거나 교회에서 건립한 수양관을 이용하는 등 교회 재산을 사용할 수 있는 권한을 말한다. 여기서 「수익」이란 소득을 나누어 갖는다거나 이자를 받는다는 등의 의미보다는 교회 재산을 사용하면서 얻어지는 포괄적인 경제적 이익 등 '사용이익'을 말하는 것이다.

첫 번째의 권리, 즉 교회 재산의 관리·처분권은 교회 구성원들 '전체'의 권한에 속하는 것이므로 교회 재산의 관리·처분을 위해서는 교회 구성원 전체의 총의에 의해 처리된다. 개개의 교인이 개별적으로 교회 재산을 처분할 수는 없게 되어 있다.

두 번째 권리, 즉 교회 재산의 사용·수익권은 교회를 구성하는 성도 '각자'의 권한에 속하게 된다. 따라서 교회 구성원이라면 누구나 각자 교회 재산을 이용할 수 있는 것이다.

교회 재산에 대한 공동소유권이나 사용권은 교회 구성원 모두에게 인정되는 것이다. 그러나 그 권리는 반드시 교회 구성원에게만 인정되는 것이고, 한때 교회 구성원이었다고 하더라도 교회를 탈퇴하거나 치리에 의해 출교처분을 받는 등으로 교회 구성원의 자격을 잃어버린 때에는 모든 권리도 상실하게 된다.

그렇다면 앞에서 본 사례와 같이 교회가 사실상 분열된 경우에는 어떻게 되는 것일까?

우선, 교회가 분열된 경우 교회 재산의 소유자는, 앞에서 이미 설명한 대로 종전의 교회와 동일성이 유지되는 기존 교회의 교인들, 즉 탈퇴 교인들을 제외한 잔존 교인들의 공동체가 되는 것이다. 따라서 앞에서 본 사례의 경우, 기존 A교회의 재산은 서울노회로 옮긴 30명의 교인들을 제외한 A교회의 65명의 잔존 교인의 총유로 남아있는 것이다. 노회를 변경한 교인 30명은 교회를 탈퇴한 것이 되어 위 교회 재산의 공동소유자로서의 자격을 상실하는 것이다.

그러면, 이들 노회 변경 교인들의 교회 재산 사용·수익권은 어떻게 될까? 교인 일부가 교회를 탈퇴하면 그들은 그 교회 교인으로서의 지위를 상실하게 되고, 따라서 종전 교회의 재산에 대한 소유권은 물론 그 재산에 대한 사용·수익권도 잃어버리게 된다. 따라서 앞에서 본 사례에 있어서 노회 변경 교인들은 A교회 교인으로서의 지위를 상실하였으므로 그 예배당을 사용할 권리도 사라져버리게 되는 것이다. 예배당에서 예배를 드리는 것도 예배당 사용권에 근거한 것인데, 예배당 사용권이 사라졌으므로, 기존 성도들의 동의가 없는 한 A교회 예배당에서 예배를 드릴 수도 없는 것이다.

그런데 만약에 앞의 사례에서 乙목사를 추종하는 성도가 65명에 이르렀다면 어떻게 될까? 이 경우에는 상황이 전혀 달라진다. 우리나라 대법원 판례가 "탈퇴 교인들의 숫자가 의결권을 가진 교인 전체의 2/3 이상에 이르는 경우에는 종전 교회의 실체가 탈퇴한 교회에 존속하게 되고, 종전 교회의 재산도 위 탈퇴한 교회 소속 교인들의 총유가 된다"고 판결하고 있기 때문이다. A교회의 전체교인이 95명임에 비추어 그 2/3 이상인 65명이 노회 변경에 참여하였다면 이제는 그 노회 변경에 참여한 교인들의 공동체가 종전 교회의 실체를 이어받게 되는 것이다. 따라서 이 경우에는 노회 변경 교인들에게 교회 재산의 재산권은 물론 사용·수익권도 인정되는 것이다. 그러므로 이제는 이들만이 A교회의 예배당을 사용할 권리가 있고, 잔존 교인 30명은 예배당의 소유권은 물론 사용권도 상실하게 된다. 즉 종전 교회와 동일성이 유지되는 교회인지 여부가 소속 교인 2/3인지 여부에 따라 결정되는 것이다.

지금까지 설명한 내용은 현재의 대법원 판례를 전제로 설명한 것이다. 참고로 2006년 4월 20일 이전에는 분열된 교회의 재산권에 관한 대법원 판례의 입장이 전혀 달랐다. 즉 그 이전에는 "교회 분열시 종전 교회의 재산은 분열 당시의 교인들의 총유에 속한다"고 판단하고 있었기 때문에, 앞에서 살펴본 사례에 있어서 A교회의 잔존 교인 65명은 물론 노회 변경 교인 30명도 여전히 교회 재산의 총유권자였다. 따라서 이들 노회 변경교인들도 A교회의 재산인 예배당을 사용할 권리가 있었던 것이다. 종전의 판례는 가급적 교회 분열을 막기 위한 것이라는 평가도 있었으나, 결과적으로는 교회 분쟁의 종국적 해결책이 되지 못한다는 비판이 있어 2006년 4월 20일 대법원 전원합의체 판결(2004다37775호)에 의해 종전 판례의 입장을 변경하게 된 것이다. 따라서 현재는 종전과는 달리 탈퇴 교인이 전체 교인의 2/3 이상에 미치지 못하는 한, 잔존 교인들에게만 교회 재산의 사용·수익권이 인정되고 탈퇴한 교인들에게는 사용·수익권도 허용되지 않는다는 점을 유의해야 한다.

결국 처음에 든 사례에 있어서, 乙목사를 추종하는 교인들 30여 명은 잔존 교인들의 동의가 없는 한 A교회의 예배당에서 그들만의 예배를 따로 드릴 수는 없다는 결론이 된다.

교회의 분열은 일어나지 않아야 한다. 그러나 불행히도 교회 분열이 발생한 경우에, 분열로 인한 각 교회 간에 법률적 분쟁이 없어야 한다. 만약 분열로 생겨난 교회들 사이에 분쟁이 발생하였다면, 지금까지 설명한 법리를 이해하고 법에 맞게 신속히 처리해야지, 개인의 고집이나 불법적인 집단행동으로 사회와 교계를 시끄럽게 해서는 안 된다. 이는 어떤 경우에도 하나님께서 원하시는 것이 아니기 때문이다. 어떠한 경우에도 반드시 사랑으로 분열을 극복해야 한다.

3. 교단을 탈퇴하면 교회의 교인자격도 잃게 될까?

얼마 전, 예장통합 소속의 한 교회 장로님이 교회 분열과 관련하여 복잡한 문제 하나를 문의해 왔다. 질의의 요지는 '어떤 사정으로 한 교회가 두 파로 분열되었는데, 분열된 두 파 중 한 쪽이 본래의 교회가 소속하여 있던 노회를 탈퇴하여 독노회로 있다가 본래의 교회 명칭으로 다른 교단에 가입하였다. 이 경우 분열된 한 파가 노회를 탈퇴하여 다른 교단에 가입하였다는 이유로 그 파에 속한 교인들은 본래의 교회로부터도 탈퇴한 것으로 보아야 하는지 여부'에 관한 것이었다.

위와 같은 질문을 하게 된 현실적인 이유는 '교단을 변경한 분열 교인들도 분열되기 이전의 교회 재산에 대해 권리행사를 할 수 있는지, 또는 노회를 탈퇴하여 다른 교단에 가입까지 하였으므로 분열 전 교회의 재산에 대해 그 교회 교인으로서의 권한을 행사할 수 없는 것인지' 여부가 궁금하였기 때문일 것이다.

우선, 개교회의 재산에 대한 권리는 도대체 누구에게 있는 것인지 살펴본다. 교회 재산은 개교회 정관이나 장정 또는 규약에 달리 규정하고 있지 않는 한 그 교회 소속 교인들의 공동소유(총유)가 된다. 교회 재산이 소속 교인들의 총유가 되기 때문에 교회 재산에 대해 권리를 행사할 수 있는 자격은 그 교회 소속 교인들에게만 있는 것이다.

그렇다면 교인자격을 취득하기 위해서는 어떻게 해야 하는가? 교인자격의 취득방법은 교단과 교회마다 차이가 있다. 앞에서 문의한 위 장로의 소속 교단이었던 예장통합측 헌법은 「교인」을 '원입교인, 유아세례교인, 세례교인(입교인)'으로 구분하고 있으나(제14조), 교인의 권리를 갖는 교인은 '18세 이상 된 세례교인(입교인)'으로 국한하고 있다(제16조). 위 교단 헌법은 「세례교인(입교인)」을 '유아세례교인으로서 입교한(15세 이상) 자 또는 원입교인(15세 이상)으로서 세례를 받은 자'로 정의하고 있다. 「원입교인」이란 '예수를 믿기로 결심하고 공동예배에 참석하는 자'를 말한다. 따라서 위 교단 소속 교회의 경우 그 교회의 공동예배에 참석하는 자 중에서 세례를 받은 자 및 유아세례교인으로서 입교한 자 중에서 18세 이상 된 자만이 교인의 권리를 갖는 것이 된다. 결국 세례(유아세례), 공동예배 참석, 입교 등의 등록절차와 일정한 연령(18세 이상)이 교인자격을 취득하는 요건이 된다. 다른 교단의 경우에도 이와 유사한 등록절차와 연령 기준을 갖추면 교인의 자격을 취득하는 것으로 되어 있다. 이와 같은 방법으로 교인자격을 취득하면 그 개교회의 교회 재산에 대해 공동소유권, 사용·수익권 등 재산적 권리를 취득하게 된다.

그렇다면 어떤 경우에 교인의 자격을 상실하게 되는가? 교인이었던 자가 그 소속 교회로부터 탈퇴하거나 치리(治理) 절차를 통해 제명, 출교의 징계를 받으면 그 교회 교인의 자격을 상실하게 된다. 「탈퇴」는 교인 스스로 교회 구성원으로부터 이탈하는 것이고, 「제명」과 「출교」는 해당 교인 자신의 의사와는 관계없이 교회법에 따라 타의에 의해 교인자격을 잃게 되는 것이다. 어떤 경우든 교인의 자격을 상실하면 그 교회 재산에 관한 권리도 상실하게 된다. 비록 그들이 헌금한 연보에 의해 예배당을 건축하였다고 해도 마찬가지이다.

그런데 어떤 교단에 속해 있는 개교회가 분열되어, 그중 한 파의 교인들이 교인총회의 결정이 아닌 자신들만의 결정에 의해 자신들의 교회가 원래 가입해 있던 교단(노회)을 탈퇴하는 경우 교회 재산에 대한 이들의 권리는 어떻게 되는가. 이는 교회가 분열하는 경우에 종종 발생하는 문제이다.

먼저 개교회의 소속 교단 탈퇴는 어떤 경우에 가능한지부터 살펴보아야 한다. 개교회는 소속 교단을 선택하여 가입할 자유도 있고, 또한 그 교단으로부터 탈퇴하거나 교단을 변경할 자유도 있다. 개교회 또는 성도들의 교단선택권은 모든 국민에게 인정되는 종교의 자유에 의해 당연히 인정되는 것이다. 그러나 개교회가 소속 교단을 합법적으로 탈퇴하기 위해서는 일정한 요건이 필요하다. 즉 소속 교단이나 노회로부터 탈퇴하거나 교단 등을 변경하기 위해서는 의결권을 가진 교인 2/3 이상의 찬성에 의한 결의가 필요하다는 것이다(대법원 2006. 4. 20. 선고 2004다37775호 판결).

물론 어떤 교회가 의결권을 가진 교인 2/3 이상의 찬성에 의해 교단을 변경하는 결의를 한 경우에 있어서도 교단 변경에 찬성하지 않는 나머지 교인들 중에서 종전의 교단에 남아있겠다고 하는 교인이 있다면 그 교인은 개별적으로 종전의 교단에 남아있는 방법은 있다. 그러나 이러한 경우에는 교회를 탈퇴해야 할 것이고, 교회를 탈퇴하지 않는 한 변경된 교단에 소속되게 되는 것이다.

그러나 만약 교인총회에서 교단·노회의 탈퇴 및 변경에 관한 결의를 하기는 하였으나 이에 찬성한 교인이 의결권을 가진 전체 교인의 2/3에 미치지 못한다면 종전 교회의 동일성은 여전히 종전의 교단·노회에 소속되어 있는 상태로 유지되게 된다. 교단·노회의 탈퇴 및 변경에 찬성한 교인들이 전체 교인의 2/3에 미치지 못하는데도 교단·노회를 변경하는 것은 그들 개인적으로만 효력이 있을 뿐이고, 교회 자체가 교단·노회를 변경한 것으로는 인정되지 않는다. 즉 실제로는 교단 변경의 효력이 발생하지 않는 것이다. 현실적으로 그들에 대하여 교단 변경의 효력이 발생하게 하려면, 그들이 개교회를 탈퇴하여 별도의 집단으로서 새로운 교단·노회에 가입하면 되는데, 이런 경우에는 교회 구성원의 자격을 잃게 되는 것이다.

따라서 앞에서 문의한 사례에 있어서 본래의 교회가 소속하여 있던 노회를 탈퇴하여 독노회로 있다가 다른 교단에 가입한 교인들의 숫자가 의결권을 가진 전체 교인의 2/3 이상이 된다면 그 교회는 노회를 탈퇴하고 새로운 교단에 가입한 것으로 된다. 이러한 경우 이들은 종전 교회의 재산에 대하여 교단 변경에도 불구하고 소유권 및 사용수익권을 모두 유지하게 된다.

비록 어떤 교단 헌법에 "교단의 교리나 법규를 준행하지 않거나 이탈한 자는 재산의 사용권을 가지지 못한다"고 규정되어 있다고 하더라도 이 규정은 2/3 이상의 교인들이 소속 교단을 탈퇴하고 새로운 교단에 가입하여 별개의 교회를 결성한 경우에까지 구속력을 가진다고 할 수 없다(대법원 1993. 1. 19. 선고 91다1226호 판결). 즉 교단을 변경하더라도 종전 교회의 재산에 대한 사용권을 잃지 않는 것이다. 종교자유의 원칙상 교회의 교인들이 소속 교단을 탈퇴하거나 변경할 수 있으며, 교회에서 탈퇴하지 않는 이상 교회 구성원의 지위를 상실하는 것이 아니기 때문이다.

그러나 앞에 든 사례에서 만약 노회 탈퇴·새 교단 가입에 찬성한 교인이 전체 교인의 2/3 미만에 불과하다면 그들의 노회 탈퇴·새 교단 가입은 종전 교회에 대하여는 아무런 효력이 없고 그들 자신에 대해서만 효력이 있을 수 있다. 그러나 이 경우에도 실제 교단 변경의 효력 발생을 위해서는 그들이 교회를 탈퇴하는 별도의 절차를 거쳐야 한다. 교회를 탈퇴하지 않으면 종전 교회의 구성원으로서 종전 교회가 소속된 종전의 교단에 그대로 남게 되기 때문이다. 그런데 그들이 교회를 탈퇴하면 그 순간 종전 교회의 재산에 대한 그들의 권리도 상실하게 되는 것이다.

결국 교단으로부터의 탈퇴가 곧바로 교회로부터의 탈퇴를 의미하는 것은 아니고 교단으로부터 탈퇴하더라도 그것만으로는 교회 구성원의 자격에는 아무런 변화가 없다. 따라서 이러한 경우에는 종전의 교회 재산에 대해 여전히 총유권자로서의 권리를 보유하게 된다. 그러나 교단 탈퇴 여부와는 관계없이 교회의 분열로 인해 종전의 교회로부터 탈퇴하면 그 순간부터 교회 구성원의 자격을 상실하게 되고, 따라서 종전 교회의 재산에 대한 권리도 모두 잃게 되는 것이다.

참고로 2006년 4월 20일 대법원 전원합의체 판결(2004다37775호) 이전에는 교회가 분열된 경우에 종전 교회의 재산은 '분열 당시 교인들'의 '총유'에 속하는 것으로 인정되고 있었다. 분열 당시의 교인이라면 분열된 각각의 교회 구성원들이 모두 종전 교회의 재산에 대해 권리를 갖고 있다는 것이다. 그러나 위 2006년 4월 20일자 대법원 전원합의체 판결이 교회가 분열된 경우에 종전 교회의 재산은 '종전 교회의 잔존 교인들'의 총유로 된다고 하여 종전의 판례를 변경함으로써, 종전 교회와 동일성을 유지하는 교회가 아닌 다른 분열교회에 속한 교인들은 종전 교회의 재산에 대한 권리를 상실하게 된 것이다. 이러한 판례 변경을 특히 유념해야 한다.

법률적으로 교단을 변경해도 종전 교회의 재산에 대한 권리는 상실하지 않는다는 것을 알고서는 정말 법률적으로만 자신들의 권리 주장을 하는 경우를 보게 된다. 그러나 비록 어떤 권리를 행사할 수 있다고 하더라도 교회 분쟁은 어디까지나 당사자 간의 타협에 의해 원만히 해결해 나가야 한다. 교회들이 신앙적 방법이 아니라 세상적인 방법으로 문제를 해결하려고 하다가 세상으로부터 얼마나 많은 신뢰와 존경을 잃고 있는가? 현실적으로나 법률적으로 문제를 해결하려고 해도 실제로는 흡족한 결과를 얻을 수 없는 경우가 대부분이다. 교회 분열의 경우에도 오직 주님의 뜻을 생각하며 주님의 방법대로 교회의 분쟁을 해결해 나가는 성숙한 크리스천의 모습을 보여야 하지 않을까?

4. 목회자와 교인들이 갈등할 때…

예장통합 측 A교회에 심각한 내부분쟁이 발생하였다. 甲목사가 지방 소도시에 있는 A교회에 부임하게 되었다. 그런데 그 교회 장로 2명이 십일조 생활을 하지 않는 것을 알고 기다리고 있다가, 2년이 지난 후 그 문제를 지적했다. 그랬더니 그 장로들이 甲목사에 대해 앙심을 품고 다른 교인들을 선동하여 甲목사에게 떠나라고 요구하면서 분쟁이 시작되었다. 두 장로는 지역 연고를 이용하여 "교회는 반수 이상 교인들의 것이다. 장로들은 교회의 대표로서 언제든지 목회자를 배척하고 예배를 인도할 수 있다"고 주장하며 2/3 가량의 교인들과 별도로 예배를 드리게 되었고, 甲목사가 집례하는 예배를 방해하기도 했다. 나아가 이들은 가가호호 교인들을 방문하며 "목사님을 좋은 곳으로 보내드리기 위해서"라고 속여 서명을 받아서 노회에 진정을 올리기도 했고, 심지어는 노회 탈퇴서를 제출하기도 했다. 甲목사는 소수의 교인들과 함께 계속 예배를 드리고 있으나 많은 어려움이 따르고 있다.

이러한 경우 甲목사는 어떠한 법률적 대응이 가능할까?

교회 분쟁에는 교회가 분열된 경우의 법률관계, 예배방해죄, 교회에서의 명예훼손죄 등 여러 가지가 있다. 그러나 실제의 교회 분쟁에 있어서는 이런 쟁점들이 복합적으로 발생하게 된다. 따라서 위 사례를 중심으로 차근차근 다시 설명해 보기로 한다.

첫째, 문제의 발단이 된 장로들의 문제, 즉 십일조 생활을 하지 않는 것의 문제점이나, 장로들과 교인들이 甲목사에게 교회를 떠나라고 요구하는 것의 효력에 관하여 살펴본다.

이는 결국 교단의 헌법이나 장정, 규약의 문제로 돌아간다. 만약 교단 헌법에 '장로들은 반드시 십일조 생활을 할 것'과 이를 위배한 경우 징계나 제재를 가할 수 있는 것으로 규정되어 있다면 甲목사측으로서는 그 규정에 따라 대응할 수 있을 것이다. 그러나 교단 헌법에 십일조 생활에 대한 강제규정이 없거나 비록 그런 규정이 있더라도 이를 위반한 경우에 대한 제재규정이 없다면 甲목사측에서 장로들의 십일조 생활을 문제 삼아 달리 대응할 법률적 방법은 없다.

장로들이 甲목사에게 사임을 요구하는 것도 교단의 헌법이나 A교회의 규약에 의해 처리되어야 한다. 교단 헌법이나 교회의 규약에 담임목사의 사임에 관한 규정이 있다면 그에 따라야 한다. 그러나 만약 그런 규정이 없다면 A교회 교인들의 총의에 따라야 하고, 결국 전체 교인들의 과반수 출석, 출석교인 과반수 찬성으로 담임목사의 사임 요구 여부를 결정해야 한다. 장로들이 이러한 절차를 밟지 않고 담임목사의 사임을 강요한다면 이는 부적법한 것이므로 이에 응할 필요가 없다. 장로 측에서 물리력을 동원하여 담임목사의 사임 및 집무 방해를 시도한다면 이에 대하여는 수사당국에 고발하여 대처해 나가는 것도 이론상 가능하다.

둘째, 장로들이 담임목사와 별도로 예배를 드리는 문제에 대하여 살펴본다.

우리나라에는 종교의 자유가 있으므로 법률적으로는 누구든지 예배를 드리는 것이 가능하다. 통상의 예배에서는 목사나 전도사 등 교역자가 예배를 인도하고 설교를 하는 것이 보통이나, 비록 목사나 전도사 등 교역자가 없더라도 평신도들끼리 예배를 드리는 것도 가능하다. 따라서 위 장로들과 이들을 추종하는 교인들이 목사나 전도사 없이 예배를 드리는 것도 가능하다. 더욱이 이들이 전체 교인들의 2/3 가량에 이르고 있어 종전 교회와의 동일성을 유지하고 있다고 볼 수 있으므로 이들은 A교회의 예배당을 사용할 권리도 있는 것이다. 비록 담임목사라 하더라도 그들의 예배를 방해할 수는 없는 것이다.

셋째, 장로들이 甲목사가 집례하는 예배를 방해한 것에 대하여 살펴본다.

甲목사는 자신이 집례하는 예배와 설교의 권리를 보장받을 수 있다. 비록 교인들의 다수가 甲목사에게 교회를 떠나달라고 요구하고 있는 상황이라고 하더라도 甲목사가 정식절차를 거쳐 교회를 떠난 것이 아니라면 목사로서의 예배인도권을 인정해야 하기 때문이다. 따라서 甲목사를 반대하는 장로들과 다른 교인들이 甲목사 및 그를 추종하는 교인들이 드리는 예배를 위력을 사용하여 방해하는 경우에는 「예배방해죄」라는 범죄를 구성하게 된다.

이러한 경우 甲목사측에서 수사기관에 고발하면 장로를 비롯하여 예배와 설교를 방해한 사람은 형사처벌을 받게 된다. 물론 그 처벌의 강도는 처음부터 중하지는 않다. 구속되거나 법정에 서기보다는 우선 벌금형을 받게 될 것이다. 그러나 이러한 예배방해가 반복적, 상습적으로 행해지면 점차 처벌의 강도가 높아져 처음에는 벌금으로 처리되던 것이 점차 정식재판에 회부되거나 심하면 구속될 수도 있다.

민사적으로는 예배와 설교방해가 계속되면 법원에 예배방해금지청구소송을 제기하여 승소판결을 받은 후 집행관에게 집행을 의뢰하여 예배권을 보호받을 수 있다. 급하게 보호를 받고자 한다면 「예배방해금지 가처분」을 제기할 수도 있다.

그 외에 장로들이 교인들을 방문하여 서명을 받는 가운데 공개적으로 甲목사의 명예를 손상시키는 발언을 하였다면 명예훼손으로 처벌될 수도 있다. 한편 명예훼손죄는 '공연히' 사실 또는 허위의 사실을 적시해야 하는데, 이러한 '공연성'은 불특정 또는 다수인이 인식할 수 있는 상태를 의미하므로 비록 개별적으로 한 사람에 대하여 사실을 유포하더라도 이로부터 불특정 또는 다수인에게 전파될 가능성이 있다면 공연성의 요건을 충족한다(대법원 2011. 9. 8. 선고 2010도7497호 판결 등). 따라서 장로들이 교인들을 방문하여 개개인에게 그런 발언을 하였더라도 명예훼손죄가 성립할 수 있으며, 명예를 훼손한 점에 대하여 민사적으로 법원에 손해배상을 청구할 수도 있다.

넷째, 장로들이 노회 탈퇴서를 제출한 점에 대하여 살펴본다.

어떤 교회가 소속 교단이나 노회를 탈퇴하게 되면 더 이상 그 교단 또는 그 노회의 헌법이나 규범에 귀속되지 않는 것이므로, 노회 탈퇴가 이루어졌는지 여부는 매우 중요한 쟁점이 된다.

소속 교단이나 노회에서의 탈퇴 또는 변경에는 의결권을 가진 교인 2/3 이상의 찬성에 의한 결의가 필요하다. 만약 교단·노회의 탈퇴 및 변경에 관한 결의를 하였으나 이에 찬성한 교인이 의결권을 가진 교인의 2/3에 이르지 못했다면 종전 교회의 동일성은 여전히 종전의 교단·노회에 소속되어 있는 상태로 유지되는 것이다(대법원 2006. 4. 20. 선고 2004다37775호 판결).

그런데 위에서 예로 든 사안에 있어서 장로들을 추종하는 세력이 교인들의 2/3 가량에 이른다고 하니, 일단 노회 탈퇴의 요건은 갖춘 것으로 보인다. 그러나 그 숫자가 노회 탈퇴의 최소 요건인 교인들의 2/3 가량에 머물러 있으므로, 甲목사로서는 노회 탈퇴서에 서명한 교인들을 상대로 실제로 서명한 것이 맞는지 또는 서명이 위조된 것은 아닌지, 그리고 노회 탈퇴에 찬성하는 의사로 서명한 것인지 또는 노회 탈퇴에 찬성할 의사가 없는데 장로들에게 속아 다른 명목으로 서명한 것인지 여부를 확인해야 한다. 노회 탈퇴서에 서명된 것이 위조되었다면 그 자체로 사문서위조죄에 해당하므로 형사법적으로 대처할 수 있고, 또한 노회 탈퇴의 효력도 발생하지 않는다. 서명이 위조되지는 않았으나 속아서 서명한 사람이 다수 있어서 이들을 제외한 노회 탈퇴서 서명 인원이 의결권이 있는 교인들의 2/3에 미치지 못한다면 역시 노회 탈퇴의 효력이 발생하지 않는다. 따라서 확인 결과 노회 탈퇴서 서명인원 중 위조되었거나 속아서 서명한 교인이 있었던 것으로 파악되는 경우에는 노회 탈퇴의 효력이 발생하지 않았다는 주장과 입증을 통해 대처해 나갈 수 있을 것이다.

다섯째, 甲목사가 소수의 교인들과 함께 계속 예배를 드리는 것이 가능한지 여부에 대해 살펴본다.

누구든지 예배를 드리는 것은 그들의 자유이므로 이를 저지할 수 없다. 다만 甲목사측이 예배를 드리는 장소가 A교회 예배당일 경우 甲목사를 반대하는 장로들과 그를 추종하는 교인들이 다수라는 점을 내세워 예배당에 대한 독점적 사용권을 주장하면서 甲목사 일행에게 예배당에서 나가달라고 요구하는 경우에는 문제가 될 수 있는 것이다.

　교회 재산의 사용·수익권은 그 교회 구성원인 교인들 모두에게 인정된다. 따라서 甲목사측이 교회 구성원의 자격을 갖고 있는지 여부를 살펴보아야 한다. 노회에서의 탈퇴는 의결권이 있는 교인 2/3 이상의 찬성으로 가능하다. 그러나 A교회가 노회로부터 탈퇴하였다고 하더라도 甲목사와 그를 따르는 교인들이 곧바로 교회 구성원의 자격을 당연히 상실하게 되는 것은 아니다. 노회 탈퇴와 교회 구성원의 자격은 별개의 것이기 때문이다. 따라서 甲목사측이 노회 탈퇴에 항의하여 교회로부터도 탈퇴하거나 교회로부터 제명 되지 않는 한 이들도 여전히 교회 구성원으로서 교회의 재산을 사용·수익할 권리가 있다. 따라서 장로측에서 甲목사측에 예배당을 이용하지 말라고 요구하더라도 이를 거절하고 A교회 예배당에서 예배를 드릴 수 있는 것이다.

　법률적으로는 교인들과 갈등하는 목회자에게 위와 같은 보호장치들이 마련되어 있다. 그러나 이러한 방법을 동원하여 사태를 해결할 것을 권하고 싶지는 않다. 甲목사는 힘이 들더라도 신앙의 정의를 세우기 위한 간절한 소망으로 세상 법정에 호소하지 말고 하나님의 역사하심으로 교회를 지키는 것이 바람직할 것이다. 분쟁의 원인 중 하나가 자신에게 있지는 않나 돌이켜 보고, 만약 그렇다면 자신의 부족한 점을 먼저 고친 후 교인들과 함께 통회하며 화해하는 것이 어떨까 한다. 자신에게 아무런 잘못이 없다고 생각되더라도 하나님께 기도하는 일과 교인들을 설득하는 일을 법적 조치보다 선행해야 한다. 상당한 기간의 노력에도 불구하고 해결되지 않을 때에는 결국 법에 호소하는 수밖에 없겠지만, 주님 앞에 최선의 노력을 기울이면 그런 사태는 해결되지 않을까?

5. 교회 재판, 어떤 효력을 갖고 있을까?

　사람이 사람을 정죄하는 것은 참 힘들고 어려운 일이다. 그러나 공동체 생활을 하다 보면 공동체의 존속, 질서와 평온을 위해 위법행위를 한 자에 대해 제재를 가하는 것이 불가피할 수 있다. 이를 위해 행해지는 것이 바로 「재판」이다.

　그런데 세상 법정에서만 재판이 이루어지는 것이 아니라 교회 안에서도 교회 재판이 이루어지고 있다. 「교회 재판」이란 교단의 교리를 확립하고 기독교단체 및 신앙상의 질서를 유지하기 위해 개교회 또는 소속 교인들의 비리나 잘못에 대해서 교단 헌법, 장정, 규약 등에 따라 종교적 방법으로 재판하는 것을 말한다. 예컨대 교인이 교단의 교리에 배치되는 행동이나 주장을 하였을 경우 교단 재판국 또는 교회 운영위원회 등에서 그 교인에 대해 징계하는 경우가 있을 수 있는데 이것이 바로 교회 재판이다. 참고로 대한예수교장로회총회(합동)의 권징조례 제3조는 "교인, 직원, 치리회를 불문하고 교훈과 심술과 행위가 성경에 위반되는 것이나 혹 사정이 악하지 아니할지라도 다른 사람으로 범죄하게 한 것이나 덕을 세움에 방해되게 하는 것이 역시 범죄이다"라고 규정하고 있는데, 이러한 교회 내의 범죄를 다루는 것이 교회 재판인 것이다.

　현재 우리나라의 기독교 각 교단은 당회, 노회, 대회, 총회 또는 구역, 지방회, 연회, 감찰회 등의 치리회를 두고, 교인들의 교회 내 범죄에 대하여 치리회에서의 재판절차를 통해 근신, 권계, 견책, 정직, 면직, 파직, 수찬정지, 제명, 출교 등의 징계를 내리는 교회 재판 제도를 두고, 이를 통해 교회 내 질서를 잡아가고 있다.

그러나 교회 재판은 종교단체 내부의 규제라 할 것이므로 그 효력도 그 교단에 속한 교회나 교인에 대한 관계에 있어서만 유효하다. 따라서 그 교단과 소속을 달리하는 목사나 교인에 대해서는 교회 재판의 효력이 미치지 않는다. 비록 어떤 교단 헌법에 "소속 교회나 소속 교인이 아닌 사람에 대해서도 이 헌법이 적용된다"라고 규정하고 있다고 하더라도 이것은 그 제3자에 대해서 아무런 효력을 갖지 못하는 것이다.

그런데 교회 재판은 종교와 관련된 준사법조치(準司法措置)라는 점, 그리고 기본적으로 교회단체 내부의 규제라는 점 때문에 일반사회에서 행해지는 '세상 재판'과는 다른 독특한 특성을 갖는다. 그중 가장 두드러진 특징이 교회 재판은 원칙적으로 세상 법정에서의 사법심사의 대상이 되지 않는 경우가 많다는 점이다. 우리 국가·사회에서 이루어지는 대부분의 법률행위나 거래행위들이 세상법원에 의한 재판의 대상이 될 수 있음에 반하여 교회 재판은 앞에서 설명한 종교적 특성으로 인해 일반적으로 세상법원에 의한 재판의 대상이 되지 않는다는 것이다.

우리나라 대법원도 "교회의 권징재판은 종교단체가 교리를 확립하고 단체 및 신앙상의 질서를 유지하기 위하여 목사 등 교역자나 교인에게 종교상의 방법에 따라 징계 제재하는 종교단체의 내부적인 제재에 지나지 아니하므로 원칙적으로 사법심사의 대상이 되지 아니하고, 그 효력과 집행은 교회 내부의 자율에 맡겨져 있는 것이므로 그 권징재판으로 말미암은 목사, 장로의 자격에 관한 시비는 직접적으로 법원의 심판의 대상이 된다고 할 수 없다"고 판단한 바 있다(대법원 1995. 3. 24. 선고 94다47193호 판결).

그러나 모든 교회 재판이 항상 세상법원의 재판대상이 되지 않는 것은 아니라는 점도 유념해야 한다. 즉 순수한 교회질서위배 범죄에 대해 교회법 절차에 따라 적법하게 이루어진 교회 재판은 세상법원의 심판의 대상이 되지 않는 것이 분명하나, 재판의 대상이 된 범죄의 내용에 따라서, 또는 재판절차가 매우 부적법하게 진행된 경우에는 사법심사의 대상이 될 수 있는 것이다.

첫째, 교회 재판이 목사·장로·교인 등의 특정한 권리의무에 관계되는 것이라면 법원의 심판의 대상이 될 수 있다. 즉 교단이 권징재판을 통해 어떤 교인의 재산을 박탈한다든지, 그의 주거지를 특정지역으로 제한한다든지, 그가 재직하고 있는 직장에서 퇴사하도록 명한다든지 하는 것과 같이, 소속 교인의 구체적이고 특정한 권리를 제한하는 판결을 하였다면 이러한 교회 재판에 대해서는 세상법원에 위 교회 재판의 「무효확인소송」을 제기하여 법원의 새로운 판단을 받아볼 수 있는 것이다.

이에 따라 법원의 판례 중에는 "종교단체는 신앙적 결사로서 종교적 특성과 단체적 성격을 아울러 가지고 있어 그 분쟁이 신앙과 교리를 둘러싸고 발생한 것일 때에는 종교의 자유, 정교분리의 원칙상 사법심사의 대상 밖에 있으나, 그렇지 않고 그 분쟁이 단순히 종교단체 내부의 분쟁일 뿐 그 실질이 일반 시민단체에서의 분쟁과 다를 바 없는 경우에는, 원칙적으로 사법심사의 대상이 된다"고 판단한 것이 있다(광주지법 2005. 12. 23. 선고 2004가합12082호 판결). 즉 종교적 특성에 관한 분쟁은 법원의 심판의 대상이 되지 않으나, 단체적 성격의 분쟁인 경우에는 사법심사의 대상이 된다는 것이다.

위 법원의 결론은 교회의 공동의회에서 어떤 장로에 대한 신임투표를 통해 불신임 결의를 한 것에 대해 그 장로가 법원에 불신임결의의 무효확인을 청구한 사안에 관한 법원의 판단이었다. 이에 대해 법원은 "시무장로는 교회의 항존 직원으로서 전체 교인의 대표자이고, 장로와 집사를 임직하며 교회의 각 기관을 감독하고 교인을 권징할 수 있는 당회의 일원이 되는바, 시무장로에 대한 불신임결의는 교회 내에서의 법적 지위에 상당한 영향을 미치는 것이므로 그 결의의 무효의 확인을 구할 법률상 이익이 있다"고 판단한 것이다. 위 판단에 대하여는 수긍할 수 없는 부분이 많다. 공동의회의 불신임결의에 대하여는 종교적 특성을 감안하여 법원의 사법심사의 대상이 되지 않는다고 보는 것이 옳다. 그러나 위 법원의 견해에 의하면 시무장로의 불신임결의는 개인의 특정한 권리의무와 관련이 있는 것으로 보아 세상법원의 심판의 대상이 될 수 있다고 하는 결론이 된다.

둘째로는 교회 재판에 절차상 불법이 있는 경우에도 교회 재판이 법원의 사법심사의 대상이 될 수 있다.

예를 들어, 교단 헌법에 정해진 절차를 거치지 않고 행해진 장로신임투표는 그 회부절차에 중대하고도 명백한 하자가 있어 그 투표 결과에 근거한 공동의회의 결의는 무효라고 볼 수 있다(광주지법 2005. 12. 23. 선고 2004가합12082 판결). 구체적으로는 교단 헌법에 "장로는 당회원 또는 제직회원 2/3의 청원이나 세례교인 1/3 이상의 청원이 있을 때에는 공동의회에서 신임투표를 할 수 있다"고 규정하고 있음에도, 제직회에서 제직회원 549명 중 53명만이 장로신임투표를 위한 공동의회 개최에 찬성하였다면 이는 제직회원 2/3의 청원이 있었다고 볼 수 없는 것이므로 위 장로에 대한 신임투표는 적법한 청원절차를 거치지 아니한 것으로서 위 제직회의 투표 결과에 근거한 공동의회의 장로불신임 결의는 무효라고 보아야 하는 것이다. 따라서 이러한 경우에는 세상 법원의 심판 대상이 될 수 있는 것이다.

그러나 절차위반이 있었다고 하여 교회 재판이 모두 사법심사의 대상이 되는 것은 아니다. 이러한 경우에도 "우리 헌법이 종교의 자유를 보장하고 종교와 국가기능을 엄격히 분리하고 있는 점에 비추어 종교단체의 조직과 운영은 그 자율성이 최대한 보장되어야 할 것이므로, 교회 안에서 개인이 누리는 시무장로직 등 지위에 영향을 미칠 불신임결의 등 각종 결의나 처분이 당연 무효라고 판단하려면, 그저 일반적인 단체의 결의나 처분을 무효로 돌릴 정도의 절차상 흠이 있는 것만으로는 부족하고, 그러한 흠이 매우 중대하여 이를 그대로 둘 경우 현저히 정의 관념에 반하는 경우라야 한다. 따라서 교회의 목사나 장로에 대한 신임투표를 위한 공동의회의 소집절차에 당회의 사전 결의를 거치지 아니한 흠이 있더라도 그 절차상 흠이 정의 관념에 비추어 도저히 받아들일 수 없을 정도의 중대한 흠이 아니라면 공동의회에서의 시무장로에 대한 불신임결의가 당연 무효라고 볼 수는 없는 것이다"(대법원 2006. 2. 10. 선고 2003다63104호 판결).

개인적 의견으로서는 비록 교회 재판이 세상 법원의 사법심사의 대상이 되는 경우라 하더라도 교회 분쟁을 세상 법정으로 가져가지 않는 것이 바람직하다고 본다. 세상 법정에서의 재판과정을 통해 교회와 기독교계의 부적절한 모습이 세상에 알려지게 됨으로써 하나님의 영광을 가리게 되고, 세상 재판을 받다보면 당사자는 결국 서로 원수가 되는 경우가 대부분이기 때문이다. 억울함과 불명예, 회복하기 어려운 손해 등으로 인해 소송까지 하려고 하는 당사자의 마음을 이해 못하는 바는 아니지만, 비록 크게 손해를 보더라도 자신이 바르다면 결국 하나님께서 갚아주신다는 은혜로운 마음으로 일단 져주는 것은 어떨까 권면하고 싶다. 양보와 희생을 통한 교회의 보호가 주님 앞에 인정받는 승리라고 보기 때문이다.

6. 교회 안에서 명예훼손 다툼이 많은 이유는?

최근 사이비·이단문제와 관련하여 기독교신문에 기고를 하거나 강연을 한 사람들이 문제의 당사자로부터 명예훼손죄로 고소를 당하는 사례가 많아지고 있다. 여기서 「명예훼손죄」란 어떤 사람의 명예에 손상이 갈 만한 특정사실을 여러 사람이 알 수 있도록 드러내어 다른 사람의 명예를 떨어뜨리는 경우에 성립되는 범죄를 말한다.

크리스천들이 교회나 교단 내에서 신앙생활을 하다가 보면 좋은 일도 많지만, 경우에 따라서는 여러 가지 갈등도 생기게 마련이다. 특히 하나님을 믿고 섬기는 그리스도인들 사이에는 신앙적 진리에 관한 다툼도 많이 생겨나게 된다. 그렇게 되면 견해나 신조가 대립되는 어느 한 쪽은 다른 한 쪽을 겨냥하여 그들의 잘못을 지적하는 발언을 하거나 자료를 배포하는 일을 하기도 한다. 그러면 상대방은 자신의 명예를 훼손당하였다고 하여 다시 역공을 하는 등 공방이 이어진다. 이런 과정을 통해 교회 안에서도 명예훼손사건이 종종 발생하는 것이다.

명예훼손죄는 크게 세 가지로 분류할 수 있는데, 첫째는 허위의 사실을 퍼뜨려 다른 사람의 명예를 훼손하는 것으로서 가장 중한 처벌의 대상이 된다. 둘째는 허위의 사실이 아니라 진실이기는 하지만 결국 특정인의 명예를 훼손시킬 수 있는 내용의 구체적 사실을 퍼뜨려 명예를 훼손하는 것이다. 이와 같이 진실한 사실을 퍼뜨려도 명예훼손죄가 될 수 있다는 점에 유의해야 한다. 셋째는 구체적 사실을 드러내는 것은 아니지만 욕설 등으로 다른 사람의 명예를 훼손시킬 만한 언동을 하는 것이다. 첫 번째와 두 번째 유형이 좁은 의미의 명예훼손죄에 해당하고, 세 번째 유형은 모욕죄라고 하는 별도의 죄가 된다. 모욕죄는 구체적 사실을 드러내는 것은 아니라는 점에서 좁은 의미의 명예훼손죄와 차이가 있다.

명예훼손죄에 관하여 우리 형법 제307조 제1항은 "공연히 사실을 적시하여 사람의 명예를 훼손한 자는 2년 이하의 징역이나 금고 또는 500만 원 이하의 벌금에 처한다"고 규정하고 있고, 제2항에서는 "공연히 '허위'의 사실을 적시하여 사람의 명예를 훼손한 자는 5년 이하의 징역, 10년 이하의 자격정지 또는 1,000만 원 이하의 벌금에 처한다"고 규정하고 있다. 제1항이 두 번째 유형의 명예훼손죄이고, 제2항이 첫 번째 유형의 명예훼손죄인데, 위 제2항의 규정은 어떤 사람의 명예를 훼손하는 내용이 허위의 사실인 경우에는 일반적인 명예훼손보다 더 중하게 처벌하기 위한 조항이다.

그리고 위와 같은 명예훼손의 범죄를 특히 신문, 간행물 등 출판물에 의해 범하는 경우에는 그 위험성과 파급성 때문에 형량이 높아지게 되는데, 이것을 「출판물에 의한 명예훼손죄」라고 한다.

이와 같은 명예훼손죄가 성립하려면 몇 가지 요건을 충족해야 한다. 먼저 '공연성'이 있어야 한다. 「공연성」이란 '여러 사람이 듣거나 볼 수 있는 상태'를 말한다. 따라서 은밀히 한 사람에게만 명예훼손적인 발언을 한 경우에는 원칙적으로 명예훼손죄가 성립되지 않는다. 다만 단 한 사람에게 다른 사람에 대해 명예훼손적 발언을 했더라도 발언을 들은 상대방이 예를 들어 기자와 같이 그로부터 불특정 또는 다수인에게 전파될 가능성이 있는 경우라면 공연성의 요건을 충족하게 된다(대법원 2004. 4. 9. 선고 2004도340호 판결 참조).

둘째로 '사실의 적시'가 있어야 한다. 사실의 적시란 어떤 사실을 언급하여 드러내는 행위를 말한다. 명예훼손의 대상이 되는 '사실'은 사람의 사회적 평가를 떨어뜨릴 만한 내용이면 모두 포함된다. 다만, '구체적 사실'이어야 명예훼손죄가 되는 것이고, 그렇지 않고 단순히 자신의 의견을 표시하는 것이나 추상적 욕설에 불과한 것은 명예훼손죄가 아니라「모욕죄」라고 하는, 보다 가벼운 범죄가 될 수 있을 뿐이다.

셋째로「명예」라 함은 '사람의 인격적 가치에 대한 사회적 평가'를 말한다. 여기서 사회적 평가의 자료가 되는 것에는 성격, 혈통, 용모, 지식, 건강, 능력, 직업, 신분, 행동 등 여러 가지가 있을 수 있다.

예를 들어 상대방 교인을 모함하기 위하여 다수의 교인들이 모인 자리에서 "김 아무개 집사는 전에 다니던 교회에서 1,000만 원을 사기치고 도망 왔다더라"라고 말한다면, 이는 '공연성'(다수의 교인들이 모인 자리)과 '사실의 적시'(전의 교회에서 1,000만 원을 사기), 그리고 '명예의 손상'(사기, 도망)이 있는 발언이므로 명예훼손죄가 될 수 있다. 그러나 단순히 "김집사는 사기꾼이야"라고만 말했다면 여기에는 구체적 사실의 적시가 있었다고 보기 어려워 단지 모욕죄가 된다.

실제로 법원은 "목사가 다수 교인이 모인 예배시간에 특정교인을 지목하여 '교회가 교회소유의 대지를 처분한 일이 없는데도 제3자 앞으로 등기되었는데, 이는 甲이 자신의 사욕을 좇아 증여한 것처럼 날조한 사기행각에 의한 것'이라는 내용의 유인물을 낭독하고 甲을 단상으로 불러 경위를 해명하도록 요구한 것은 명예훼손죄가 된다"고 인정한 사례가 있다.

그러나 위와 같이 명예훼손의 겉모습을 갖춘 경우에도 실제로 명예훼손죄가 성립하기 위해서는 행위자에게 특정인의 명예를 훼손하려는 고의가 있어야만 한다. 명예훼손의 고의가 없는데 다른 목적으로 행한 행위 속에 결과적으로 다른 사람의 명예를 훼손하는 내용이 일부 들어있었다고 하더라도 이런 경우에는 명예훼손죄가 성립되지 않는다. 예를 들어 공적인 업무의 수행 과정에서 행한 인터뷰에 다른 사람의 명예를 훼손하는 내용이 들어있었더라도 명예훼손의 '고의'를 인정할 수 없는 객관적 사정이 있었을 경우에는 명예훼손죄가 성립되지 않는다.

새로 부임한 목사가 전임목사에 대한 불미스러운 소문의 진위를 확인하기 위하여 그에 관해 교회 집사들에게 물어보았다면 특별한 사정이 없는 한 명예훼손의 고의성을 인정하기 곤란할 것이라면서 무죄를 선고한 법원 판례도 있다(대법원 1985. 5. 28. 선고 85도588호 판결).

군종목사가 공군참모총장의 지시를 받아 이단(異端) 종교에 관한 교육책자를 집필한 것에 대하여 비록 명예훼손적 내용이 들어있다고 하더라도 명예훼손죄에 해당되지는 않는다고 판단한 판례도 있다. 즉 그 내용에 특정 교회를 이단단체로 묘사하여 그 교회와 창시자의 교리와 주장을 비판하고 명예 등 인격권을 침해하는 내용이 포함되어 있다 하더라도, 신앙의 본질적인 내용으로 최대한 보장받아야 할 '종교적 비판'의 표현행위로서 중요한 부분이 진실에 합치할 뿐만 아니라 장병들의 신앙 보호와 교리상의 혼란을 방지하기 위하여 그들에게 객관적 정보를 제공하여 경각심을 불러일으키기 위한 취지인 점 등에 비추어 볼 때 이단단체로 묘사된 교회와 그 창시자에 대한 관계에서 위법한 명예훼손행위가 아니라는 것이다(서울고법 2006. 11. 16. 선고 2006나21639호 판결).

명예훼손의 겉모습을 갖추었지만 명예훼손죄로 인정되지 않는 또 한 가지의 예외가 있다. 비록 타인의 명예를 훼손하였다고 하여 문제되는 경우에도 그 내용이 진실한 사실로서 '오로지 공공의 이익에 관한 것'인 때에는 처벌하지 못한다(형법 제310조 참조). 그러나 이 예외조항은 쉽게 적용되는 것이 아니고 첫째로는 전파한 내용이 반드시 진실한 사실이어야 하고, 둘째로 그 목적이 오로지 공공의 이익에 관한 때에 한하는 것임을 유의해야 한다.

이에 관한 사례로서, 우리나라 대법원은 교단 재판위원회의 판결문을 배포한 행위에 대해서는 판결문은 그 성질상 그 교회나 교단 소속 신도들 사이에서는 당연히 전파, 고지될 수 있는 것이므로 이를 복사, 배포한 행위에 의하여 그 목사의 개인적 명예가 훼손된다 하여도 이는 '오로지 교단 또는 그 산하 교회 소속 신자들의 이익에 관한 때'에 해당하거나 사회상규에 위배되지 아니하는 행위에 해당하여 위법성이 없다고 판결한 바 있다(대법원 1989. 2. 14. 선고 88도899호 판결).

반면에, 분열되었던 교단의 통합을 추진하는 통합파 측 신문에서 잔류파 측 인물들의 명예를 훼손하는 내용을 게재하였는데 "그 기사가 오로지 위 잔류파와 반대의 입장에 있는 인물과 그가 제시하는 자료만을 취재원으로 하여 잔류파 인물들에 관한 과거의 비위사실을 들추어내어 보도하면서 잔류파들의 해명이나 반론을 싣지 않고, 기사의 전체적인 흐름이 통합파와 잔류파의 문제점을 균형 있게 보도한 것이 아니고 잔류파만의 문제점만을 열거하여 잔류파가 통합의 유일한 걸림돌이 된다는 인상을 주고 있는 점 등에 비추어 볼 때 위 기사는 공공의 이익을 위하여 보도한 것으로 볼 수 없다"고 판단한 판례도 있다(서울고법 1997. 7. 25. 선고 96나5348호 판결).

그러므로 명예훼손적 행위가 형법 제310조에 의해 면책을 받을 수 있는지 여부는 각 사안에 따라 그 내용이 진실한 사실인지, 그리고 오로지 공공의 이익에 관한 것이었는지 여부를 따져서 판단해야 하는 것이다. 다만 이단·사이비에 대한 비판에 관해서는 조금 차이가 있는 점이 있는데, 이는 다음 장에서 다루기로 한다.

결론적으로 말하자면, 다른 사람의 명예를 훼손시킬 수 있는 내용을 여러 사람 앞에서 발설하거나 퍼뜨리면 원칙적으로 명예훼손죄가 성립된다. 퍼뜨리는 내용이 허위의 사실인 경우는 당연히 명예훼손죄가 성립하고, 퍼뜨리는 내용이 진실인 경우에나, 구체적 사실이 포함되어 있지 않다고 하더라도 다른 사람의 명예를 훼손할 수 있는 발언이나 기고를 하면 명예훼손죄 또는 모욕죄가 성립된다.

따라서 교회 안이나 교계와 관련된 일이라 하더라도 다른 사람을 비판하거나 그의 명예에 관계되는 내용을 발설 또는 기고함에 있어서는 명예훼손죄 또는 모욕죄가 문제될 수 있는 것이므로, 행하기 전에 반드시 그러한 행위가 꼭 필요한 것인가 하는 점을 다시 한 번 묵상하고 기도한 뒤에 조심스럽게 처신함으로써, 하나님의 선한 사역을 하다가 불미스러운 일에 휘말리거나 또는 하나님의 영광을 가리는 일이 없도록 유념하여야 할 것이다.

7. 이단을 비판한 것도 명예훼손이 될까?

어느 장로교 목사는 자신의 교회에 출석하던 성도가 인근 A기도원에 다녀온 뒤로 가정불화가 생겨 가출하는 사례가 발생하게 되자 A기도원에 대해 조사해 보게 되었다. 그 결과 그 기도원을 운영하는 여자 원장은 목사, 전도사 등의 자격이 없는 자로서 몇 해 전에 남편과 함께 기도원을 지었는데, 그 당시에는 위 기도원 건물의 신축공사 대금도 제대로 지급하지 못하는 등 별다른 재산이 없었으나, 위 기도원을 운영하면서 상당한 부를 축적하여 20여 필지의 토지와 아파트, 고급 승용차 2대를 소유하고 있는 사실, 또한 헌금 능력이 없는 신도를 위 기도원에서 쫓아내고, 설교를 하면서 거북이를 갖다 놓고 거북이가 입을 다물기 전에 헌금을 하라고 말하였으며, 예배시간에는 조는 신도들의 종아리를 회초리로 때리기도 한 사실과, 위 기도원에서의 신앙생활 때문에 가정에 불화가 생겨 부녀자들이 가출하는 사례도 발생하였다는 것을 알게 되었다.

그러자 그 목사는 인근 지역에 있는 같은 교단 교회 목사들에게 "우리 지역에 건전치 못하고 기독교 신앙의 본질을 이탈한 기도원이 있어서 교인들의 신앙 및 가정생활에 피해가 우려되니 출입을 통제바랍니다(A기도원)"라는 내용으로 유인물을 작성하여 발송하였고, 얼마 뒤 다시 "A기도원의 원장은 의식화된 집회양식 등으로 구성원들의 신앙과 생활을 교조적으로 이끌어 가고 있다고 사료됨. 신앙성향은 개인적인 계시와 체험을 성서적 계시와 동일시하거나 그 이상의 비중을 두고, 교회의 질서와 권위를 경시하여 그리스도의 몸 된 교회를 분리하고 있으며, 예언과 방언 및 영성에 치중한 은사관을 가지고 은사에 대한 독선적인 해석을 하고 있고, 기복·무속주의적이며 가정불화와 가출 등 반사회적 요인을 유발한 사례가 있음."이라는 요지로 유인물을 작성하여 같은 교단 교역자들에게 배포하였다.

이에 위 A기도원 원장은 자신의 명예가 훼손당하였다는 이유로 법원에 손해배상청구소송을 냈다. 이러한 경우 과연 그 목사는 기도원 원장의 명예를 훼손하였다는 사유로 손해배상을 해야 하거나, 형사처벌이 되는 것인가?

교회에서도 명예훼손죄의 성립 여부가 논란이 되는 경우가 많다. 이번에는 특히 이단, 사이비 시비와 관련하여 이단, 사이비집단의 실상을 파헤치는 과정에서 그 대상자의 명예를 다소 훼손하는 행위를 한 경우에도 명예훼손의 책임을 지게 되는지 여부에 관해 살펴보기로 한다.

먼저「명예훼손」이란 다른 사람의 품격, 행상(行狀), 신용 등에 관한 사회적 평가를 저하시키는 사실을 다수인이 알 수 있도록 드러내는 것을 말한다. 우리나라에서는 모든 국민이 자신의 명예가 침해되지 않도록 보호받을 수 있는 인격권을 가지고 있다.

그러나 다른 한편 모든 국민에게는 '종교의 자유'가 보장되고 있다. 종교의 자유라 함은 자신이 원하는 종교를 자신이 원하는 방법으로 신봉할 자유를 말한다.

종교의 자유에는 (1)신앙의 자유, (2)종교적 행사의 자유, (3)종교적 집회·결사의 자유, (4)선교의 자유 및 (5)종교교육의 자유 등 다섯 가지의 구체적인 자유들이 포함되는 것이고, 위 다섯 가지 종교의 자유에 대하여는 이를 행할 수 있는「적극적인 자유」와 신앙을 가지지 아니할「무신앙(無信仰)의 자유」, 종교적 행사·집회·결사 또는 종교 활동을 강제 받지 아니할「소극적인 자유」가 모두 인정된다.

이단·사이비에 대한 비판과 관련하여서는 종교의 자유 중 특히 선교의 자유가 직접 연관된다. 종교의 자유에는 자기가 신봉하는 종교를 선전하고 새로운 신자를 규합하기 위한「선교의 자유」가 포함되는 것이고, 이러한 선교의 자유에는 다른 종교를 비판하는 자유도 역시 인정되기 때문이다.

그런데 다른 한편 이단·사이비집단이나 그 주도자, 추종자 등을 비판하는 경우에는 그 명예를 침해당하지 아니할 국민의 인격권과 다른 종교를 비판할 수 있는 선교의 자유가 서로 충돌하는 문제가 발생한다. 즉 개인의 명예보호와 종교의 자유보장이라는 두 가지 법적 가치를 어떻게 조정할 것인지가 법률적으로 문제되는 것이다. 원론적으로는, 이단·사이비에 대한 비판으로 인하여 타인의 명예 등 인격권을 침해하는 경우에는 그 비판행위로 얻어지는 이익·가치와 공표가 이루어진 범위, 그 표현 방법 등 그 비판행위 자체에 관한 제반 사정을 감안함과 동시에 그 비판에 의하여 훼손되거나 훼손될 수 있는 타인의 명예 침해의 정도를 비교하여 결정하여야 한다(대법원 1997. 8. 29. 선고 97다19755호 판결).

현실적으로는 이단·사이비에 대한 비판과 상대방의 맞대응으로 인해 명예훼손 사건이 발생하였을 경우에는 개개의 사안에 따라 위와 같이 비판행위로 얻어지는 이익과 비판을 받는 측의 피해 정도 사이의 비교 형량에 의해 이단·사이비에 대한 비판행위의 위법성 유무를 따지게 된다. 따라서 이단·사이비 집단에 대한 비판에 있어서도 그 위법성은 각 사안별로 달라질 수 있는 것이다.

그렇다면 처음에 살펴본 사례의 경우는 어떨까? 위 장로교 목사의 A기도원 원장에 대한 비판행위는 적법한 것일까, 아니면 불법한 것일까?

먼저 장로교 목사의 위 비판행위로 인해 얻어지는 이익과 가치에 대해 검토해 본다. 위 목사가 A기도원 원장을 비판한 내용은 상당 부분이 신앙교리에 관한 것이고, 기도원 원장이 운영하는 기도원의 신앙성향 등을 비판하며 같은 종파에 속하는 신도들에게 위 기도원에 이단적 요소가 있다는 이유로 주의를 촉구하는 취지의 것인 점에 비추어 위 비판행위는 정통종교인 기독교의 교리를 지키고 교단 소속 기독교인들의 바른 신앙생활을 지키는 데 이바지하는 행위이다.

다음, 위 비판행위로 인해 A기도원 원장이 입은 피해의 정도에 대해 살펴본다. 첫째 위 장로교 목사의 A기도원 원장 비판행위는 같은 노회 산하 교회의 교역자들에 대해 한정적으로 행하여진 점에 비추어 그 피해범위가 넓지 않다. 둘째 위 목사의 비판으로 인해 A기도원 원장은 주로 그가 운영하는 기도원에 교리상으로 볼 때 이단성이 있다고 공격받은 것이어서 그 명예침해의 정도가 비교적 크지 않다.

결국 위 장로교 목사의 A기도원 원장 비판행위는 그로 인해 얻어지는 이익은 크고, 그로 인해 발생하는 피해의 정도는 크게 중하지 아니하여 그 위법성을 인정하기 어렵다고 할 것이다. 위 사안에 대한 재판에 있어서 대법원도 "장로교 목사의 행위는 근본적으로 종교적 비판의 표현행위에 해당되므로 위법성이 없다"고 판단한 바 있다(대법원 1996. 9. 6. 선고 96다19246호, 96다19253호 판결). 따라서 위 장로교 목사는 A기도원 원장에게 손해배상의 책임을 지지 않아도 되고, 아무런 형사처벌도 받지 않게 된다.

정통 기독교계의 이단·사이비 집단에 대한 비판에 대하여는 거의 예외 없이 법률적 송사(訟事)가 걸리는 상황이다. 물론 이단·사이비집단의 소송 제기에 의한 것이다. 이 경우 구체적 사안에 따라 유·무죄가 갈린다는 점을 유의해야 한다. 이단·사이비에 대한 비판이라고 하여 모두 정당화되는 것은 아니기 때문이다.

다행히도 최근의 대법원 판례 경향을 분석하여 보면 이단·사이비집단에 대한 정통 기독교계의 비판행위에 대해 위법성을 인정하지 않는 판결들이 점차 많아지고 있다.

예를 들어, 서울고등법원은 "종교의 자유에 관한 헌법 제20조 제1항은 표현의 자유에 관한 헌법 제21조 제1항에 대하여 특별규정의 성격을 가지므로 종교적 목적을 위한 언론·출판의 경우에는 일반적인 언론·출판에 비하여 고도의 보장을 받게 되고, 특히 그 언론·출판의 목적이 다른 종교나 종교집단에 대한 신앙교리 논쟁으로서 같은 종파에 속하는 신자들에게 비판하고자 하는 내용을 알리고, 아울러 다른 종파에 속하는 사람들에게도 자신의 신앙교리 내용과 반대종파에 대한 비판의 내용을 알리기 위한 것이라면 그와 같이 비판할 권리는 최대한 보장받아야 할 것이다"라고 판결한 바 있다(서울고법 2006. 11. 16. 선고 2006나21639호 판결).

또한, 우리나라 대법원은 「교단의 이단대책활동」에 대하여도, "어느 교단이 교리상의 혼란으로부터 교단을 보호하기 위하여 그 산하의 사이비이단대책위원회로 하여금 甲의 주장에 대하여 연구하게 한 후, 그 연구 결과를 총회보고서의 일부로 채택하고 그 연구 보고를 교단 소속의 사이비이단문제 상담소에서 발간하는 책자에 게재하여 이를 주로 교단 산하의 지교회들을 상대로 배포한 것이라면, 비록 그 공표 내용 중에 甲의 교리와 주장을 비판하고 그 명예를 침해하는 내용이 포함되어 있다고 할지라도, 이는 신앙의 본질적 내용으로서 최대한 보장받아야 할 종교적 비판의 표현행위로서 그 안에 다소 과장되거나 부적절한 표현이 있다 하더라도 중요한 부분에 있어서 진실에 합치할 뿐만 아니라 교단의 교리 보호와 그 산하 지도자들 및 신자들의 신앙 보호를 위하여 주로 그들을 상대로 주의를 촉구하는 취지에서 공표한 것이므로 위법성이 없다"고 판결함으로써 그 위법성을 부정하고 있다(대법원 1997. 8. 29. 선고 97다19755호 판결).

그리고 신학교 교수의 소위 '구원파'에 대한 비판활동에 대하여도, "신학대학교의 교수 甲이 출판물 등을 통하여 종교단체인 구원파를 이단으로 비판하는 과정에서 특정인 乙을 그 실질적 지도자로 지목하여 명예를 훼손하는 사실을 적시하였으나, 위 甲교수가 행한 강연, 대담이나 기고한 글 중에 언급한 乙의 행태는 객관적으로 볼 때 사회 일반에 상당한 영향력을 행사하고 있던 乙의 사회적 활동에 대한 비판 내지 평가의 한 자료가 될 수 있다는 의미에서 공공의 이익에 관한 것이라고 봄이 상당하고, 또 甲으로서도 乙 개인을 비방할 목적에서라기보다는 기독교 신자 등에게 '乙에 대한 실망이 甲이 구원파를 떠나게 된 동기의 하나가 되었음'을 설명하고 乙이 지도자로서의 자질이나 덕목이 부족함을 부각함으로써 구원파를 경계하게 할 목적으로 공공의 이익을 위하여 한 행위라고 보아야 옳을 것이다"라고 판단함으로써 그 위법성을 부인한 바 있다(대법원 1996. 4. 12. 선고 94도3309호 판결).

법원 판례의 흐름은 이단·사이비집단의 활동이 종교적으로뿐 아니라 사회적 폐해도 적지 아니함을 인식하게 된 결과라고 본다. 이는 매우 다행한 일이나, 그렇지 않더라도, 즉 이단·사이비에 대한 비판활동으로 인해 비록 법률적 분쟁에 휘말리게 되더라도 때로는 정통 기독교계의 진리수호를 위한 용기가 필요하다고 본다. 처벌과 손해배상이 두려워 기독교의 진리를 훼손시키는 이단·사이비를 방치할 수는 없기 때문이다. 다만 비록 이단·사이비라 하더라도 그의 명예를 공개적으로 훼손하는 경우에는 언제라도 명예훼손이 문제될 수 있다는 점을 유의하여 조심스럽게 법률적으로 준비하며 대처하여야 함을 유념해야 할 것이다.

8. 아, 직무집행정지가처분!

2009년 겨울, 여러 기독언론에 다음과 같은 기사가 보도되었다. "현직 교단총회장에게 직무정지 결정이 내려지는 초유의 사태가 벌어졌다. 수원지방법원 안양지원은 지난 9월에 열린 교단총회에서 총회장 연임을 결정한 것은 교단 회칙을 어긴 것이라며 총회장의 직무정지 결정을 내렸다. 총회 대의원이 수원지방법원 안양지원에 제기한 '총회장 직무집행정지가처분'을 법원이 받아들인 것이다."

예장의 한 분파인 위 총회는 교단총회에서 총회장에 단독 입후보한 현직 부총회장에 대한 신임투표가 의결정족수인 찬성 2/3를 넘지 못하자 현장에서 현직 총회장의 연임을 박수로 결정했다. 이에 대해 법원은 총회 회칙에 총회장의 임기를 1년으로 제한하고 있고, 전임 부총회장이나 임원 가운데 다른 사람이 총회장에 입후보할 수 있는데도 이들에게 기회를 주지 아니한 채 후보등록절차 없이 현직 총회장의 연임을 결정한 것은 명백한 하자가 있는 것이라고 판단한 것이다.

요즘 기독교계 안에서 많은 분쟁들이 끊이지 않고 있다. 그중에서도 파장이 큰 것은 직무집행정지가처분에 관한 것이다. 얼마 전에는 우리나라 기독교계 최대 연합단체인 한기총 대표회장의 직무집행정지가처분이 법원에 의해 받아들여져 평신도가 직무대행자로 선임되기도 했고, 각 교단의 총회장, 총무 선출과정에서 부정선거 시비가 불거져 법정분쟁으로 비화하는 일이 많아지면서 직무집행정지가처분 신청이 잇따르고 있다.

그렇다면 가처분이란 도대체 무엇일까?「가처분」이라 함은 분쟁의 대상이 되고 있는 권리나 지위에 대하여 나중에 행해질 강제집행을 미리 보전하기 위하여 법원이 행하는 일시적인 명령을 말한다. 가처분에는 두 종류가 있다. 첫째는 다른 사람의 명예를 훼손하는 내용의 출판물에 대해「판매금지가처분」을 신청하는 경우와 같이 앞으로 행사될 어떤 청구권의 집행과 보전을 목적으로 하는 가처분이고, 둘째는 「총회장 직무집행정지가처분」과 같이 분쟁이 있는 권리관계에 관하여 임시의 지위를 정하는 것을 목적으로 하는 가처분이다. 교회 분쟁에서 많이 발생하는 것은 주로 두 번째 가처분이다.

가처분은 기본적으로 종국적인 법원의 판결이 날 때까지의 임시조치라는 뜻에서 앞에 '가(假)'자를 붙인 것이고, 원고(채권자)의 신청을 토대로 법원이 이를 허용할 것인지 여부에 관해 단시일 내에 결정을 내리는 것이 보통이다. 대부분의 경우 가처분에 앞서 피고(채무자)가 입을 불의의 피해를 보상하기 위한 담보를 제공해야 하는데, 법원의 허가를 받아 보증보험회사의 지급보증위탁계약을 체결한 후 그 문서를 담보로 제공할 수도 있다.

이와 같은 가처분은 재판 결과의 집행을 위해 필요하고, 대부분 신속히 처리되므로 현실적으로 많이 이용되고 있다. 경우에 따라서는 가처분만으로도 본 소송까지 가지 않고 분쟁이 해결되어 버리는 일이 자주 있어 유용한 수단이 되고 있다.

그러나 가처분 신청이 있다고 하여 법원이 이를 모두 받아들이는 것은 아니다. 오히려 까다로운 기준에 의해 매우 제한적으로만 가처분 신청을 받아들이고 있다. 즉 가처분 신청이 받아들여지기 위해서는 보전할 필요성이 있는 권리(이를 「피보전권리」라고 한다)가 존재해야 하고, 또한 권리를 미리 보전하여야 할 필요성(이를 「보전의 필요성」이라 한다)이 있어야 한다.

특히 직무집행정지가처분과 같이 '임시의 지위를 정하기 위한 가처분'에 있어서는 법률에 명문의 규정이 있는 경우에 한하여 가처분을 할 수 있다. 이를 조금 상세히 설명하면 다음과 같다. 교회나 교단의 분쟁이 발생할 경우 많은 사람들은 총회장, 당회장의 공금횡령 등 불법행위를 이유로 그의 직무집행정지를 신청한다. 그러나 대부분의 교단 헌법에는 총회장이나 총무가 불법행위를 하였다고 하여 그를 해임할 수 있는 규정을 두고 있지 않다. 따라서 비록 총회장이나 총무가 불법행위를 하였다고 하더라도 불법행위를 사유로 해임할 수 있다는 명문의 규정이 교단 헌법 등에 전혀 없기 때문에 불법행위를 이유로 직무집행정지가처분을 신청할 수는 없다는 결론이 되는 것이다.

물론 총회장이나 총무를 선출하는 총회의 소집이나 성원에 결정적인 큰 흠이 있었다거나 투·개표나 당선자 결정과정에서 명백한 불법행위가 있었다면 이를 이유로 직분자로 당선된 사람에 대하여는 직무집행정지가처분을 신청할 수 있다. 그러나 그 절차의 흠이 중대하지 않은 경우에는 가처분이 받아들여지기 어렵다. 대법원 판례 중에도 교회의 목사와 장로에 대한 신임투표를 위한 공동의회의 소집에 있어서 사전에 거쳐야 할 당회의 결의를 거치지 아니한 사안에 대해, 비록 그 소집 전에 거쳐야 할 당회의 결의를 거치지 아니한 하자가 있으나 그 하자가 정의 관념에 비추어 도저히 수긍할 수 없을 정도의 중대한 하자가 아니라는 이유로, 공동의회에서의 시무장로에 대한 불신임결의가 당연 무효라고 볼 수 없다고 판단한 것이 있다(대법원 2006. 2. 10. 선고 2003다63104호 판결).

가처분 신청이 법원에 의해 받아들여지면 그 상대방은 이의신청을 할 수 있고, 그 이의신청이 받아들여지지 않으면 항고를 할 수도 있다. 반대로 가처분 신청이 법원에 의해 받아들여지지 않으면 신청인은 곧바로 항고를 할 수 있다. 항고가 있는 경우에는 상급법원에서 다시 한 번 판단을 하게 된다.

직무집행정지 등 가처분 결정을 내리는 경우에 그 상대방인 직분자는 일체의 직무집행에서 배제되고 직무대행자로 선임된 사람이 대표자의 직무를 대행하게 된다. 직무집행이 정지된 종전의 직분자가 가처분 결정 이후에 행하는 법률행위는 모두 아무런 효력이 없는 절대무효가 된다.

지금까지 교회 분쟁에 있어서 가장 뼈아픈 다툼의 하나인 직무집행정지 등 가처분에 대해 살펴보았다. 그러나 가처분의 신청방법이나 신청 이후의 조치, 상대방 채무자가 이의를 하는 경우 그에 대한 대응 등 가처분사건에는 법률상 어려운 일이 많이 있으므로 비전문가인 당사자가 처리하기는 매우 어렵고, 전문가인 변호사에게 의뢰하여 처리하는 것이 바람직하다.

가처분사건이란 법률분쟁 중에서도 가장 어렵고 복잡하며 치열한 소송에 속한다. 그런데 어쩌다 교회 분쟁도 이런 어려운 지경까지 들어가게 되었을까 하는 생각이 늘 든다. 여기에 이르기 전에 당사자들 사이에 원만히 해결할 수 있는 방법은 없었을까 하는 아쉬움이 크다. "너희 원수를 사랑하며 너희를 핍박하는 자를 위하여 기도하라"(마태복음 5장 44절)는 것이 그리스도의 가르침이 아니었던가?

04 신앙생활과 법률

1. 안수기도를 받던 사람이 사고를 당하면?

어느 교회에 다니는 신실한 여자 집사님의 딸이 간질병에 걸린 것이 집안에 큰 걱정거리였다. 그래서 그 교회의 담임목사님과 권사님 한 분이 그 여자 집사님의 딸을 데리고 기도원에 들어가 매일 3차례씩 그 딸을 잡고 안수기도를 해주었다. 그런데, 그 딸은 수시로 발작 증세를 일으켰고 심지어 가끔은 안수기도를 하는 중에도 발작 증세를 보였는데, 목사님과 권사님은 안수기도를 하던 중 그 딸이 발작을 일으키면 그 몸을 붙잡고 주먹과 손바닥으로 그 딸의 가슴과 배를 몇 차례 누르거나 때려 진정시키곤 하였다. 셋째 날 밤에도 안수기도를 해주던 중 그 딸이 갑자기 발작을 일으키자 목사님과 권사님은 그 딸의 가슴과 배를 누르고 몇 차례 때려 충격을 주어 진정시키려고 했다. 그런데 어찌된 일인지 그 과정에서 그 딸이 사망하고 말았다. 그 교회는 정통교단에 속한 교회이고, 그 목사님도 정규신학대학을 졸업한 정식 목사였는데, 좋은 일을 하려고 하다가 불의의 사고가 생긴 것이다. 이런 경우에도 그 목사님과 권사님은 여자 집사님 딸의 사망에 대해 법적 책임을 져야 하는 것일까?

먼저, 안수기도가 무엇인지에 관해 살펴볼 필요가 있다. 본래 「안수기도」라 함은 목사 또는 장로 등 신앙의 연조가 깊은 분들이 다른 성도들의 몸에 손을 얹고 그를 위해 기도하는 종교행위로서, 실제로 병을 앓는 성도를 위해 그의 머리나 환부에 손을 얹거나 약간 누르면서 병을 낫게 하여 달라고 하나님께 간절히 기도함으로써 병의 치유함을 받는 일이 많이 있다. 물론 정통 기독교단에서도 안수기도를 통한 신유의 역사를 인정하고 있다. 그리고 질병 치유를 위한 안수기도의 목적은 기본적으로 신앙의 힘으로 환자의 병을 낫게 하는 데 있는 것이지, 사람을 가해한다는 고의는 없는 것이며, 따라서 일반적으로는 정당한 종교 활동으로 인정받고 있다.

이렇듯 안수기도는 축복이나 질병 치유의 선한 목적으로 행해지는 것이지만, 때때로 안수기도를 받다가 사망하거나 그 밖에 다른 신체 사고가 발생하는 수가 있다. 즉, 안수기도를 함에 있어서는 신체적 행위가 뒤따를 수 있는데, 이 경우의 신체적 행위가 단순히 손을 얹거나 약간 누르는 정도가 아니라 그것이 지나쳐서 머리나 가슴, 배를 강하게 누르거나 때리며 기도할 때에 문제가 발생할 수 있다. 특히 그러한 심한 신체적 행위가 반복되다 보면 그 안수기도 행위로 인해 환자의 병세가 오히려 악화되거나 심한 경우 사고가 발생하는 사례도 있다. 이렇게 되면 그 가족이나 유족들이 안수기도를 한 사람을 상대로 고소를 하거나 소송을 제기하는 등 법률적으로도 매우 복잡해지게 된다. 이러한 인명사고는 보통 이단집단에서 종종 일어나는 일이나, 정통교단에서도 드물지만 가끔 발생한다. 이런 경우 선한 동기로 안수기도를 해주다가 일어난 불상사에 대해 안수 기도자가 도의적 책임 이외에 법적 책임도 져야 하는 것일까?

결론부터 말하자면, 안수기도 과정에서 사회통념상 보통 사람들이 그럴 수도 있다고 받아들일 수 있는 정도의 약간의 물리력 행사에 대해서는 안수 기도자에게 형사상 또는 민사상 책임을 물을 수 없을 것이다. 즉, 안수기도를 하면서 안수를 받는 성도의 몸을 몇 차례 가볍게 두드리는 정도라면 괜찮을 것이고, 실제로도 이런 경우에는 아예 문제가 생기지도 않을 것이다. 그러나 그 정도가 심한 경우에는 법률적으로 책임이 뒤따를 수 있다.

먼저 형사법적으로는 폭행죄, 상해죄, 폭행치사죄 등의 범죄가 성립할 수 있다. 「폭행죄」란 사람의 신체에 대하여 힘이나 위력을 행사하는 것을 말한다. 전형적으로는 다른 사람을 주먹으로 때리거나 발로 차는 행위가 이에 해당하지만, 그 외에도 사람을 향하여 돌을 던지는 행위, 멱살을 잡아 흔드는 행위, 팔을 잡아 비트는 행위, 심지어는 혼내주려고 다른 사람의 귀에다 대고 고함을 크게 지르는 행위 등도 모두 폭행죄에 해당될 수 있다.

그런데, 폭행을 가한 결과 다른 사람을 다치게 하면 폭행죄에서 나아가 「상해죄」라고 하는 보다 중한 범죄가 되고, 거기에서 더 나아가 폭행으로 인해 다른 사람을 죽음에 이르게 하였다면 피해자를 죽이려고 폭행한 것이 아니라고 하더라도 「폭행치사죄」라고 하는 아주 중한 범죄가 성립되는 것이다. 참고로 우리 형법에는 폭행죄는 2년 이하의 징역 또는 500만 원 이하의 벌금, 상해죄는 7년 이하의 징역 또는 1,000만 원 이하의 벌금, 폭행치사죄는 3년 이상의 징역에 처하도록 규정되어 있다.

그렇다면 이제 구체적으로 치유 목적의 안수기도에 있어서 법적용은 어떻게 되는지 살펴보자.

먼저, 치유 목적의 안수기도를 하면서 환자의 환부나 머리, 등에 손을 얹고, 또는 환자를 약간 누르면서 안수기도를 하는 것은 앞에서 설명한 바와 같이 아무런 문제가 없다. 그뿐 아니라 손바닥으로 어느 정도의 힘을 가해 환부나 환자의 신체 일부를 두드리는 것도 용인될 수 있다.

그런데, 가볍게 두드리는 정도가 아니라 주먹이나 몽둥이 등을 사용하여 환자의 몸을 세게 때리는 수준에 이르면 그러한 행위는 우리 사회통념상 받아들일 수 있는 한계를 넘은 것이 되며, 따라서 법률적으로 범죄에 해당하게 된다. 단순한 폭행이면 폭행죄, 상처를 발생케 했다면 상해죄, 폭행으로 인해 안수기도를 받은 사람이 사망에 이르렀다면 폭행치사죄가 된다. 대법원 판례도 "안수기도에 수반된 물리력 행사가 그 정도를 지나쳐 상대방에게 상처를 입힐 정도이거나 더욱이 안수 받은 사람이 사망에 이른 정도라면 그러한 물리력 행사는 형법상의 폭행행위에 해당한다"고 하면서, 비록 그러한 물리력 행사가 안수기도의 방법으로 행하여졌다고 하더라도 안수자에게 안수 받는 사람의 신체에 대하여 물리력을 행사한다는 인식이 있었다면 폭행에 대한 인식과 고의가 있는 것으로 볼 수 있다고 판결한 바 있다(대법원 1994. 8. 23. 선고 94도1484호 판결).

다만, 안수기도 중 사고로 인해 발생할 수 있는 범죄 중 특히 폭행죄는 피해자가 가해자의 처벌을 원하지 않으면 사법기관이 임의로 처벌할 수 없는 독특한 범죄(이런 범죄를 「반의사불벌죄」라고 한다)이기 때문에, 안수기도를 받은 환자가 시비를 걸지만 않는다면 그러한 폭행은 문제가 되지 않는다. 상해죄나 폭행치사죄의 경우에는 비록 피해자가 처벌을 원하지 않는다고 하더라도 처벌대상이 된다는 점에서 차이가 있다.

그런데 앞에서 든 사례에서 안수기도를 주도한 목사님이야 폭행치사죄에 해당하는 것이 불가피하더라도, 그 안수기도를 옆에서 도와주던 권사님은 어떻게 되는 것일까? 권사님이 단순히 환자를 잡고만 있는데, 기도하던 목사님이 갑자기 환자를 심하게 구타한 것이라면 권사님은 법적 책임을 지지 않을 수도 있다. 그러나 목사님의 안수기도 중 구타행위가 반복되고 있는데도 이를 방관한 채 환자를 붙잡아 주는 등 목사님의 안수기도 중의 문제행위를 인식하면서도 이를 도와준 것이라면 목사님과 공모하여 범행한 것으로 인정된다. 더욱이 권사님이 목사님과 함께 환자를 구타까지 하였다면 공범으로 처벌될 수밖에 없다. 우리나라 대법원도 "교인들이 안수기도에 참여하여 목사가 안수기도의 방법으로 폭행을 함에 있어서 이를 보조하고 더 나아가 스스로 피해자를 폭행하기도 하였다면 그러한 교인들도 안수기도한 목사와 함께 공범으로 책임을 져야 한다"고 판결한 바 있다(대법원 1994. 8. 23. 선고 94도1484호 판결).

이제까지는 안수기도 중 불상사가 발생한 경우에 어떤 처벌을 받게 될 수 있는지에 관해 설명해 왔으나, 이러한 경우에는 형사상 책임 이외에도 그와 아울러 민사법적 책임도 부담하게 될 가능성이 매우 높다. 환자의 사망으로 인해 안수 기도자들이 형사처벌을 받는다 하더라도 그와는 별도로 환자 측에서 법원에 손해배상청구 소송을 제기하면 법원의 판결에 의해 상당한 금액의 손해배상을 해야 하는 경우도 생기게 되는 것이다.

안타까운 일이지만, 우리나라가 기독교 국가는 아니므로 기독교를 좀 더 깊이 이해해 주지 못하는 측면이 있다. 선한 의도로 환자를 고쳐주기 위해 안수기도를 하면서 약간의 물리력을 행사한 것도 범죄가 될 수 있다고 하니 말이다. 그러나 우리 기독교인들은 이러한 법률적 측면을 미리 알고 안수기도를 함에 있어서도 어느 정도의 자제와 분별력을 갖고 임해야 할 필요가 있음을 기억해야 한다.

2. 신앙생활을 열심히 하는 것도 이혼사유가 되나?

저자는 한동안 어떤 기독신문에 〈신앙생활과 법〉에 관한 글들을 연재하였다. 그때 어느 여자 집사님이 다음과 같은 사연을 적어 질의해 오셨다.

저는 예장합동 소속의 작은 교회에서 신앙생활을 하고 있습니다. 물론 정통교단에 속해 있고, 지극히 정상적인 보수교회지요.
다만, 저희 교회는 작은 교회로서 일꾼이 부족하기 때문에 저는 비록 여자의 몸이지만, 집사, 어린이부 부장, 구역장, 성가대원 등으로 여러 가지 봉사를 하고 있습니다.
그러다 보니 교회에 나와 있는 시간이 많아 집을 비울 일이 잦아지자, 교회에 다니지 않는 저희 남편이 저에게 '믿어도 별스럽게 믿는다'면서 교회에 나가지 말든지 아니면 교회를 옮기라고 요구하여 왔습니다. 그러나 저는 주님의 몸 된 교회를 섬기는 일을 중단할 수 없다고 생각하여, 남편을 설득하면서 교회 일을 계속했고, 급기야 남편은 저와는 같이 살 수 없다고 하면서 이혼소송을 냈습니다.
저의 부족함 때문에 이런 결과가 생긴 것이라고 생각은 되지만, 도대체 신앙생활을 열심히 한다는 것이 이혼사유가 되는 것인가요?

우리 기독교의 결혼관은 "사람이 그 부모를 떠나서, 아내에게 합하여 그 둘이 한 몸이 될지니라. 하나님이 짝지어 주신 것을 사람이 나누지 못할지니라"라고 요약할 수 있다(마태복음 19장 5, 6절). 하나님은 사랑이시고, 기독교적 신앙에 충실하다면 원수라도 사랑하게 될 텐데, 서로 좋아 하나님 안에서 결혼한 사람들이 이혼하는 것은 옳지 않다는 것이 성경적 교훈이다. 그러나 현실적으로는 여러 가지 이유 때문에 부부관계가 파탄에 이르는 경우가 많다. 이는 불행하게도 크리스천 가정도 예외는 아닌 것 같다. 그러므로 이번에는 이혼의 법리에 관해 살펴보기로 한다.

혼인관계에 관해 규정하고 있는 법률은 「민법」이다. 민법 제4편은 '친족' 관계에 관해서 다루고 있는데, 우리 민법은 전통적 유교적 가치관에 입각하여 기본적으로 이혼을 제한하고 있다. 가급적 결혼을 유지하여 가정이 안정되게 하는 것을 이념으로 하고 있는 것이다.

민법이 인정하는 이혼 사유에는 두 종류가 있다. 첫째는 부부 쌍방이 합의하여 이혼하게 되는 '협의상 이혼'이고, 둘째는 부부 쌍방의 합의가 없더라도 부부 중 어느 한 사람이 혼인관계를 해칠 정도로 결정적인 잘못을 범했을 때 법원의 재판에 의해 이혼을 인정해 주는 '재판상 이혼'이다. 그런데, 우리 민법은 부부 쌍방이 이혼에 합의하는 경우(협의상 이혼) 이외에는 특히 제한된 몇 가지 사유가 있는 경우에만 이혼(재판상 이혼)이 가능하도록 한정하고 있다.

현재 우리 민법이 인정하고 있는 재판상 이혼의 사유는 무엇일까? 다섯 가지가 있을 뿐이다. 즉 (1)배우자의 부정행위가 있었을 때, (2)배우자가 악의로 다른 일방을 유기한 때, (3)배우자 또는 그 직계존속(친부모, 친조부모 등)으로부터 심히 부당한 대우를 받거나, 자기의 직계존속이 배우자로부터 심히 부당한 대우를 받았을 때, (4)배우자의 생사가 3년 이상 분명하지 아니한 때(예를 들어 실종된 때), (5)기타 혼인을 계속하기 어려운 중대한 사유가 있을 때 등 다섯 가지 사유가 발생한 경우에만 재판상 이혼이 가능하다. 따라서 협의상 이혼이 아닌 경우에 법원에 재판상 이혼을 청구하게 되면 법원은 위와 같이 민법에 규정된 재판상 이혼의 사유가 있는지 여부를 살펴보고 그런 사정이 있는 경우에만 이혼을 인정해 주게 되는 것이다.

그렇다면 부부 중 한 사람이 너무 열심히 신앙생활을 한다는 이유만으로 그 상대방이 이혼을 청구할 수 있을까? 신앙생활을 이유로 상대방이 이혼을 요구할 때 당사자가 응해 버리면 협의상 이혼이 성립될 것이나, 그 당사자가 이혼요구에 응하지 않는 때가 문제가 될 것이다. 신앙생활을 열심히 하는 것은 앞에서 설명한 재판상 이혼사유 중 첫 번째부터 네 번째까지의 사유에는 해당되지 아니함이 명백하다. 그렇다면 결국 재판상 이혼사유 중 다섯 번째 즉 '기타 혼인을 계속하기 어려운 중대한 사유가 있을 때'에 해당하는지 여부가 판단의 기준이 된다.

먼저, 정상적인 정통교회에서 일반적으로 다른 기독교인들이 해오고 있는 정상적 형태의 신앙생활을 하였다면, 그러한 신앙생활에 있어서 다른 사람보다 더 열심이 있었다는 정도만으로는 이를 이유로 이혼을 요구할 수는 없다. 예를 들어 남편과 자녀들의 식사를 제대로 해주지 않고, 집안일을 거의 돌보지 않으며 가계에 위협이 올 정도로 많은 재산을 교회에 헌납하는 등 가정생활을 파괴할 정도에 이르는 경우라면 모르되, 그런 정도가 아니라면 다소 지나치게 열심히 신앙생활을 한다고 하더라도 그것이 이혼사유가 되지는 않는 것이다.

우리나라 대법원도 "신앙생활과 가정생활이 양립할 수 없는 객관적 상황이 아님에도 불구하고 상대방 배우자가 부당하게 신앙생활과 가정생활의 양자택일을 강요하기 때문에 부득이 신앙생활을 택하여 혼인관계가 파탄에 이르렀다면 그 파탄의 주된 책임은 양자택일을 강요한 상대방에게 있다고 할 것이므로 이 배우자의 이혼청구는 허용할 수 없다"고 판결한 것이 있다(대법원 1981. 7. 14. 선고 81므26호 판결). 즉 객관적으로 보아 부부 중 한 사람의 신앙생활의 정도가 그 도를 좀 지나쳤다고 하더라도 그것으로 인해 도저히 가정생활을 계속할 수 없는 상태라고 할 정도가 아니라면 이혼사유가 되지 않는다는 것이다.

그러나 그 도가 지나쳐 부부의 일방이 신앙생활에만 전념하면서 가사와 육아를 소홀히 한 탓에 혼인이 파탄에 이르게 되었다면 이런 경우에는 예외적으로 이혼청구의 사유가 될 수도 있다. 구체적으로는 다음과 같은 사례가 실제로 있었다. 어떤 가정의 부인이 정통교회로부터 이단 시비를 받고 있는 교회에서 목회활동을 하면서 남편의 사업밑천을 남편 몰래 교회에 헌납하고 교회 재정확충을 위해 다단계 판매 등의 외판활동을 하고, 종교색채가 짙은 정당까지 만들어 활동하면서 대학입시 준비 중인 고등학교 3학년생 자녀의 식사도 차려주지 않는 등 가정생활을 도외시하였다. 그리하여 남편으로부터 이혼소송이 제기된 데 대하여 법원은 아내의 지나친 신앙 활동을 이유로 이혼판결을 내린 바 있다(대법원 1995. 9. 26. 선고 94드9370호 판결). 비록 신앙생활이라 하더라도 이런 정도에 이르렀다면 지나치게 과도했다는 결론인 것이다.

다음과 같은 사례도 있다. 부부가 비교적 원만한 부부생활을 하여 왔는데 아내가 사이비종파를 믿기 시작하면서 자주 집을 비우고 가사와 아이들의 뒷바라지를 소홀히 한 탓에 불화가 생기게 되었다. 그러자 남편은 위 사이비종파로 인한 아내와의 갈등을 해소하기 위해서 1년간 남편 스스로 위 종파의 교리를 공부해 보되 그렇게 하고 나서도 위 종파를 믿을 마음이 생기지 않으면 아내도 위 종교를 믿지 않기로 부부간에 약속하였다. 이에 따라 남편은 2년간이나 교리공부를 하고 교인들을 만나는 등 위 종파를 이해하기 위하여 많은 노력을 기울였으나 그럼에도 불구하고 남편에게는 위 종파를 믿을 마음이 생기지 않아 아내에게 약속대로 위 종파를 믿지 말라고 요구하였으나 아내는 이혼을 하면 했지 그 종파를 버릴 수 없다면서 이를 거절하기에 이르렀다. 아내는 평소 아들들에게는 국기에 대한 경례나 애국가 제창 및 수혈을 하지 말도록 교육시키고 아들들의 수혈거부증까지 만들어 와서 남편과 다투기도 하였고 한번은 종교집회에 참가한다고 집을 나가 5일간 들어오지 않는 바람에 남편이 아이들을 돌보느라 출근하지 못한 일도 있었다. 급기야는 직장에 있는 남편에게 전화를 걸어 집을 나갈 터이니 아이들을 책임지라고 일방적으로 통고하고, 아이들에게는 "엄마는 멀리 여행 간다. 미안하다"는 내용의 메모를 남기고 집을 나가버렸다. 이에 대해 대법원은 남편이 아내를 이해하기 위하여 2

년 이상 위 종파의 교리를 배우는 등 원만한 혼인 생활을 하기 위하여 부단히 노력을 하고 그간 여러 차례 아내에게 가정생활에 충실할 것을 호소하였음에도 아내가 이에 불응하고 남편과의 약속을 저버리고 종교에 몰두하여 가정 및 혼인생활에 소홀히 함으로써 남편과 아내 사이의 혼인관계가 파탄에 이르게 된 것이므로 혼인파탄의 주된 책임이 아내에게 있다고 판단된다면서 이혼판결을 한 바 있다(대법원 1996. 11. 15. 선고 96므851호 판결).

그렇다면 앞에서 질의한 여자 집사님의 경우는 어떻게 보아야 할까? 이단이나 사이비가 아닌 정상적인 정통교회에서, 통상 일반 기독교인들이 하고 있는 집사, 기관장, 찬양대원 등의 봉사활동을 한 정도를 가지고 지나치게 과도하게 신앙생활에 열심이었다고 하기 어렵다. 또한 그 여자 집사님은 남편을 설득하는 등 혼인을 지속하기 위한 노력을 한 것으로 보이므로 이러한 경우에 비록 위 여자 집사님이 집을 비우는 일이 많았다고 하더라도 이것만으로 혼인생활을 계속하기 어려운 중대한 사유가 있었다고 단정할 수 없다. 따라서 이혼사유가 될 수 없다고 본다.

법은 기본적으로 가급적 신앙생활로 인한 가정문제에 개입하려 하지 않고 있으며, 그 도가 지나친 경우에만 제한적으로 이혼을 인정해 주고 있다. 다만 성경은 "누구든지 자기 친족 특히 자기 가족을 돌아보지 아니하면 믿음을 배반한 자요 불신자보다 더 악한 자니라"(디모데전서 5장 8절)라고 가르치고 있음을 기억할 필요가 있다. 지혜로운 삶으로 하나님 앞에서는 물론 가정과 사회에서도 본이 되는 것이 필요할 것이다.

3. 예배방해죄란 무엇인가?

어떤 교회 여자 집사의 남편은 자신이 불교도인데 아내가 교회에 다닌다는 이유로 아내를 핍박하며 교회에 나가지 못하게 하였다. 그럼에도 불구하고 아내가 자신의 말을 듣지 않고 계속 예배에 참석하자 예배시간 때마다 아내 뒤를 따라 교회에 찾아와서는 소란을 피우곤 했다. 교회는 처음 몇 번은 좋은 말로 타일렀지만, 그 남편이 막무가내로 계속 소란을 피우자, 제직회의 결정으로 그 남편의 교회출입을 금지시키기로 결의하였다. 그 후 다음 예배시간에 또 그 남편이 찾아와 소란을 피우며 시끄럽게 하자 교회 사찰집사가 그 남편에게 예배당에서 나가달라고 요구하였다. 그러나 그 남편은 나가지 않고 계속 소란을 피우며 예배를 제대로 드릴 수 없도록 행패를 부렸다. 이러한 경우 그 여 집사의 남편의 행위는 법률적으로 어떻게 평가되겠는가?

먼저, 여자 집사의 남편이 예배시간에 소란을 피운 행위는 형법상「예배방해죄」라는 범죄에 해당한다. 즉 우리나라 형법은 "예배 또는 설교를 방해한 자는 3년 이하의 징역 또는 500만 원 이하의 벌금에 처한다"고 규정하고 있다(형법 제158조). 이 형법규정은 예배, 설교 등의 종교적 행사를 방해하는 행위를 처벌하여 국민들의 종교적 평온을 보호하기 위해 생긴 조항이다.

위 형법규정에서 말하는「예배(禮拜)」란 법률적으로는 하나님, 신불(신령과 부처를 아울러 부르는 말) 등에게 종교적 숭경심(崇敬心)을 바치는 것으로 정의할 수 있다. 따라서 기독교의 교회에서 통상적으로 드리는 예배는 형법상 예배방해죄의 대상이 되는『예배』에 해당하는 것이다. 예배방해죄의 대상이 되는 예배는 교회당 안에서 드리는 옥내 예배 뿐 아니라, 야외 또는 강가에서 드리는 예배 등 모든 예배가 포함된다.

또한 「설교(說敎)」라 함은 법률적으로는 교의(敎義), 종지(宗旨)를 다중(多衆) 앞에서 해설하는 것을 말한다. 종교행정 또는 종교정치에 관한 연설이나 종교에 관한 학술강연 등은 설교라고 할 수 없어 설교방해죄의 객체가 되는 설교에 해당되지 않는다. 설교에도 역시 장소적 제한이 없으므로 야외에서 행해지는 설교나 체육행사 전에 있는 개회 예배에서의 설교도 설교방해죄의 대상이 될 수 있다.

예배나 설교를 「방해」한다고 하는 것은 예배나 설교의 평온한 수행에 지장을 주는 일체의 행위를 말한다. 따라서 예배가 진행되고 있는 예배당에 들어와 의자를 집어던지는 등 물리력을 행사하거나, 시끄러운 고함을 지르는 등 언어에 의하거나, 예배를 드리는 교인들의 주변에서 심하게 오락가락하며 부산한 움직임으로 예배나 설교를 계속할 수 없도록 하는 행동에 의하거나, 그 수단과 방법을 불문하고 예배나 설교가 평온하게 진행되는 데 지장을 주면 예배방해죄가 성립하는 것이다.

예배나 설교의 방해에 폭행, 협박이 있어야만 죄가 성립되는 것이 아니고 예배를 곤란하게 하는 방해 행위가 있어도 그것은 범죄가 된다. 방해 행위가 일정 시간 계속되어야 하는 것도 아니며 일시적인 행위나 언사에 의해서 예배·설교방해죄가 성립되는 경우도 있다. 그리고 이 방해는 꼭 예배 또는 설교 도중에 행하여지는 경우에 한정되지 않고, 예배 시작 직전에 예배 및 설교의 집행과 밀접 불가분한 단계에서 행해진 것이라면 예배·설교방해죄에 해당한다. 따라서 예를 들어 예배 시작 전에 목사를 붙잡고 있어 목사로 하여금 예배, 설교를 진행하지 못하게 하는 것도 범죄가 된다.

그리고 예배나 설교방해 행위가 꼭 예배당 안에서 이루어져야만 하는 것도 아니다. 예를 들어 어떤 건물 2층 사무실을 임대하여 교회를 개척하고 예배를 드리는데 그 건물 앞길에 있는 전파상 주인이 교회에서 부르는 찬송이나 피아노 소리가 시끄럽다고 항의하면서 오히려 더 크게 라디오를 틀어놓아 예배에 지장을 초래할 정도로 시끄럽게 하였다면 이 역시 예배방해죄가 될 수 있는 것이다.

현실적으로 예배 또는 설교가 저지 내지는 방해되는 결과가 실제로 발생하지 않았다고 하더라도 그 예배나 설교의 평온한 수행에 지장을 줄 만한 행위를 하는 것 그 자체로써 예배·설교방해죄가 성립된다.

또한 예배, 설교를 집전하는 목사라면 누구나 방해의 대상이 될 수 있는 것이므로, 일단 목사로 안수 받은 사람이라면 정식목사가 아닌 임시목사, 위임목사가 아닌 목사, 부목사나 선교목사라고 하더라도 그들의 예배, 설교를 방해하는 것은 범죄가 된다. 강도사, 전도사 등의 경우에는 어떨까? 적법한 자격을 갖춘 강도사, 전도사라면 비록 목사안수를 받지 않았다고 하더라도 역시 설교, 예배방해의 대상이 된다.

그러나 이 '예배의 방해'는 구체적인 설교, 예배를 대상으로 하는 것이기 때문에, 문서를 작성·배포하여 특정 종교를 공격함으로써 예배자를 감소케 하는 등 사실상 예배나 설교를 곤란하게 하는 행위를 하였다고 하더라도 이는 구체적 설교에 대한 방해가 아니기 때문에 설교방해죄로 처벌되지는 않는다.

따라서 앞에서 본 사례와 같이 예배시간에 아내 뒤를 따라와 소란을 피우는 행위는 결국 예배방해죄라고 하는 범죄에 해당하는 것이 된다.

나아가 교회 사찰집사가 나가달라고 요구했음에도 위 여 집사의 남편이 예배당에서 나가지 않고 계속 소란을 피운 행위 자체는 예배방해죄와는 별도로 「퇴거불응죄」라고 하는 범죄가 된다.

우리나라 형법은 "사람의 주거, 관리하는 건조물, 선박이나 항공기 또는 점유하는 방실에 침입하거나, 그러한 장소에서 퇴거요구를 받고 응하지 아니한 자는 3년 이하의 징역 또는 500만 원 이하의 벌금에 처한다"고 규정하고 있다(형법 제319조). 즉 사람이 살고 있거나 관리하고 있는 건물 등에 함부로 침입하는 것은 「건조물침입죄」가 되고, 비록 처음에는 적법하게 들어왔다고 하더라도 그 후 건물의 주인이나 관리인으로부터 나가달라는 요구를 받았음에도 불구하고 정당한 이유 없이 물러가지 않으면 「퇴거불응죄」가 되는 것이다.

예배당도 위 형법규정이 말하는 '사람이 관리하는 건조물'에 해당하기 때문에 예배당에 함부로 들어오면 건조물침입죄가 되고, 예배당 관리인 등으로부터 예배당이나 교회사무실에서 나가달라는 요구를 받고도 나가지 않으면 퇴거불응죄에 해당한다.

지금까지 설명한 바와 같은 일들은 예배당 건물의 신축이나 예배시의 찬송과 기도소리 등으로 인해 불편을 당했다고 생각하는 교회 이웃주민들이 교회에 항의하면서 종종 일어나는 사건들이기도 하다. 또는 교회로부터 징계를 받고 교회출석이 금지된 사람이 교회에 찾아와 소란을 피우는 경우에도 일어날 수 있는 일이다. 이러한 행위는 예배방해죄는 물론 건조물침입죄 또는 퇴거불응죄에 해당하므로 수사기관에 신고하면 처벌된다.

다만, 실제의 사건에 있어서 구체적으로는 어떻게 대처할 것인지 즉, 이러한 잘못된 행위들에 대하여 교회가 형사절차를 밟을 것인지 또는 힘들더라도 계속 설득하여 소란을 피우지 못하게 할 것인지, 아니면 그 절충으로 법에 어긋나지 않는 범위 안에서의 실력행사로 그여 집사 남편이 아예 예배당에 들어오지 못하도록 막을 것인지에 대해서는 어느 것이 옳다고 속단할 수 없다. 비록 법률적으로는 예배방해죄나 설교방해죄가 성립된다고 하더라도 특히 과격한 폭력이 사용된 경우가 아니라면 중하게 처벌되지는 않는 것이 일반적이다. 따라서 문제의 해결을 고소, 고발 등 법에 호소하는 것보다는 대화와 순리로 평화적으로 문제를 풀어가는 것이 바람직하다고 본다. 다만 법적으로는 예배시간의 소란행위는 어떤 형태이든 모두 예배방해죄 등 범죄에 해당한다는 것을 염두에 두고서, 각 교회가 기도하는 가운데 하나님께서 허락하시는 지혜를 따라 각각의 상황에 맞게 적절히 판단해서 가급적 은혜롭게 대응하는 것이 좋을 것이다.

실제로 교회를 이끌어가다 보면 당초에는 전혀 생각하지도 않았던 여러 가지 법률문제들이 실제로 발생하게 된다. 이때 대처를 잘못하면 문제가 심각하게 악화되기도 하고, 세상 사람들로부터 지탄을 받게 되기도 한다. 따라서 적어도 교회 행정을 맡은 분들이라면 세상법도 어느 정도 알아놓고 대처할 필요가 있는 것이다. 교회는 어디까지나 세상의 빛이 되어야 하기 때문이다.

4. 교회에도 노동법이 적용될까?

몇 년 전 일부 교역자들과 교회 직원들이 전국기독교회노동조합(기독노조)을 결성하여 노조설립신고를 함으로써 교회 내외에 많은 논쟁을 불러일으켰다. 그런가 하면 일부 교역자, 교회 직원들은 자신들이 근로자라고 주장하면서 근로기준법의 적용을 요구하기도 했다. 사회가 민주화되면서 권리의식이 강해지고 있는데, 이것은 교회에서도 예외가 아닌 듯하다. 따라서 교회에도 노동법이 적용되어야 한다는 주장이 앞으로 많이 나올 것으로 보이는데, 과연 교회에도 노동법이 적용되는 것일까?

먼저 「노동법」이 무엇인지 간략히 소개할 필요가 있다. 노동법이란 사용자와 근로자 사이의 근로관계에 대해 규정하고 있는 법률들을 말한다. 전통적으로 자본주의 체제하의 노사 간 계약관계에서는 일반적으로 사용자에 비해 근로자들이 약자의 입장에 처해 있었기 때문에 이를 보완하기 위하여 여러 가지 노동법들이 제정되었다.

노동법 중에서 가장 빈번히 문제가 되는 것은 「근로기준법」과 「노동조합 및 노동관계조정법」이다. 근로기준법은 근로자들의 근로조건을 일정한 수준 이상으로 유지시킬 목적으로 그 최저기준을 정한 법률이고, 「노동조합 및 노동관계조정법」은 근로자의 단결권·단체교섭권·단체행동권의 보장 및 노사분쟁을 공정하게 조정·해결하기 위한 절차를 규정한 법률이다.

현재 교회와 관련되어 노동법이 문제가 되는 쟁점은 크게 두 가지라고 할 수 있다. 첫째는 목사, 부목사, 강도사, 전도사 및 교회의 유급직원이 노동법상의 근로자라고 할 수 있느냐 하는 것이다. 노동법은 근로자들에 대해 적용되는 것이기 때문에, 이들이 근로자라고 하면 노동법도 적용될 수 있는 것이고, 이들이 근로자가 아니라면 노동법도 적용되지 않는 것이다. 둘째는 교회에서도 노동조합을 만들 수 있느냐 하는 것이다. 교회에 노동조합이 만들어진다면 교회 노조 또는 교단 노조는 사용자를 상대로 단체교섭을 요구할 수 있는데, 이럴 경우 개교회의 당회장 또는 교단의 총회장은 노조에 대한 단체교섭의 상대방이 되어야 하는 것이다.

첫째 쟁점은 목사·부목사·강도사·전도사 및 교회의 유급직원이 근로자라고 할 수 있을까 하는 것이다. 실제로 다음과 같은 사례가 있었다.

대전에 있는 어느 중형교회에 청소 및 비품관리를 담당하는 사찰집사 1명, 일반서무를 담당하는 교회 사무원 1명, 교회버스 운전기사 1명, 교회 소속 선교원에서 유아교육을 담당하는 선교원 교사 4명 등 모두 7명의 유급직원이 근무하고 있었다. 그러던 중 교회는 선교원 교사 중 한 명이 신앙에 문제가 있다고 판단하여 선교원 교사직을 그만두게 하였다. 그랬더니 그 교사는 자신을 그만두게 한 것이 노동법상의 부당해고라고 주장하면서 노동위원회에 대한 구제신청을 거쳐 법원에 소송을 제기하였다. 그 결과는 어떻게 되었을까?

근로자에 대한 부당해고를 금지하고 있는 법률은 근로기준법이다. 근로기준법 제23조 제1항은 "사용자는 근로자에게 정당한 이유 없이 해고, 휴직, 정직, 전직, 감봉, 그 밖의 징벌을 하지 못한다"고 규정하고 있다. 따라서 선교원 교사를 퇴직시킨 위 교회의 조치가 근로기준법 위반에 해당하는지 살펴보려면, 먼저 교회가 사용자에 해당되는지, 다음으로 선교원 교사가 근로자에 해당하는지 검토해 보아야 한다.

먼저, 교회가 근로기준법상의 사용자에 해당되는지에 대해, 우리나라 대법원은 "근로기준법상의 사업장 규정에는 그 종류를 한정하고 있지 않기 때문에 종교 사업도 사업장에 해당한다"는 이유로 교회를 근로기준법 상의 사용자로 인정하고 있다(대법원 1992. 2. 14. 선고 91누8098호 판결). 다만, 사용자라고 하여 모두 근로기준법이 적용되는 것은 아니고 원칙적으로 5명 이상의 근로자를 사용하는 사업장에 한해서 적용된다. 그러나 위에서 사례로 든 교회의 경우 유급직원이 7명으로서 5명이 넘기 때문에 근로기준법이 적용될 수 있었다.

다음으로, 선교원 교사가 근로자인지 아닌지 여부에 대해 우리나라 대법원은 "교회 산하의 유치원 교사는 교회에 근로를 제공하고 그 대가로 교회로부터 임금을 수령하는 근로자이다"라고 판결한 바 있다(대법원 1992. 2. 14. 선고 91누8098호 판결). 따라서 대법원은 위 교회에 대해 퇴직시킨 선교원 교사의 구제신청을 받아들이라고 선고하였다. 결국 교회도 사용자에 해당하고, 선교원 교사도 근로자에 해당하므로, 선교원 교사의 근무관계에 대하여 근로기준법이 적용된다는 것이다.

대법원의 판결은 법률실무상 재판에 있어서 판단의 기준이 된다. 따라서 현재의 법률적 견해로는 선교원 교사 기타 유급직원도 근로기준법이 적용되는 근로자에 해당한다고 볼 수밖에 없고, 이에 따라 교회의 당회장이나 담임목사는 근로기준법 상의 사용자에 해당한다는 결론이 된다. 그러므로 선교원 교사를 정당한 이유 없이 해고하면 부당해고로서 법에 저촉되는 것이 된다.

그러나 이러한 대법원 판결은 교회의 특성과 종교의 자유에 비추어 심히 부당한 판결이라 아니할 수 없다. 교회의 주인은 세상법으로 규제할 수 없는 하나님이며, 교회의 당회나 제직회, 당회장이나 담임목사는 누구를 고용하고 있는 사용자가 아니다. 모든 교회 직분은 기본적으로 봉사직이고, 다만 풀타임으로 봉사하고 있는 사람에 대해서는 그의 생계를 지원하여 주기 위해 교회 차원에서 사례비를 지급하고 있는 것뿐이기 때문이다. 즉, 교회에서 지급하는 사례비는 근로의 대가가 아니고 교회의 은전의 성격을 갖는 것이다. 교회에서 일하는 봉사자들은 비록 '사례비'를 받는다고 하더라도 '임금'만을 목적으로 하는 근로자라고 할 수 없다. 또한 교회는 어떻게 보더라도 근로기준법상의 사업장이라고 볼 수 없다. 따라서 이러한 교회의 특성을 무시하고 교회를 노동법상의 사용자로, 교회직원을 노동법상의 근로자로 보는 것은 심히 부당한 결론이라고 본다. 이는 조속히 시정되어야 할 것이다.

그리고 우리나라 법원의 판례가 선교원 교사에 대하여는 근로자라고 보았지만 목사, 부목사, 강도사, 전도사에 대하여는 결론이 다르다. 우리 법원도 목사나 부목사는 근로자라고 보기 어렵다고 판단하고 있다(광주지방법원 2008. 12. 3. 선고 2008노2066호 판결). 그리고 전도사에 대하여는 법원의 판결이 엇갈린다. 전도사는 근로자에 해당한다는 취지의 판결도 있지만(서울행정법원 2005. 1. 21. 선고 2004구합7344호 판결), 전도사는 근로기준법상 근로자에 해당하지 않는다고 판결한 것도 있다(서울행정법원 2005. 12. 27. 선고 2005구합13605호 판결). 앞의 판결은 지나가는 표현으로 마치 전도사를 근로자처럼 표시한 것이라면, 뒤의 판결은 정식으로 전도사가 근로기준법상의 근로자에 해당하는지 여부를 쟁점으로 판단하면서 "교육전도사는 신학대학교 신학대학원 학생의 신분을 가지고 있으므로 교회에서 수행한 교리학습지도가 신학대학교 수업의 일환으로 볼 수 있고, 그에게 지급된 금원도 소액으로서 근로소득세 원천징수도 하지 아니하였으며, 임금·임면 등에 대한 별도의 규범이 마련되어 있지 아니한 점 등에 비추어, 근로기준법상 근로자에 해당하지 아니한다"고 판시한 것이다. 따라서 전도사는 근로기준법상의 근로자에 해당하지 않는다고 보는 것이 타당하고, 전도사를 마친 후 부목사가 되기 전의 직위에 해당하는 강도사 역시 근로자라고는 볼 수 없다.

이제 둘째 쟁점인 교회에서도 노동조합을 만들 수 있는지에 대해 살펴보기로 하자.

「노동조합」이란 근로자가 주체가 되어 자주적으로 단결하여 근로조건의 유지·개선 기타 근로자의 경제적·사회적 지위의 향상을 도모함을 목적으로 조직하는 단체를 말한다. 즉 근로자만이 노동조합을 만들 수 있는 것이다. 그런데 우리나라 대법원은 교회의 유급상근자들을 교회에 근로를 제공하고 그 대가로 교회로부터 임금을 수령하는 근로자로 보고 있다. 그리고 현재 우리나라의 노동법은 근로자는 자유로이 노동조합을 조직하거나 가입할 수 있도록 규정하고 있다(노동조합 및 노동관계조정법 제5조 참조). 따라서 대법원의 견해에 의하면 교회에서도 근로자들의 단체인 노동조합을 만들 수 있다는 결론이 된다.

한편, 대한예수교장로회총회(통합)의 헌법시행규정 제15조는 "교회의 직원(항존직·임시직·유급종사자 포함)은 근로자가 아니며, 노동조합을 조직하거나 가입할 수 없다"고 정하고 있다. 이러한 교단 헌법의 규정은 교회에서도 노동조합을 만들 수 있다고 하는 대법원의 견해와 배치되는데 그 효력은 어떻게 될까?

위 교단 헌법에 의한 교회의 직원 중 장로, 권사, 집사 등은 직분자에 불과할 뿐 근로의 대가로 임금을 수령하는 사람들이 아니어서 근로자가 아니므로 이들은 노조를 조직하거나 가입할 수 없다. 또한 목사는 법률상 '사용자'에 해당하기 때문에 근로자라고 할 수 없고, 부목사도 근로자로 보기 어렵다는 판결이 있다. 따라서 목사, 부목사는 노조를 조직하거나 가입할 수 없다. 그리고 강도사, 전도사도 앞에서 살펴본 바와 같이 근로자라고 할 수 없다. 결국 이들에 대해 노조설립을 금지한 교단의 헌법 규정은 효력을 지니는 결과가 된다.

그러나 교회에서 근무하고 있는 유급종사자는 현재 법원의 판결에 따라 근로자라고 보아야 하므로 이들은 법률적으로는 노조를 조직하거나 가입할 수 있다. 이 경우에는 교단 헌법의 규정이 그 효력을 갖지 않게 되는 것이다.

정리하자면, 현행 우리 법률상 목사, 부목사, 강도사, 전도사, 장로, 권사, 집사는 노조를 조직하거나 가입할 수 없고, 사무원, 운전기사, 선교원 교사, 사찰집사 등 유급종사자는 노조를 조직하거나 가입할 수 있다는 결론이 된다.

그렇다면 이들 노조에 가입할 수 있는 교회 직원에 대해 교회의 당회장 또는 담임목사가 노조의 조직이나 가입을 방해했다면 어떻게 될까? 현재의 노동조합 및 노동관계조정법 제81조는 근로자가 노동조합을 조직 또는 가입하거나 하려는 행위를 이유로 사용자가 그 근로자에게 불이익을 주는 행위를 금지하고 있다. 이를 「부당노동행위」라고 한다. 따라서 당회장이 교회의 유급직원이 노조활동을 하였다는 이유로 불이익을 주는 것은 부당노동행위로서 사법조치의 대상이 된다. 비록 교회 노조를 금지한 교단 헌법에 따라 조치한 것이라도 법률적으로는 위법행위가 되는 것이다.

그렇지만 개교회 목사가 직접 노조활동에 대해 불이익을 주는 것이 아니라, "노조발생은 시기상조로서, 한국교회 내에 노조가 존재하는 것은 반대한다"는 등 교회 노조의 설립에 반대하는 발언을 하는 것은 개인적 소신을 피력한 것에 불과할 뿐 노조에 불이익을 주는 행동이라고 할 수 없고(서울고등법원 2008. 8. 14. 선고 2006누18364호 판결), 예장통합 교단이 개교회의 질의에 대해 교단 헌법을 토대로 교회에서는 노동조합을 조직하거나 가입할 수 없다고 회신하는 것은 총회의 헌법해석에 관한 것으로서 노조에 대한 지배·개입행위라고 할 수 없어(서울행정법원 2006. 12. 7. 선고 2006구합4141호 판결), 모두 부당노동행위로 볼 수 없다.

현재의 법원 판결에 의하면 위에서 살펴본 바와 같이 교회의 유급 종사자들도 노조를 조직하거나 가입할 수 있다는 결론이 되나, 이는 '경제적 이익'이 아닌 '신앙적 가치'를 추구하는 교회의 특성을 간과한 부당한 판결이며 불합리한 결론이라고 아니할 수 없다. 교회와 같은 종교단체에 대하여는 그 특성상 노조를 설립할 수 없도록 노동법에 예외규정을 두는 것이 바람직하다.

지금까지 교회에서도 노동법이 적용되는지 살펴보았다. 그러나 이런 검토를 해야 하는 오늘날 한국 교회의 현실이 하나님 앞에 부끄럽다. 교회는 법률적으로가 아니라 신앙적으로 세워져 가야 하는데, 자꾸 세상법에 의존하는 사람들이 생겨나기 때문이다. 눈앞의 이익, 개인적 권익만 추구할 것이 아니라 하나님의 뜻을 우선 고려하는 성숙한 신앙이 아쉽다.

교회 노조의 설립과 관련하여, 인터넷에서 떠도는 유머가 한 편 있다.

어느 교회에서 일부 교역자들과 직원들이 노동조합을 만들었다는 뉴스를 접한 한 중형교회 담임목사님이 회의석상에서 교역자들에게 물었다. "우리 교회는 노동조합을 만들 생각이 없나요?" 그러자 한 전도사가 정색을 하며 대답했다. "아이고 목사님, 노동조합이라뇨? 말도 안 됩니다. 저희는 아무 불만이 없습니다." 그러자 목사님이 말했다. "왜요? 우리의 사용자는 하나님이잖아요. 그리고 저와 여러분은 모두 다 하나님께 고용된 노동자구요. 그러니까 혹시 노동조합을 만들 계획이라면 저도 끼워달라는 겁니다. 저를 노조위원장으로 뽑아주세요. 우리의 단체행동은 합심기도가 될 것이고, 우리의 단식투쟁은 금식기도회가 될 것이며, 우리의 준법투쟁은 섬김으로 땅끝까지 복음을 전하는 일이 될 테니까요."

5. 교회도 세금을 내야 할까?

요즘 사이버공간을 비롯한 세상에서는 안티기독교세력을 중심으로 교회도 세금을 내야 한다고 하면서 특히 교회 목회자의 세금납부를 촉구하는 주장이 많아지고 있다. 과연 교회 목회자는 그 사례비에 대하여 정부에 세금을 내야 하는 것일까?

몇 해 전에는 새로운 선교방식을 지향하는 어느 참신한 교회가 선교와 레포츠를 연계하기 위해 교회 명칭도 레포츠교회로 변경하고 교회 별관을 신축하면서 수영장, 헬스장, 스쿼시장을 만들어 헌금 또는 부담금 명목으로 저렴한 월정액을 받은 사안에 대하여, 세금(재산세)을 내야 한다는 법원의 판결이 나온 일도 있었다. 당시 재판부인 서울고등법원 특별7부의 판단 논리는 "레포츠 시설을 선교방식으로 인정할 수 있다고 하더라도 일반적 선교방법과 거리가 있고, 특히 시설 이용이 무상이 아닌 점 등에 비춰볼 때 순수한 종교적 활동으로 보기에 무리가 있다. 교회가 징수하는 이용료는 그 명칭이 '헌금'임에도 정액제로서 자발적으로 보기 힘들다"는 것이었다. 그렇다면 과연 교회는 어떤 경우에 세금을 납부해야 하는 것일까?

본래 세금문제는 세법상 매우 세부적인 규정들이 마련되어 있어 아주 복잡한 업무에 속한다. 따라서 구체적인 세무처리는 전문가들에게 의뢰하여 조치하는 것이 타당할 것이나, 그렇더라도 목회자, 장로, 집사 등 교회 행정가는 최소한 교회와 관련된 세금문제에 대하여는 개략적인 내용을 알고 있는 것이 바람직하기에 이에 관해 간략히 설명해 보고자 한다.

흔히 세금이라고 부르는 조세는 정부가 법령에 의해서 시민들로부터 강제로 거두어들이는 경제적 부담을 말한다. 과거에는 교회와 관련하여 세금을 부과한다는 것이 극히 이례적인 일이었으나, 오늘날 교회의 활동영역이 확대됨에 따라 교회의 활동 중에서도 세법이 정하는 세금부과대상이 되는 활동들이 생겨나게 되었다. 그렇다면 실제로 교회의 경제활동 중 어느 정도의 활동이 과세대상에서 벗어나고, 어느 범위의 활동이 과세대상이 되는 것일까?

우선 세금에는 국가(중앙정부)가 거두어들이는 세금인 「국세(國稅)」와 지방자치단체인 도, 시, 구, 군에서 징수하는 세금인 「지방세(地方稅)」가 있다. 현행 세법에 의하면 국세 중에서도 교회와 관련된 세금이 있고, 지방세 중에서도 교회와 관련된 세금이 있다.

현재 우리나라에서 시행되고 있는 국세에는 관세를 포함하여 모두 14가지가 있는데, 그중에서 교회와 관련이 있는 세금은 주로 법인세, 종합부동산세, 소득세 등 3가지다. 그리고 지방세에는 모두 16가지가 있는데, 그중에서 교회와 관련된 세금은 주로 취득세, 재산세, 등록면허세 등 3가지다. 따라서 이들 6가지의 세금에 대해 어떤 경우에 교회에 세금이 부과되는지 살펴볼 필요가 있다. 물론 나머지 종류의 세금들도 교회관계자가 한 개인으로서 경제활동을 하는 경우 또는 교회가 세상 사업을 하는 경우에는 과세대상이 되는 것이나, 이는 엄밀히 말해 교회와 직결된 세금이라고 할 수 없는 것이므로 여기서는 설명하지 않도록 한다. 다만 국세냐 지방세냐 하는 것은 과세주체가 누구냐의 차이만 있지 납세자인 국민이나 교회의 입장에서는 큰 차이가 없으므로 위 6가지 세금에 대해 차례로 설명한다.

첫째, 「법인세」란 법인이 어떤 소득을 얻었을 때 부과되는 세금이다. 예를 들어, 회사가 건물을 임대해서 소득을 얻었을 때라든지, 주식에 투자하여 배당을 받았다든지, 부동산을 양도하여 차익을 얻은 경우에 부과되는 세금이다. 교회가 위와 같은 일을 하였을 때에도 법인세를 내야 하는 것인가?

이는 두 가지 경우로 나누어볼 수 있다. (1)교회가 관할 세무서장에게 '법인으로 보는 단체'의 신청을 하여 승인을 받은 경우. 이 경우에는 교회도 법인으로 보아 세법을 적용한다(국세기본법 제13조 참조). 그러나 교회 등 종교단체의 고유활동에 의한 재산취득에 대하여는 세법상의 특별규정에 의해 비과세대상이 되는 경우가 많다. (2)교회가 '법인으로 보는 단체의 신청'을 하지 않은 경우. 이 경우에는 세법적용에 있어서 법인으로 볼 수 없고(대법원 1999. 9. 7. 선고 97누17261호 판결 참조), 따라서 이런 경우에는 교회가 법인세를 납부할 의무가 없다. 그러나 현실적으로는 세무서에서는 교회가 양도소득을 얻었음에도 '법인으로 보는 단체'의 신청을 하지 않아 법인세를 부과할 수 없는 경우에는 부동산을 양도한 교회를 1거주자로 보아 개인에 대한 양도소득세를 부과하고 있음을 유의해야 한다.

둘째, 「종합부동산세」란 개인별 소유 부동산의 가액이 일정 기준금액을 초과하는 사람을 대상으로, 높은 세율이 부과되는 세금을 말한다. 교회도 교회 건물과 부지, 사택, 기도원, 수양관 등 여러 부동산을 소유할 수 있어 종합부동산세를 내야 할 가능성도 있었으나, 다행히 현행법은 교회 부동산에 대해 원칙적으로 비과세대상으로 하고 있다 (종합부동산세법 제6조 참조).

셋째, 「소득세」란 개인이 사업이나 직장생활 등을 통해 벌어들인 돈에서 그 돈을 벌기 위해 들어간 비용을 뺀 소득에 대해 부과되는 세금이다. 법인세가 법인의 소득에 대해 부과되는 것인 반면, 소득세는 개인의 소득에 대해 부과되는 것이라는 점에 차이가 있다.

교회에서 소득세가 문제가 되는 것은 주로 목회자의 사례비에 관한 것이다. 즉 목회자도 사례비에 대하여 소득세를 내야 하는 것인가 하는 것이 쟁점이다. 우리나라 소득세법 제3조는 "거주자에게는 이 법에서 규정하는 모든 소득에 대해서 과세한다"고 규정하고 있다. 「거주자」란 '국내에 주소를 두거나 1년 이상의 거소(居所)를 둔 개인'을 말하는 것이므로, 목회자도 포함되는 것이다. 소득세법 제12조는 '비과세소득'에 대해 규정하고 있는데 여기에 목회자의 사례비는 포함되어 있지 않다. 따라서 법률적으로만 보면 목회자의 사례비도 급여로 보는 한 소득세 과세대상이 된다는 결론이 된다. 그러나 목회자의 사례비는 일반 급여와 그 성격이 현저히 다르고, 그 원천이 된 성도들의 헌금에 대하여 이미 성도들이 세금을 납부한 것일 뿐 아니라, 종교자유의 보장을 위해서도 소득세 비과세대상으로 해야 한다는 주장이 적지 않다.

넷째, 「취득세」란 토지, 건물, 자동차 같은 재산을 취득할 때 내야 하는 세금이다. 교회도 이러한 재산을 취득하는 경우 취득세를 납부해야 하는 것일까? 취득세란 앞에서 설명한 세금의 종류 중 지방세에 속하는 것인데, 우리나라의 지방세특례제한법은 "종교 및 제사를 목적으로 하는 단체가 해당 사업에 사용하기 위하여 취득하는 부동산에 대하여는 취득세를 면제한다"고 규정하고 있다(제50조 제1항 본문). 따라서 교회가 예배당 부지나 건물을 취득하였을 때에는 취득세를 납부할 의무가 없는 것이다.

실제로 '선교사용 사택'이 취득세 부과대상인지 아닌지 여부가 문제된 적이 있다. 즉 재단법인 미국 남침례회 한국선교회 유지재단은 전도 사업을 수행하기 위해 외국으로부터 왕래하는 선교사들 및 그 가족의 사택과 사무실 및 그 부지로 사용하기 위하여 부동산을 취득하게 되었다. 이에 따라 선교사들이 위 부동산을 사택용으로 사용하고 있었는데, 세무당국에서는 이를 과세대상이라고 판단하여 취득세를 부과하였고, 이에 위 유지재단에서는 선교사 사택이 비과세대상이라고 주장하며 법원에 '취득세부과처분 취소소송'을 제기하게 되었다. 이에 대해 대법원은 선교사의 주택도 종교 사업의 수행을 위하여 반드시 필요한 것이라는 판단 하에 침례교 유지재단의 주장을 받아들여 취득세부과처분을 취소토록 판결한 바 있다(대법원 1978. 10. 10. 선고 78누245호 판결).

교회의 '수양관'도 그 고유의 사업인 선교 사업을 위해 건립하였다고 보아야 하므로 취득세 부과대상이 아니라는 판례도 있다(춘천지법 2004. 6. 10. 선고 2003구합2401호 판결).

다만, 교회 재산이라도 (1)수익사업에 사용하는 경우, (2)취득일부터 3년 이내에 정당한 사유 없이 그 용도에 직접 사용하지 아니하는 경우, (3)그 사용일로부터 2년 이상 그 용도에 직접 사용하지 아니하고 매각·증여하거나 다른 용도로 사용하는 경우에는 그 해당 부분에 대하여는 면제되었던 취득세를 추징 받게 됨을 유의해야 한다(지방세특례제한법 제50조 제1항 단서). 또한 교회 사찰집사의 주거용 사택은 취득세 비과세대상이 아니라는 판결도 있다(대법원 1995. 7. 11. 선고 95누2739호 판결).

다섯째, 「재산세」란 토지, 건축물, 주택, 항공기 및 선박 등 재산을 소유하고 있을 때 내는 세금을 말한다. 재산세를 부과하는 기준일 현재 재산을 사실상 소유하고 있는 사람은 재산세를 납부할 의무가 있는 것이다. 교회도 예배당, 그 부지, 사택, 기도원 등 재산을 가지고 있는 경우가 많은데 이에 대해서 재산세를 납부해야 하는 것일까? 지방세특례제한법은 교회 재산 중 특히 부동산에 대하여만은 재산세 면제 대상으로 규정하고 있다. 즉 지방세특례제한법은 "종교 및 제사를 목적으로 하는 단체가 과세기준일 현재 해당 사업에 직접 사용하는 부동산에 대하여는 재산세를 면제한다"고 규정하고 있다(제50조 제2항 본문). 그러나 부동산이 아닌 동산의 경우에는 재산세가 부과될 수도 있다. 또한 교회 부동산이라 하더라도 (1)수익사업에 사용하는 경우, (2)해당 재산이 유료로 사용되는 경우, (3)해당 재산의 일부가 그 목적에 직접 사용되지 아니하는 경우의 그 일부 재산에 대하여는 재산세가 면제되지 않는다(지방세특례제한법 제50조 제2항 단서).

다만 교회 재산에 대해 재산세가 면제되기 위해서는 '해당 사업에 직접 사용하는 부동산'이어야 하는데, 과연 어떤 재산이 교회 사업에 직접 사용하는 부동산이냐에 관해 논란이 있을 수 있다. 특히 사택에 관한 논의가 많은데, 우리나라 법원은 「담임목사」 사택에 대해서는 목사가 교회에 필수적인 존재라는 점에서 과세대상이 되지 않는다고 판결하고(대법원 1983. 12. 27. 선고 83누298호 판결), 「선교사」 사택에 대하여도 이는 전도를 위한 것으로서 종교 목적의 사업자가 그 사업에 직접 사용하는 재산이라며 재산세 비과세대상이라고 판결하고 있다(대법원 1978. 11. 14. 78누168호 판결). 한편 '교육관 부지'도 교회의 고유 업무에 이용하는 것이 된다는 판결도 있다(대구고등법원 1994. 4. 21. 선고 93구3159호 판결).

그러나 담임목사가 아닌 부목사 또는 강도사, 전도사의 사택에 대해서는 담임목사 사택과는 달리 세금부과의 대상이 된다고 판결하고 있다. 그 이유에 관해 법원은 "담임목사는 교회에 필수적 존재이나, 부목사·강도사·전도사 등은 교회의 목적을 이루기 위해 필요불가결한 중추적 존재는 아니므로 그들이 주거에 사용하고 있는 사택도 교회 사업에 직접 사용하는 것이라고 단정할 수 없기 때문"이라거나(대법원 1986. 2. 25. 선고 85누824호 판결), 또는 "부목사는 교회의 필요에 따라 당회장을 보좌하기 위하여 수시로 노회의 승낙을 받아 임명되어 임의로 시무하는 목사라는 점에서 그 교회의 종교 활동에 필요불가결한 중추적인 지위에 있다고 할 수 없기 때문"이라고 설명하고 있다(대법원 1997. 12. 12. 선고 97누14644호 판결). 그러나 이러한 법원의 견해는 지극히 잘못된 것이라는 비난을 면할 수 없다. 법원의 견해는 개척교회 또는 매우 작은 소규모 교회라면 이해가 갈지 몰라도, 오늘날 대부분의 교회 규모와 부목사·강도사·전도사 등의 역할이나 활동내용에 비추어 보면 타당하지 않다. 현대교회는 담임목사 또는 당회장뿐 아니라 부목사·강도사·전도사 등 부교역자들도 반드시 필요한 것이 현실이기 때문이다. 또한 실제적으로 보더라도 개교회는 사례비 지출 문제 때문에 꼭 필요한 인원의 부교역자만을 초빙하고 있다. 우리나라 교회들은 대부분 재정형편이 좋지 못한 상황이므로, 필수불가결하지도 않은 부교역자를 적지 않은 사례비를 제공하며 초빙하는 일이란 거의 없다. 따라서 교회에 초빙된 부교역자도 그 교회에 필수불가결한 존재라고 보아야 할 것이며, 그러므로 이들 부교역자들의 사택에 대해서도 목사관과 동일하게 비과세대상으로 해석하는 것이 타당하다고 생각한다. 다만, 현재의 우리 법원의 판례는 이를 인정하지 않고 있으니 매우 안타깝다.

여섯째, 「등록면허세」란 토지·건물·부동산·자동차 같은 동산과 부동산을 등기·등록하거나, 각종 법령에 규정된 면허·허가·인가 등을 받을 때 내는 세금을 말한다. 교회도 동산, 부동산을 등기·등록하는 경우가 많이 있는데, 이 경우 세금부과의 대상이 되는 것일까? 앞에서 설명한 지방세특례제한법은 종교단체가 그 사업에 직접 사용하기 위한 '면허'에 대하여서만 등록면허세를 면제하고 있을 뿐이다(제50조 제3항). 따라서 현재로서는 재산을 '등록'하는 경우에는 비록 교회라 하더라도 세금면제를 받을 수 없게 되어 있다. 과거에는 지방세법 자체에서 "종교 기타 공익사업을 목적으로 하는 비영리사업자가 그 사업에 사용하기 위한 '부동산'에 대한 등기에 대하여는 등록세를 부과하지 않는다"고 규정하고 있었으나(구 지방세법 제127조), 2010년 3월 31일 지방세법을 개정하면서 종교 사업을 위한 부동산 등기에 대한 등록세 면제 조항을 없애고, '지방세특례제한법'에서도 이에 관한 특례조항을 두지 않아 결국 교회 부동산 등기 시에는 등록면허세를 납부해야 하는 것으로 변경되었다. 현행 세법은 종교의 자유를 보장하기 위해 종교단체에 대한 과세를 최대한 자제하고 있는데 유독 부동산 등기에 대한 등록면허세를 비과세대상에서 제외한 것은 잘못된 조치라고 아니할 수 없다. 이에 대한 과세특례조항이 다시 마련되어야 할 것이다.

결국 우리나라 판례의 입장에 의하면 예배당과 교육관, 수양관, 목사 및 선교사의 사택 등은 교회의 고유 업무를 위해 사용되는 것으로 보아 세금부과 대상에서 제외하고 있고, 부목사, 강도사, 전도사나 사찰집사의 사택 등은 교회의 목적사업에 필요불가결한 중추적 존재라고 할 수 없다고 하여 세금부과대상으로 하고 있다.

과거에는 교회가 소유한 토지에 대해 택지 초과소유 부담금, 토지초과이득세가 부과되어 문제가 많았으나, 현재는 그 근거가 되었던 택지소유상한에 관한 법률(1998년 9월 19일 폐지), 토지초과이득세법(1998년 12월 28일 폐지)이 모두 폐지되어 더 이상 이에 따른 세금이 부과되지 않는다. 그나마 다행한 일이다.

그러나 여기서 주의해야 할 일이 있다. 비록 교회 또는 종교단체의 특정재산이 위에서 설명한 바와 같이 비과세대상에 해당하는 경우에도 교회 또는 종교단체가 가만히 수수방관하고 있어도 저절로 과세되지 않는 것은 아니라는 점이다. 반드시 '비과세신청' 또는 '세금감면신청'을 해야만 세금을 면제받을 수 있는 것이다. 그러므로 교회 또는 기독교 단체로서는 비과세대상인 종교재산에 대해 일단 세금이 부과된 뒤에야 비로소 이의나 소송을 제기하는 등 복잡한 구제절차를 거치는 일이 없도록, 세금 부과의 가능성이 있는 경우에는 사전에 철저히 비과세절차를 밟아두는 것이 필요하다.

세법은 법률문제 중에서도 가장 복잡한 분야에 속한다. 그리고 매우 자주 바뀌는 법이다. 따라서 목회자나 교회 행정가의 입장에서 세금문제를 정확히 파악하는 것은 매우 어려운 일이다. 그러므로 구체적 세금문제가 발생하면 변호사나 세무사와 상의하여 처리해야 할 것이다. 그러나 교회 행정가라면 최소한 교회와 관련된 세금문제의 윤곽은 알고 있어야 할 것이므로 다소 상세하게 설명하였다. 교회 행정을 맡고 있는 사람들은 다른 교인들이 알지 못하는 십자가를 지고 가는 셈이다. 하나님의 일을 맡은 사람들에게 하나님의 은혜가 더욱 넘칠 줄 믿는다.

05 세상 속의 교회

1. 세상의 선거운동, 교회에서도 할 수 있을까?

요즘 세상에서는 대통령 선거, 국회의원 선거, 지방의회의원 선거, 지방자치단체장 선거, 교육감 선거, 교육위원 선거, 보궐선거 등 정말 많은 선거가 치러지고 있다. 이러한 선거들은 일반 사회에서 동창회장, 조합장, 친목회장 등을 뽑는 선거와는 달리 공직자를 선출하는 선거라는 의미에서 특별히 「공직선거」라고 한다. 이런 공직선거가 많아졌다는 것은 그만큼 우리 사회가 민주화되었다는 반증이기도 하다. 하지만, 그동안 공직선거 과정에서 많은 불법과 편법들이 동원된 부정선거가 만연했기 때문에 이를 규제하기 위해 우리나라에서 만든 선거운동 및 선거관리에 관한 「공직선거법」은 본문만 279조에 달하는 방대한 분량의 공룡법률이 되고 말았다.

공직선거에 출마하는 사람들은 선거 결과에 정치적 생명을 걸고 있기 때문에 물불을 가리지 않고 선거운동에 매진하는 경향이 있다. 그러다 보니 유권자들이 많이 모여 있는 교회에 대해서도 관심을 갖고 지속적으로 접근하게 된다. 따라서 선거 때가 되면 흔히 관내 국회의원이나 지방의회의원 등 공직선거에 출마한 사람들이나 관계자들이 교회에 찾아와서 인사를 하거나 심지어는 헌금을 하는 경우가 있다. 이 경우 법률적으로는 문제가 없는지 여부에 대해 살펴보기로 한다.

먼저, 선거운동 기간을 살펴보면, 우리나라의 대통령 선거·국회의원 선거·지방의회의원 선거나 지방자치단체장 선거 등 공직선거의 경우 아무 때나 선거운동을 할 수 있는 것이 아니다. 우리나라 공직선거법은 선거운동이 가능한 기간에 관해 "선거운동은 선거기간 개시일부터 선거일 전일까지에 한하여 할 수 있다"고 규정하고 있다. 이를 「선거운동 기간」이라고 한다. 선거기간 개시일은 각 선거의 후보자등록마감일의 다음날(대통령 선거) 또는 후보자등록마감일 후 6일(기타 공직선거)로 되어 있다. 그러므로 선거기간 개시일로부터 선거일 전일까지만 선거운동을 할 수 있고, 그 이외의 기간에는 선거운동을 할 수 없다(공직선거법 제33조, 제59조).

따라서 선거에 출마하거나 출마하려는 후보자가 선거운동 기간이 아닌 때에 교회에 와서 선거운동에 해당될 수 있는 방법으로 인사를 하거나 선전물을 돌리는 것은 적법한 것이 아니다. 특히 선거운동 기간 이전에 선거운동을 하는 것을 「사전선거운동」이라고 부르며, 이는 위법행위에 해당된다. 비록 그 교회에 출석하는 교인이 공직선거에 출마할 의사를 가지고 교회 회중 앞에서 출마인사를 하는 경우라도 선거운동 기간이 아닌 때에 선거운동으로 인정될 수 있는 내용과 방법으로 인사를 하였다면 역시 공직선거법 위반이 된다.

한편, 선거운동 기간 중에는 후보자가 자신의 교회에서 인사를 하는 등 선거운동을 하거나 다른 교회에 가서 선거운동을 하는 것도 선거법에 저촉되지 않는다. 예배가 끝나고 나오는 교인들을 상대로 인사를 하는 것은 물론, 적법한 유인물을 뿌리는 것도 허용된다.

이와 관련하여 일부 교회에서는 선거에 출마하거나 출마하려는 정치인들이 자신의 교회를 방문하는 경우 인사를 시켜 소개하기도 하는데 이것이 올바른 것인가에 관해 논란이 있을 수 있다. 그 시기가 선거운동 기간이 아니라면 불법이 되는 것이고, 선거운동 기간이라면 불법은 아닌 것인데, 비록 불법이 아니라 하더라도 공적인 예배시간에 하나님을 예배하는 것과 동떨어진 일, 특히 정치적 행위와 관련된 일을 하는 것은 부적절한 것이 아닌가 생각한다.

공직선거 후보자가 교회를 찾아가 단순히 인사를 하는 등 자신을 알리는 것은 가능한 경우가 많으나, 선거에 출마한 사람이 다른 교회를 찾아가 '헌금'을 하는 경우에는 문제가 달라진다. 우리나라의 공직선거법은 후보자 및 후보자가 되려는 자 또는 그 관계자가 선거인 또는 선거인이 될 사람에게 경제적 이익을 주는 것을 엄격히 규제하고 있다. 즉 후보자 등이 선거운동의 목적으로 선거인 또는 선거인이 될 사람에게 금품이나 향응 기타 재산상의 이익은 물론 교통편의를 제공하거나 어떤 직책을 제공하는 것 또는 그러한 제공의 의사표시를 하거나 그러한 제공을 약속만 하는 경우에도 이를 처벌대상으로 하고 있다. 나아가 선거인 개인이 아니라 하더라도, 선거운동에 이용할 목적으로 교회를 비롯한 종교단체 등에 금품 등을 제공하거나 그 제공의 의사를 표시하거나 그 제공을 약속하는 것조차 금지하고 있다. 이러한 행위를 선거인의 표심(票心)을 금품으로 사는 것이라는 뜻에서 「매수 및 이해 유도죄」라고 한다(공직선거법 제230조). 물론 이러한 금품이나 직책을 제공하는 행위뿐 아니라 이를 받거나 받기로 하는 행위도 처벌대상이 된다.

선거운동의 목적으로 위와 같이 금품 등을 제공하는 경우는 물론, 비록 선거운동의 목적이 없다고 하더라도 선거구 안에 있는 사람이나 기관·단체·시설에 대하여 금품이나 기타 재산상 이익을 제공하거나 그 제공의 의사표시를 하거나 그 제공을 약속하는 것을 「기부행위」라고 하는데, 이러한 행위는 모두 금지된다. 선거구 안에 사람·기관·단체·시설뿐 아니라 비록 그 선거구의 밖에 있더라도 그 선거구민과 연고가 있는 사람·기관·단체·시설에 대한 기부행위도 금지된다. 국회의원, 지방의회의원, 지방자치단체의 장, 정당의 대표자, 후보자 또는 후보자가 되고자 하는 사람은 물론 그 배우자, 가족, 이들과 관계있는 회사나 법인·단체, 그 임직원, 그리고 정당 및 선거관계자 등도 모두 기부행위를 할 수 없다(공직선거법 제112~115조). 선거일 이후의 답례도 금지된다. 이러한 규정들은 기부행위를 가장한 매표행위를 사전에 예방하고자 하는 의도에서 마련된 것이다. 물론 이러한 기부행위를 권유하거나 요구할 수도 없고, 기부를 받는 행위도 금지된다. 특히 후보자 등으로부터 기부를 받는 경우에는 그 제공받은 금액 또는 음식물 등의 10배 이상 50배 이하에 해당하는 금액을 과태료로 납부해야 한다. 과거에는 선거일로부터 180일 전부터만 기부행위가 금지되었으나, 2004년 법 개정에 의해 현재는 어느 때든지 기부행위가 금지되고 있음을 유의해야 한다.

물론 모든 기부행위가 전부 금지되는 것은 아니다. 공직선거법이 규정한 통상적인 정당 활동과 관련한 행위, 의례적 행위, 구호적·자선적 행위, 직무상 행위 등은 금지된 기부행위로 보지 않는다. 따라서 교인이 평소 자신이 다니는 교회에 통상의 예에 따라 헌금을 하는 행위는 '의례적 행위'로서 기부행위로 보지 않는다(공직선거법 제112조 제2항 제2호 바목). 따라서 공직선거에 출마한 후보자 또는 후보자가 되려는 사람이 평소에 자신이 출석하는 교회에 평소에 하던 수준 또는 그보다 약간 더 되는 정도의 금액을 헌금한 것이라면 공직선거법위반이라고 할 수 없다. 그러나 후보자가 자신의 교회에 평소에 일상적으로 하던 헌금의 수준을 넘어 사회통념상 과도하다고 보이는 금액의 헌금을 한 경우에는 기부행위가 될 수 있다. 더욱이 후보자 또는 후보자가 되려는 사람이 자신이 출석하는 교회가 아닌 다른 교회에 어느 정도 액수의 헌금을 하는 경우에는 기부행위가 될 수 있다. 실제 사례 중에서도 "선거후보자가 비록 장로라고 하더라도 평소 자신이 다니는 교회가 아닌 다른 교회, 그것도 자신이 소속한 예수교장로교가 아닌 성결교로서 교파도 다른 교회의 예배에 참석하여 봉투에 자신의 이름을 기재하여 금 20,000원을 넣어 헌금한 행위는 '의례적 행위'가 아니다"라고 하여, 기부행위로 인정한 판례가 있다(서울고법 1996. 4. 10. 선고 96노350호 판결).

지금까지 설명한 바와 같이 우리 공직선거법은 선거와 관련하여 금품을 주고받는 것을 매우 엄격히 제한하고 있고, 이를 어기면 처벌하고 있다. 이것은 비록 교회 안에서라고 하더라도 예외가 아니다. 그러므로 교회의 지도자들은 이 점에 유의하여 교회가 금품에 연루되어 물의를 일으키는 일이 없도록 유의해야 할 것이다.

또한, 우리나라 공직선거법은 "누구든지 자유롭게 선거운동을 할 수 있다"고 하면서도 "누구든지 종교적 또는 직업적인 기관·단체 등의 조직 내에서의 직무상 행위를 이용하여 그 구성원에 대하여 선거운동을 하거나 하게 할 수 없다"는 제한규정을 두고 있다(공직선거법 제85조 제3항). 따라서 목회자가 그 직무상 행위인 설교를 통해 특정인을 지지하거나 반대하는 선거운동을 할 수 없음을 유의해야 한다.

지금까지 교회와 관련하여 발생할 수 있는 세상 공직과 관련한 선거운동과 그에 대한 공직선거법의 규정들에 대해 살펴보았다. 우리나라 헌법 제20조 제2항은 "국교는 인정되지 아니하며, 종교와 정치는 분리된다"고 하여 정교분리의 원칙을 천명하고 있음에도 불구하고 사람들이 모여 있는 교회 안팎에서는 끊임없이 선거에 출마하는 사람들의 집요한 발걸음이 그치지 않고 있다. 그 사람들의 심정을 이해하지 못할 바는 아니나, 이 때문에 교회가 세속정치에 휘둘려서도 안 되고 불법선거운동의 유혹에 빠져들어도 안 된다. 물론 교인이라 하더라도 개인적으로 잘못에 빠질 수는 있겠지만, 교회가 교회 차원에서 불법에 휘말려서는 안 된다는 것이다. 요즘은 각 교단총회의 회장단 선거에 있어서조차 금품 시비 등 불법선거운동 논란이 끊이지 않고 있다. 안타까운 일이다. 기독교인 된 우리 자신부터 스스로의 들보를 돌아보아야 할 시점이 아닌가 생각한다.

2. 교회 차의 교통사고, 누가 책임져야 할까?

어느 교회에서 있었던 일이다. 교회 전도사가 교회 봉고차를 운전하고 주일 오전 11시 예배에 참석하게 하기 위해 먼 곳에 사는 할머니 성도들을 모셔오게 되었다. 교회에 도착해서는 차에서 내려 할머니 성도들을 예배실로 모시고 올라갔다. 전도사는 곧바로 다시 내려와 교회 부근에 사는 다른 성도들을 태우고 와야 하므로 차의 시동을 끄지 아니하고 기어만 주차모드로 해 놓았다. 그런데 그 사이에 9시 학생예배를 마치고 나온 중등부 학생 2명이 마침 그곳에 세워져 있는 교회 봉고차를 발견하고는 호기심에 그 봉고차에 올라타 장난을 하다가 기어를 드라이브 모드로 옮기고 엑셀러레이터를 밟았다. 이로 인해 차가 앞으로 돌진하여 앞에 가던 다른 차를 들이받은 후 멈춰서는 사고가 나고 말았다. 그런데 그 사고를 낸 학생은 가정형편이 어려워 피해자에 대해 손해배상을 해 줄 능력이 없는 것으로 밝혀졌다. 그러자 다친 행인은 교회를 상대로 손해배상을 하라고 요구하게 되었다. 이럴 때 교회는 과연 그 중학생이 장난하다가 일으킨 교통사고에 대해서까지 손해배상책임을 져야 하는 것일까?

교통사고로 다른 사람에게 피해를 입힌 경우에는 원칙적으로 가해자인 운전자 본인이 손해배상 책임을 지게 된다. 그 책임을 져야 할 사람이 미성년자인 경우에는 그 부모가 책임을 져야 하는 경우도 있다. 그런데 앞에서 본 사안에 있어서와 같이 가해자가 미성년자이고 그 부모도 손해배상을 할 능력이 없을 때에는 어떻게 되는가?

우리나라의 자동차 숫자는 2014년 말 현재 2,012만대에 이르고, 교통사고 건수는 매년 20만 건을 넘고 있다. 이로 인해 매년 5,000명 이상의 사망자가 발생하고 있고, 30만 명을 넘는 부상자가 발생하고 있다. 자동차 사고로 인한 피해자가 이렇게 많은 반면, 자동차 운전자 중에는 교통사고를 일으킨 경우에도 피해자가 입은 손해를 적절히 배상할 경제적 능력이 없는 사람이 적지 않기 때문에 자동차사고로 인한 피해의 배상을 보장할 특별한 필요가 생기게 되었다. 이에 따라 손해배상 사안 중에서도 특히 자동차사고로 인한 손해배상에 관해서는 특별법이 만들어지게 되었는데 그것이 바로 「자동차손해배상보장법」이다.

자동차손해배상보장법은 "자기를 위하여 자동차를 운행하는 자는 그 운행으로 다른 사람을 사망하게 하거나 부상하게 한 경우에는 그 손해를 배상할 책임을 진다"고 규정하고 있다(제3조). 따라서 사고를 낸 운전자와는 별도로 '자기를 위하여 자동차를 운행하는 자' 즉, '차주'도 교통사고에 대해 손해배상책임을 지게 되는 것이다.

이제 위에서 문제가 된 사안에 대해 살펴보기로 한다. 위 경우에 있어서는 어린 중학생이 함부로 교회 봉고차를 운전하다가 사고를 낸 것으로서 일단은 그 중학생이 책임을 져야 할 것으로 보인다. 그러나 교회도 또한 자동차 소유자로서 자동차손해배상보장법에 의해 교회 중학생이 다치게 한 행인에 대해 손해배상을 해주어야 한다는 결론이 된다.

그렇다면 교회가 배상해야 하는 손해배상액은 어느 정도나 될까? 원칙적으로 피해자가 입은 손해 전부를 배상해야 한다. 피해자가 입은 손해에는 어떤 것들이 있을까? 교통사고로 인해 사람이 다친 경우 그 피해자는 일반적으로 세 종류의 손해배상을 받을 수 있다. 첫째로 교통사고로 인해 현실적으로 발생하는 '재산적 손실'(이를 「적극적 손해」라고 한다), 둘째로 직장 등에서 일을 계속 하였었더라면 얻을 수 있었던 수입을 사고로 인해 얻지 못하게 됨에 따른 '소득의 감소'(이를 「소극적 손해」라고 한다), 그리고 셋째로는 그 교통사고로 인해 피해자 본인이나 그 가족들이 입었을 '정신적 손해'가 바로 그것이다.

첫째 현실적으로 발생하는 「재산적 손실」 즉, 「적극적 손해」란 '치료비, 간병비, 교통사고로 인해 부서진 물건의 손해' 등을 의미하고, 둘째 「소극적 손해」란 교통사고를 당하지 않았으면 열심히 일해서 벌어들일 수 있는 수입을 교통사고로 인해 일하지 못함으로써 벌 수 없게 된 데 따른 모든 손해를 말하며, 셋째 「정신적 손해」라 함은 가해자의 불법행위로 말미암아 피해자나 그 가족이 정신적으로 받은 고통을 말한다.

각 손해의 금액 산정방법을 설명하면, 적극적 손해는 '실제로 발생한 손해금액'에 따라서 결정된다. 즉 병원이나 약국에 지불한 병원비, 치료비, 약값이나 물건값 등이 이에 해당된다. 소극적 손해는 '사고당시 피해자가 현실적으로 받고 있던 수입액'과 피해자가 일할 수 없게 된 기간을 곱하여 결정하게 된다. 정신적 손해는 보통 '위자료'라고 하는 것으로서 판사가 개개의 사안에 따라 피해 당시의 상황, 피해자의 신분이나 지위, 직장이나 재산정도, 가족들의 형편 등을 종합적으로 고려하여 적절히 결정하게 된다.

이러한 세 가지 피해에 대한 손해배상을 모두 합해보면 매우 큰 금액이 될 수도 있다. 따라서 교회 차를 운행하는 교회로서는 교회 차 관리에 큰 주의를 기울여야 하는 것이다.

그런데 교회 차가 교통사고를 내는 경우도 있지만, 거꾸로 목회자가 교통사고의 피해를 당하는 경우도 있다. 만약에 처음에 예로 든 교통사고 사안에 있어서 피해차량에 타고 있던 사람이 이웃 교회의 목사님이고, 위 교통사고로 인해 사망까지 하게 되었다면 그 피해 목사님이 받을 수 있는 손해배상액은 어느 정도나 될까? 피해 목사님이 입원 치료 후 사망하기까지 모두 1,200만 원의 치료비가 나왔고, 타고 있던 피해자동차의 수리비가 450만 원에 달하며, 피해 목사님의 연령이 55세인데 매월 400만 원 정도의 사례비를 받고 있었다고 가정하고 피해 목사님의 손해액을 산정하여 보자.

이 경우 피해 목사님에게 현실적으로 발생하는 재산적 손실은 치료비 1,200만 원, 자동차 수리비 450만 원 등 모두 1,650만 원이다. 다음, 소극적 손해는 그 목사님의 정년까지의 남은 사역기간(월수)에 월수입을 곱한 액수인데, 목사의 경우 그 월수입은 사례비가 기준이 될 것이다. 정년이 언제까지인가에 관해 일반인은 대체로 55세 또는 60세 정도가 정년이지만, 목사의 경우에는 교회 헌법의 규정을 존중하여 70세까지 시무할 수 있는 것으로 보아야 한다는 취지의 대법원 판례가 있다(대법원 1997. 6. 27. 선고 96다426호 판결. 그러나 만약 교단 헌법에 목사의 정년이 명확하게 규정되어 있지 않는 경우라면 그 정년은 별도로 판단해야 한다). 그렇다면 55세인 위 피해 목사님은 정년까지 15년, 개월 수로는 180개월을 더 시무할 수 있는 것으로 볼 수 있다. 따라서 정년까지 받을 사례비는 월 400만 원×180개월, 즉 7억 2,000만 원이 될 것이나, 다만 현시점에서 손해배상을 하는 경우에는 목사가 앞으로 사역을 하면서 매월 정례적으로 받을 사례비를 지금 시점에서 일괄하여 받게 되는 것이므로, 그로부터 발생하는 중간이자를 공제해야 하고, 생계비도 공제해야 하는 등 공제되어야 할 액수가 적지 아니하므로 현실적으로 소극적 손해는 위 계산 액보다 훨씬 작아진다. 그리고 정신적 손해는 사안에 따라 판사가 책정하게 되는데 보통 적게는 몇 백만 원, 많게는 몇 천만 원에 이르기도 한다. 이들 손해배상액을 모두 합하면 피해 목사님이 사망으로 인해 받을 손해배상액은 몇 억 원대에 이르게 될 것이다.

그러나 목사님의 인명피해에 따른 손해배상액이 얼마나 되는가에 관해서는 정말 상식적으로만 알아두고 있을 것이지, 실제로 이런 사례가 발생하지는 않아야 함은 물론이다.

교회 차는 여러 사람들이 손을 대기 마련이다. 그리고 자동차는 일단 운행이 되면 사고가능성이 많을 수밖에 없다. 그러므로 교회 행정을 책임지고 있는 사람들은 차량의 안전관리에도 신경을 써 위와 같은 불의의 사고를 미리 예방해야 할 것이다. 자동차 열쇠는 반드시 책임 있는 사람에게 관리하게 하고, 그 역시 자동차 열쇠를 함부로 방치하는 일이 있어서는 안 되며 늘 자신의 책임관리 하에 두어야 한다. 다른 사람으로 하여금 운전하게 할 때에도 그의 운전면허와 운전 실력을 점검, 확인하여야 하고 운전 시 주의사항에 대해서도 오리엔테이션이 필요하다. 교회의 잘못은 늘 세인의 구설수에 오르기 쉽다. 자동차사고는 우리 신앙생활에 있어서 보면 그리 큰 문제가 아닐 것이다. 그러나 교회 차의 교통사고로 인해 다른 사람에게 피해를 입히는 경우에는 그것도 교회에는 큰 시험거리가 될 수 있으므로 평소에 세심한 관리가 필요함을 유념해야 한다.

한 마디 더! 어떤 교회가 교회 차에 교회 이름을 붙이지 않고 운행하는 것을 보았다. 그 이유를 물었더니 교회 차를 여러 사람이 운전하다 보니 책임감 없이 함부로 운전하여 교통법규를 위반하는 일이 많다면서, 이로 인해 교회의 영광이 가려지는 것을 막기 위해 아예 교회 차에 교회 이름을 붙이지 않는다는 것이다. 당혹스런 일이 아닐 수 없다. 먼저는 교회 차부터 교통법규를 잘 지켜 시민들의 모범이 되어야 하고, 교회는 교회 차에 떳떳이 교회 이름을 붙여 오히려 바른 운전으로 선한 본을 보여야 할 것이다. 일상생활에서의 사소한 것부터 제대로 잘함으로써 주님의 영광을 드러낼 수 있는 것이다.

3. 교회 차를 빌려주고 돈을 받았을 때…

얼마 전에, 어느 목사님으로부터 딱한 사연을 들었다. 그 목사님은 잘 아는 다른 교회 목사님이 춘계야유회를 다녀오겠다면서 교회 차를 빌려달라고 부탁하므로 기름 값 등의 명목으로 약간의 실비를 받고 교회 차량을 빌려주었다. 그런데, 그 교회에서 위와 같이 빌린 교회 차량을 운행하여 야유회를 갔다 오다가 다른 차량과 부딪치는 가벼운 접촉사고를 내게 되었다. 그래서 경찰이 접촉사고를 처리하는 과정에서 다른 교회 차를 실비를 주고 빌린 것이라는 사실을 알게 되었는데, 그러자 경찰은 교회 차를 빌려준 자신을 '유상운송행위'라는 이유로 입건하였다고 한다. 이런 경우 교회들끼리 서로 돕는 차원에서 교회 차를 실비만 받고 빌려준 것뿐인데 이것도 단속대상이 되느냐고 물어오셨다.

많은 교회들은 교인들의 예배출석의 편의, 심방, 행사 등을 위해 교회 차량을 소유하여 운행하고 있다. 이러한 차량들은 주일에는 분주하게 사용되지만 평일에는 사용되지 않는 경우가 많기 때문에, 다른 교회 또는 교회 이외의 제3자가 어느 정도의 사용료를 제공하고 교회 차량을 빌려 달라고 하면 편의를 보아준다는 차원에서 이에 응하는 경우가 있다. 특히 인정이 많은 우리나라의 경우 이를 거절하기 어려울 수도 있다.

그러나 우리나라 「여객자동차운수사업법」은 "자가용자동차를 유상으로 운송용에 제공하거나 임대하여서는 아니 된다"고 규정하고 있고(제81조), 자가용자동차를 유상으로 운송용에 제공하거나 임대한 자는 2년 이하의 징역 또는 2,000만 원 이하의 벌금에 처한다고 정하고 있다(제90조). 즉, 돈을 받고 자가용자동차를 다른 사람에게 제공하여서는 안 된다고 명시하고 있는 것이다. 위 규정에서 「유상」이란 돈을 받는 것을 말하는데, 특별히 많은 이득을 보는 경우뿐 아니라 자동차 운행에 필요한 경비를 받는 경우도 포함되는 점을 유의해야 한다. 그리고 자가용자동차를 운송용에 '제공'한다는 것은 1회적으로 빌려주는 것을 말하고, '임대'한다는 것은 일정기간 빌려주는 것을 말한다. 제공이든 임대든 어느 경우든 위법이라는 것이다.

이 조항에 대해서는 현실적으로 너무 가혹한 법률적 규제라는 비판이 없지 않다. 그러나 이 조항이 폐지되지 않고 남아있는 한 이는 여전히 유효한 것이므로 이를 위반하면 처벌될 수밖에 없을 것이다. 따라서 매우 안타까운 일이기는 하지만 우리 현행법상으로는 교회가 교회소유의 자가용차량을 다른 교회나 다른 사람에게 빌려주고 어떤 사유로든 그 비용을 받는 경우에는 그 명목이 무엇이든, 그 금액이 많든 적든 모두 범법행위가 된다.

뿐만 아니라, 어떤 교회의 경우 교회소유 차량에 교인들을 태우고 사실상의 관광을 하면서 그 교회의 교인 아닌 일반인들을 함께 태우고 그들로부터 운송비를 받았다가 적발된 경우도 있었는데, 이것도 역시 「불법유상운송」이라고 하는 위법행위에 해당한다. 교회가 스스로 교인 아닌 분들에게 운송비를 요구하여 받은 것이 아니라 그들이 자발적으로 운송비를 제공하였고, 교회가 이를 부득이하게 받았다고 하더라도 마찬가지다.

과거에는 자동차운수사업법이 "자가용자동차는 다른 사람과 공동으로 사용할 수 없도록" 규정하고 있었기 때문에 교회 차량을 다른 교회에 빌려주는 것 자체도 위법행위였다. 유상이든 무상이든 자가용자동차를 공동 사용하는 것 자체가 위법이었다. 그러나 이는 지나치게 가혹하고 불필요한 금지규정이라는 비판이 있었고, 그리하여 1989년도에 법을 개정하여 그 처벌조항을 삭제함으로써 이제는 교회 차량을 빌려주는 것 자체는 단속대상이 되지 않는다. 그러나 교회 차량을 빌려주면서 돈을 받는 행위는 적발되는 경우 처벌대상이 된다. 물론 이로 인해 구속 등 엄한 처벌을 받지는 않으나 벌금형을 받게 되고 운행정지 등 행정제재를 받게 되니, 크게 유의할 일이다.

그렇다면 교회 차를 다른 교회에 빌려주는 것을 전혀 하지 말아야 하는 것인가? 연약한 군소교회가 많은 우리나라의 교계 현실 속에 그것은 은혜롭지 못한 일이라 아니할 수 없다. 그러면 어떻게 할 것인가? 교회 차를 빌려주더라도 비용을 받지 않으면 된다. 차량운행에 꼭 필요한 기름 값 등은 차를 빌리는 교회에서 스스로 지급하면 된다. 위에서 문제된 사안의 경우에는 교회 차를 빌려주면서 빌려가는 교회로부터 직접 돈을 받았기 때문에 위법이 되는 것이다. 그리고 차를 빌려온 교회가 수고한 기사에 대해 약간의 성의표시를 하는 것 정도는 법률상 문제되지 않는다. 차량을 빌려주고 경제적 수익을 얻으려는 생각이 없다면, 그래서 돈을 받지 않고 차를 빌려준다면 위법의 문제가 발생하지 않는다. 이런 지혜를 발휘하면서, 오히려 큰 교회들이 작은 교회를 돕는 것이 필요하다고 할 것이다.

교회 차를 빌려주고 돈을 받으면 안 된다는 것은 그래도 이해할 수 있지만, 돈도 받지 않고 좋은 일을 하였는데 문제가 되는 사례가 또 있다. 침술봉사에 관한 것이다. 차량운행과는 전혀 다른 문제지만, 무료봉사가 문제될 수 있는 사례이기 때문에 설명해 보고자 한다.

　요즘 일부 교회에서는 선교와 전도의 목적으로 목사나 다른 직분자가 침술을 배워 주위의 어려운 사람들에게 침을 놓아주는 경우가 있다. 침은 잘 알려진 민간요법으로서 위험성도 별로 없고 침술봉사에 큰 비용도 들지 않아 침을 잘 배워 어려운 사람들을 도와주면 참 좋은 일이라고 생각된다. 그러나 우리나라 의료법은 "의료인이 아니면 누구든지 의료행위를 할 수 없으며 의료인도 면허된 것 이외의 의료행위를 할 수 없다"고 규정하고 있고(제27조), 이를 위반한 경우에는 5년 이하의 징역이나 2천만 원 이하의 벌금에 처하도록 규정하고 있다(제87조). 그리고 실무상 '의료행위'의 범위도 무척 엄격히 해석하고 있어서 침을 놓아 치료를 하는 것도 의료행위라고 보아 처벌대상으로 한다. 따라서 의사나 한의사 등 면허 있는 의료인이 아니면 침술치료봉사도 할 수 없다는 결론이 된다.

　실제 사례로, "교회 목사가 민간자격증을 소지하고 선교활동의 일환으로 돈이 없어 병원치료를 받지 못하는 고령의 환자들에게 아무런 대가 없이 치료를 하면서 가난하고 소외된 사람들에 대한 사랑의 마음으로 사회봉사를 한 것이고, 이에 따라 그 목사의 치료행위로 큰 효험을 본 사례도 있고 주사기 사용 등으로 인하여 문제가 생긴 일도 없었다는 등의 사정이 있다고 하더라도, 그 목사가 행한 침술, 부항, 뜸 등의 시술행위가 의료행위에 이르지 않는 단순한 시술이나 처치가 아니라 통증 환자를 상대로 한 치료행위에 이른 것으로서 의학적 전문지식이 있고 자격을 갖춘 의료인이 행하지 않으면 사람의 생명, 신체나 보건위생에 위해가 생길 우려가 있는 경우에 해당하는 것임을 알 수 있으므로, 위와 같은 목사의 시술행위는 의료법을 포함한 법질서 전체의 정신이나 사회통념에 비추어 아무런 자격 없이 누구에게라도 용인될 수 있는 행위에 해당한다고 볼 수는 없다"고 하여 유죄를 인정한 판결례가 있다(대법원 2006. 3. 23. 선고 2006도1297호 판결).

물론 침술을 시행한 후 어떤 명목으로든 돈을 받는다면 이는 더욱 중한 범죄가 된다. 즉「보건범죄 단속에 관한 특별조치법」제5조는 영리를 목적으로 의사가 아니면서도 의료행위를 업(業)으로 하는 사람에 대해 무기 또는 2년 이상의 징역에 처하고, 100만 원 이상 1천만 원 이하의 벌금을 병과하도록 규정하고 있는 것이다.

과거에는 국민의료법, 의료유사업자령에 의해 침구사 자격증이 주어지기도 했으나, 1973년 10월 31일 의료유사업자령이 폐지되면서 그 자격증 수여제도도 없어졌다. 따라서 과거에 이미 침구사 자격증을 취득한 사람이라면 침을 놓는 것까지는 합법적이지만, 침구사 자격증이 없는 사람이 침을 놓으면 불법이 되는 것이다.

현재 우리나라에서는 침술 등 민간요법에 대해 그 효험을 인정하고 이를 합법화해야 한다는 주장들이 많다. 그러나 현행법에 의하면 의료인이 아닌 사람이라면 민간요법에 의한 치료행위도 할 수 없도록 되어 있다. 최근 우리나라 최고의 유명침술가가 침술과 함께 뜸을 행했다는 이유로 고령임에도 불구하고 재판에 회부되어 논란이 된 일도 있다. 침술봉사활동을 하고 있는 분들에게는 안타까운 일이기는 하나, 의료법이 치료행위에 따른 위험성을 예방하기 위해 두고 있는 엄격한 규정이라고 이해하고 이를 준수해야 할 상황이다.

아직도 우리나라에서는 좋은 일인데도 법이 금하고 있는 부분도 있고, 법이 금하지 않아도 되는 부분까지 법이 규제하고 있는 분야도 적지 않다. 교회 차의 공동사용에 관한 것이나, 침술봉사활동에 대한 것도 마찬가지이다. 법이 개정되지 않고 유지되는 한 교회로서는 일단 그 법을 준수해야 한다. 그러나 꾸준히 법 개정을 위한 노력을 기울여 나가야 한다. 법과 제도의 개선에 교회가 무관심할 일이 아니다.

4. 생명 버리기, 성경적인가?

　기독교 유사종교 중에서는 교리 상 다른 사람의 피를 수혈 받지 못하도록 금하고 있는 교파들이 있다. 특히 레위기 17장 12절의 "너희 중에 아무도 피를 먹지 말라"는 성경구절을 근거로 그 누구로부터의 수혈도 금지한다. 이들은 위 레위기 성경구절을 철저히 지켜야 한다고 생각하여, 자신들의 자녀가 부상으로 인한 심한 출혈로 위독한 경우에도 수술 또는 응급처치에 필요한 수혈까지 거부함으로써 정상적인 치료에 막대한 지장을 주기도 한다. 이들은 심지어 병원, 약국 등을 경영하지도 않으려 한다. 그것은 그들의 교리에 어긋나는 일을 하는 직업이라고 믿기 때문이다. 이와 같이 종교적 이유로 자기 가족에 대한 수술이나 치료를 위한 수혈을 거부함으로써 환자가 사망에 이르게 하였다면 이는 법률적으로는 어떻게 평가될 것인가?
　자신의 가족이라고 하여 마음대로 처우해도 되는 것은 아니다. 법에서는 도에 지나치는 행위에 대해 제재를 가하는 경우가 많다. 수혈 거부에 대하여도 마찬가지다. 우리 형법 제275조는 "노유(老幼), 질병 기타 사정으로 인하여 부조(扶助)를 요하는 자를 보호할 법률상 또는 계약상 의무 있는 자가 그 부조를 요하는 자를 유기(遺棄)함으로써 그로 하여금 사망에 이르게 한 때에는 3년 이상의 유기징역형"에 처하도록 규정하고 있다. 위 형법 조항은 매우 어렵게 표현되어 있지만, 쉽게 이야기하자면 질병 등으로 인해 도움이 필요한 사람을 보호할 의무 있는 사람이 그 도움을 필요로 하는 사람을 그대로 방치함으로써 사망하게 하면 중하게 처벌한다는 것이다. 이를 「유기치사죄」라고 한다. 일단 유기치사죄가 성립되면 적어도 3년 이상의 징역형을 받게 되므로 이는 매우 중한 형벌이라 할 것이다.

종교적 이유로 인한 수혈거부 사례에 있어서 수술이나 응급처치를 위해 '수혈을 받아야 할 환자'는 위 형법 조항에서 지칭하는 '질병으로 인하여 부조를 요하는 자'에 해당한다. 그리고 위독한 환자에 대해 수혈거부조치를 취한 부모 또는 친족은 '법률상 보호할 의무 있는 자'에 해당한다. 또한 수혈을 해야 할 상황에 놓여있는 환자에게 수혈을 하지 않거나 못하게 하는 것은 '유기'에 해당한다. 따라서 부모 또는 가족들이 환자에게 사망의 위험이 예견되는 경우에 있어서 의사의 권유에도 불구하고 자신의 종교적 신념을 이유로 수혈을 받는 것을 거부하거나 심지어 이를 방해함으로써 그 환자를 사망하게 했다면 이는 유기치사죄(遺棄致死罪)에 해당하여 중형에 처해지게 된다.

수혈거부로 인한 유기치사 사건의 실례에 대해 우리나라 대법원은 "생모(生母)가 사망의 위험이 예견되는 그 딸에 대하여 수혈이 최선의 치료방법이라는 의사의 권유를 자신의 종교적 신념이나 후유증 발생의 염려만을 이유로 완강하게 거부하고 방해하였다면 이는 결과적으로 요부조자(要扶助者, 즉 도움이 필요한 사람)를 위험한 장소에 두고 떠난 경우와 다름이 없다 할 것이고, 그때 사리를 분별할 지능이 없다고 보아야 마땅한 11세 남짓한 환자 본인 역시 수혈을 거부하였다고 하더라도 생모의 수혈거부행위가 위법한 점에 영향을 미치지 않는다"고 판시한 것이 있다(대법원 1980. 9. 24. 선고 79도1387호 판결).

　형법의 명백한 금지규정이 있고 법원의 유죄판결이 반복되고 있음에도 일부 사이비종교에서는 여전히 수혈거부의 교리를 고수하면서 그 구성원들에게 죽음을 강요하고 있다. 참으로 당혹스런 일이 아닐 수 없다. 하나님께서 사람의 생명보다 더 소중히 여기시는 것이 있으실까? 안식일에 일할 수 없도록 되어 있는 유대인의 율법을 어기시면서까지 병자들을 고치셨던 예수님께서는, 이들과 같이 교리만 주장하면서 죽어가는 생명을 - 그것도 자신의 가장 사랑하는 가족들을 - 바라만 보고 있는 사람들을 어떻게 보실까? 율법을 철자 그대로 지키려는 사람들, 교리를 하나님의 뜻보다 더 앞세우는 그들에 대해 과연 예수님께서는 어떤 평가를 내리실까?

　다른 사람에 대한 수혈을 막거나 방해하는 것은 범죄가 되지만 스스로 자신에 대한 수혈을 거부하는 것은 범죄가 되지는 않는다. 그러나 종교의 자유가 만끽되고 있는 미국에서도 비록 종교적 확신 때문이라고는 하지만 수혈을 금하여 자녀의 생명을 위태롭게 하는 것을 방치할 수 없다는 이유에서 수혈거부자에 대해 수혈을 강행시키고 있다.

　현실적으로 정통교단의 교인들은 수혈거부를 하는 일이 없다. 수혈거부는 일부 사이비종파의 문제일 뿐이다. 그러나 정통교단의 교인들이라도 신유기도를 한다는 등의 이유로 위급한 환자에 대한 의사의 정당한 진료를 지연시키거나 결과적으로 방해가 되는 일을 할 수는 있는데 이는 유기치사죄와 비슷한 법률문제가 발생할 수 있는 일이니 조심해야 할 것이다.

　그런데 종교적 이유로 인한 수혈거부보다 더한 일도 있다. 1998년

10월 5일 강원도 양양 남대천 둑에서 영생교회 교인 7명이 자신들이 타고 있던 승합차에 불을 질러 집단 자살하는 사건이 발생하였다. 그들은 스스로 순교했다고 생각하는 것 같았으나, 이는 결코 하나님을 믿는 사람다운 소행이 아니다. 하나님은 인간의 생명을 참으로 소중하게 여기시기 때문이다. 그런데 이들의 집단자살 행위는 법률적으로는 어떤 평가를 받게 될 것인가?

모든 집단자살은 두 가지 성격을 갖는다. 첫째는 자기 자신을 죽이는 것이고, 둘째는 집단자살에 참여하는 다른 사람들을 죽게 하는 것이다. 먼저 집단자살을 통해 자신을 죽이는 것은 해서는 안 되는 일이지만 범죄는 아니다. 범죄란 다른 사람의 생명, 신체에 대해 위해를 가했을 때에만 성립하는 것이기 때문이다.

그러나 집단자살을 통해 그에 참여하는 다른 사람들을 죽음에 이르게 하는 것은 범죄가 된다. 집단자살 과정에서는 결국 다른 사람들에 대해 같이 자살하자고 하는 권유가 있게 되는데, 집단자살을 하자고 하여 다른 사람에게 자살할 마음이 생기게 하면 이는 「자살교사죄」가 되고, 다른 사람이 자살할 마음을 갖고 있는데 그가 자살할 수 있도록 동참함으로써 도와주면 「자살방조죄」가 성립하는 것이다.

영생교회 사건의 경우 보도된 바에 의하면 자신들의 죽음이 곧 순교라고 주장하였다는 것이므로 이들은 종교적 이유로 자살하려는 마음을 갖고 있으면서 자살행위를 서로 도와준 것이었던 것으로 짐작된다. 그렇다면 이들은 다른 사람의 자살에 대해 이를 방조한 것으로 평가된다. 이렇듯 집단으로 자살한 영생교회 교인들에게는 형법상 자살방조죄가 성립하기는 하나, 그들이 모두 사망하였으므로 이들을 처벌할 수는 없다.

영생교회 교인들의 집단자살사건에 대해 법률적으로 해설해 보았다. 그러나 많은 사람들의 생명을 앗아간 저들의 어처구니없는 행동을 법률적으로 분석하는 것이 무슨 의미가 있겠는가? 교회문제와 관련된 법률분쟁들이 대부분 이와 같다. 일단 교회에 분쟁이 발생하면 법률적으로야 어떤 식으로든 결론을 내릴 수 있겠지만, 그와 관계된 교인들이 받는 상처는 법률적으로 치유될 수 없다. 필자는 많은 목사, 장로, 집사, 교인들로부터 법률상담을 받는다. 그 대부분은 다른 목사나 교인들과의 분쟁에 관한 것이다. 그러나 그때마다 그들을 향한 나의 바램은 늘 그들이 그들의 문제를 법률로써가 아니라 신앙으로써, 그리고 은혜로써 해결하기를 바라는 것뿐이다.

그리고 또 한 가지, 수혈거부든 집단자살이든 모두 신앙적 결단에서 비롯된 것으로 보이지만, 사실상 그것은 '생명 버리기'로써 기독교적 참 신앙이 아니라는 것이다. 세상 정부도 정통교단의 정상적인 신앙생활이나 종교 활동은 대체로 보장하고 있다. 정통교단들 역시 특별히 반 신앙적인 것이 아니면 세상 정부가 요구하는 것을 수용하여 성도들을 지도하고 있다. 따라서 세상정부가 볼 때 불법행위인 것, 그리고 동시에 정통교단에서 수용하지 않는 것은 바른 신앙생활이 아니라고 보면 맞을 것이다. 독선에 의해 자기만의 특별한 신앙생활을 고집하는 것은 오히려 하나님의 영광을 가리고 교회의 미래를 어둡게 할 수 있다. 그런 의미에서 오늘날도 성도들 개개인의 영적 분별력과 함께 교회의 바른 신앙지도가 필요한 부분이 있다고 본다.

5. 도피성, 오늘날도 가능한가?

구약시대 이스라엘에는 6개의 도피성이 있었다. 이스라엘의 요단강을 기점으로 하여 요단 동편에 3곳(베셀, 길르앗 라못, 바산 골란), 요단 서편에 3곳(게데스, 세겜, 헤브론)이 그것이었다. 도피성은 실수로 살인죄를 범한 사람들이 정당한 재판을 통해 무한보복으로부터 구제를 받을 수 있도록 하나님께서 마련하신 피난처였다. 이스라엘 전역 어디에서든지 32킬로미터 이내의 지점에 이 6개의 도피성 중 하나가 위치해 있었으므로 부득이 도피성으로 피해 가야 할 경우 하룻길 이내에 도착할 수 있었다. 누구나 쉽게 도피성의 혜택을 누릴 수 있었다는 것이다.

도피성 제도의 원칙 중 하나는 대제사장이 죽으면 도피성에 피해 있던 자들에게 사면이 내려진다는 것이다. 대제사장이 죽어 사면령이 내려지면 보수자가 살인자를 만나도 보수의 원칙에 따라 피를 흘리게 할 수 없었다. 대제사장의 죽음으로 사면의 은혜를 받게 되는 것이다. 그래서 이 도피성은 장차 오실 그리스도의 그림자요 상징으로도 여겨지고 있다. 이와 같이 은혜롭고 합리적인 제도가 오늘날 우리에게는 없을까?

우리나라에도 「사면」이라는 제도가 있다. 사면이란 국가원수인 대통령이 국민들이 받은 형의 전부 또는 일부를 감소시키거나 공소권을 소멸시키는 것을 말한다. 국경일 등 국가적 경사가 있을 때 행하기도 하고, 정치적 이유로 행하기도 한다. 일반사면과 특별사면으로 구분되는데, 일반사면은 죄를 범한 모든 범죄자에 대하여 형의 언도의 효력을 상실케 하거나 형의 언도를 받지 아니하는 자에 대해서는 공소권을 상실케 하는 것이고, 특별사면은 형의 언도를 받은 '특정인'에 대하여 형의 집행을 면제하거나 형의 언도의 효력을 상실케 하는 것을 말한다. 모든 범죄자의 꿈은 사면을 받는 것이다. 그러나 이 사면은 1년에 몇 차례 매우 제한적으로 실시되고 있을 뿐이다.

더욱이 우리나라에는 도피성과 같은 장소적 피난처는 없다. 오히려 범죄자를 숨겨주는 것이 범죄로 처벌되고 있다. 즉 우리나라 형법은 "벌금 이상의 형에 해당하는 죄를 범한 자를 은닉 또는 도피하게 한 자는 3년 이하의 징역 또는 500만 원 이하의 벌금에 처한다"고 규정하고 있다(제151조). 이를 「범인은닉죄」라고 한다. 이 범죄는 '벌금 이상의 형에 해당하는 죄를 범한 자'를 은닉·도피시키는 경우에 성립하는데, 대부분의 범죄가 벌금 이상의 형에 해당하기 때문에 결국, 범죄자를 숨겨주거나 도망가게 하면 대부분 범인은닉죄가 성립한다고 보면 된다.

그렇다면 목사, 신부 등 성직자가 신앙적 사랑에 입각하여, 죄를 범하고 도피중인 범죄자를 숨겨준 경우 이는 어떻게 평가되는가? 이런 경우에도 위와 같이 범인은닉죄가 성립하는 것인가? 실제 있었던 사건들을 통해 그 결론을 살펴보기로 한다.

일본에서는 1950년대 일본 전국을 휩쓴 학원분쟁의 분위기 속에서 두 명의 고교생이 자신들의 학교를 봉쇄할 것을 계획하고 학교 내 과학실험실에서 약품류를 훔쳐 화염병을 제조한 혐의로 경찰의 수배를 받게 된 일이 있었다. 그런데 이들을 잘 아는 어느 목사가 이들 고교생들을 자신이 목회하는 교회의 교육관에 머물게 하였고, 얼마 후 교회를 찾아와 위 고교생들의 소재를 묻는 경찰관의 질문에 대하여 모르겠다고 대답을 하였다. 나중에 이러한 사실이 모두 밝혀져 그 목사는 범인은닉 혐의로 법정에 서게 되었다. 일본 법원은 위 목사의 행위는 목회활동의 목적과 수단방법의 상당성에 비추어 '정당한 업무행위'라는 취지로 판단하여 무죄를 선고한 바 있다.

우리나라에서도 유사한 사례가 있었는데, 그러나 결론은 전혀 달랐다. 어느 천주교 신부가 외국문화원을 방화하여 중범죄자로 수사기관의 추적을 받고 있던 어느 대학생을 자신의 신부관에 숨겨주었다. 그리고 나중에 그 대학생이 다른 곳으로 피신하게 되자 도피자금까지 마련하여 주었다. 그 신부 역시 나중에 사실이 밝혀져 법원에 기소되었는데, 이에 대해 우리나라 대법원은 "사제가 죄 지은 자를 능동적으로 고발하지 않는 것은 종교적 계율에 따라 그 정당성이 있다고 할 수 있으나, 그에 그치지 않고 적극적으로 은닉, 도피케 하는 행위는 사제의 정당한 직무범위를 벗어나는 것으로서 그 동기나 목적에 있어서 정당성을 인정할 수 없다"고 하여 범인은닉죄를 유죄로 인정한 바 있다(대법원 1983. 3. 8. 선고 82도3248호 판결).

위 두 가지 사건은 외형상으로는 매우 유사한 사건처럼 보이나 결론은 전혀 달랐다. 그러나 이것을 일본 법원과 우리나라 법원의 차이로 보는 것은 타당하지 않다. 두 사안이 유사한 것 같기는 하지만, 면밀히 살펴보면 도피자의 죄질, 연령, 도피에 이르게 된 경위 및 은닉행위의 정도 등에 있어서 많은 차이점이 있기 때문에 그 결론을 단순히 평면적으로 비교하는 것은 옳지 않은 것이다. 우리나라에서 있었던 신부의 범인은닉 행위는 단순히 범인의 소재를 묻는 경찰의 질문에 대하여 모른다고 소극적으로 답한 일본 사례의 경우와는 달리, 건물에 방화를 하여 범법의 정도가 중대한 범인에게 은신처를 만들어 주고 그들이 도피할 수 있는 자금까지 제공하는 등 적극적인 행위를 한 점에서 그 정당성을 인정하기 어렵다고 판단한 것으로 보인다. 구체적인 사안에 따른 재판부의 판단의 차이의 결과라고 보면 된다.

목회자가 교회법이나 성경의 원리에 따라 행한 어떤 행위가 비록 실정법에 다소 위배된다고 하더라도 객관적으로 보아 목회자의 행위로서 그 상당성이 인정된다면 처벌대상이 되지 않는 경우가 있다. 그러나 그 정도가 지나치는 중범죄자에 대해 소극적인 방법이 아니라 적극적인 방법으로 숨거나 도망가도록 도와주는 정도에 이른 것이라면 이는 실정법에 저촉되어 범인은닉죄 또는 범인도피죄로 처벌될 수 있다. 우리의 목회 현장에 이런 불행한 일이 재발하지 않아야 하겠지만, 혹시라도 이런 문제에 연루되게 된다면 목회자의 지혜로운 결단이 필요할 것이다.

범인은닉죄가 물리적으로 범죄자를 숨겨주는 것이라면, 말로 범죄자를 숨겨주는 것을 규제하는 제도도 있다. 바로 「위증죄」라고 하는 것이다. 우리나라 형법은 "법률에 의하여 선서한 증인이 허위의 진술을 한 때에는 5년 이하의 징역 또는 1천만 원 이하의 벌금에 처한다"고 규정하고 있다(제152조). 단순한 증인이 아니라 법원으로부터 감정인, 통역인, 번역인으로 채택되어 법률에 의해 선서한 사람이 허위의 감정, 통역, 번역을 한 경우에도 마찬가지로 처벌된다(제154조). 위증은 억울한 누명을 씌우는 데 악용되기도 하고, 진정한 범죄자를 숨겨주는 데 이용되기도 한다.

목회자들도 가끔 이러한 문제에 연루될 수 있다. 목회자가 교단이나 교회의 문제에 관련하여, 또는 자신의 교회 교인들의 분쟁과 관련하여 법정에 서게 되는 경우가 있는데, 이런 경우에 피고인이 처벌을 받지 않도록 하기 위해, 또는 그 범죄를 줄여주기 위해 사실과 달리 증언하는 경우 위증죄로 처벌될 수 있는 것이다. 자기 교인이 처벌을 받을 위기에 처해 있는데 목사로서 그를 돕기 위해 선의의 거짓말을 한 것이 범죄가 될 수 있는가 하는 생각도 할 수 있지만, 법률상 위증은 위증인 것이므로 처벌대상이 된다. 정상에 관해 참작을 하여 이를 형량에 반영하는 것은 별개의 문제이다.

다른 이야기이지만, 교회가 범죄자들의 도피성이 되는 것이 아니라, 드물게는 오히려 교회가 범죄자들의 생산처가 되는 경우도 있다. 매년 연말이 되면 대부분의 납세자들이 세금연말정산제도를 통해 이미 납부한 세금 중 일부를 돌려받곤 한다. 그런데 이와 관련하여 몇 해 전에 지방의 어느 사찰 주지는 1장당 몇 만 원씩의 돈을 받고 허위의 기부금영수증을 발부해 주었다가 처벌을 받은 일이 있다. 이렇듯 허위의 기부금영수증을 발급받아 연말정산 자료로 제출함으로써 세금환급을 받는다면 조세범처벌법상의 조세포탈사범에 해당된다. 허위의 기부금영수증을 발급받아 세금환급을 받은 사람뿐 아니라 그러한 허위의 기부금영수증을 발행해 준 사람도 공범으로 처벌된다. 따라서 교회가 교인들이 하지도 않은 헌금을 마치 한 것처럼, 또는 실제로 헌금한 것보다 많은 금액을 헌금한 것처럼 허위의 기부금영수증을 발행해 준다면 역시 조세포탈사범의 공범이 되고 만다. 별다른 범법의식 없이 이런 방법으로 세금환급을 받는 경우가 있다고 하는데, 언젠가는 이런 일들이 교회의 세금납부문제와 관련하여 크게 사회적 문제가 될 수 있으니 유의해야 한다.

도피성제도와 관련하여 사면제도, 위증, 연말정산제도의 문제까지 살펴보았다. 교회도 범인과 범죄의 보호 또는 은닉과 연루될 수 있는 가능성이 적지 않다. 특별한 상황에 어떻게 처신할 것인가 하는 것은 물론 개인의 신앙적 확신에 따라 좌우될 수 있는 것이지만, 최소한 사회적 지탄이 될 만한 명백한 범법행위를 해서는 안 될 것이다. 무엇이 법이고, 무엇이 정의인지에 관한 지혜로운 분별이 필요한 영역이다.

6. 교회 주차장, 어떻게 해결할까?

서울 강북의 어느 교회가 주차문제로 인해 애로를 겪고 있었다. 즉, 그 교회는 주택가의 넓지 않은 한 골목길가에 예배당을 짓게 되었는데, 예배당 건물이 바로 골목길 옆에 붙어있고 교회 담장도 없어서 예배당 앞 골목길 길가에 교회 차량을 세워둘 수밖에 없었다. 그런데 교회 인근에 사는 한 주민이 골목길의 예배당 앞에 자신의 승용차를 주차시키고, 주일에도 다른 곳으로 치우지 않기 때문에 교회는 주일마다 주차문제로 곤욕을 치른다는 것이다. 그래서 교회에서는 예배당 건물 앞 골목길 길가에 주차금지 팻말을 세워두었는데도 그 사람은 주차금지 팻말까지 치워버리고 그곳에 계속 자신의 차를 주차시키면서, 도로는 국가 소유인데 왜 교회에서 그 골목길에 주차를 못하게 하느냐며 오히려 큰소리를 친다는 것이다. 교회는 이에 대해 어떻게 대처할 수 있을까?

결론부터 말하자면 국유 또는 시·군 소유의 도로인 경우 비록 교회 앞 골목길이라 하더라도 교회 차만 주차시킬 권리는 없는 것이다. 아무리 주차금지 팻말을 세운다 하더라도 그것은 법적 효력이 없는 것이 된다.

다만, 우리 주차장법에는 「노상주차장」이라고 하는 제도가 규정되어 있는데, 교회가 이를 활용하는 방법이 있을 수 있다. 노상주차장이란 도로나 교통광장의 일정한 구역에 설치된 주차장으로서 일반인이 이용할 수 있는 것을 말한다. 현행법에 의하면 너비 6미터 이상의 도로로서 보행자의 통행이나 길가 이용에 지장이 없으며 통행과 이용에 안전성이 확보된 곳에는 노상주차장을 설치할 수 있다. 이러한 노상주차장은 아무나 설치할 수 있는 것이 아니라 시장, 군수 또는 구청장이 이를 설치할 수 있게 되어 있다. 그리고 특히 주거지역에 설치된 노상주차장은 그 일부를 인근주민의 자동차를 위한 전용주차구획으로 사용하게 할 수 있다. 따라서 주택가에 있는 교회의 경우 이 전용주차 구획제도를 활용해 볼 수 있는 것이다.

따라서 앞에서 예로 든 교회가 예배당 앞 골목길에 다른 차를 주차시키지 못하게 하고 교회 차를 위한 전용주차공간을 마련하고자 한다면 먼저 위와 같이 시장, 군수 또는 구청장에게 노상주차장의 설치를 건의하고, 이에 따라 노상주차장이 설치되면 다시 노상주차장 중 교회 앞부분을 교회전용 주차구획으로 지정받는 방법이 있을 수 있다. 그런 조치를 취해두지 않으면 인근 주민이 그 골목도로에 주차하는 것에 대하여 비록 그곳이 예배당 앞이라고 하더라도 이를 막을 수 있는 법적 권리가 없는 것이다.

이와 관련하여 가장 근본적인 해결책은 교회가 자체 주차장을 확보하는 방안일 것이다. 그러나 현실적으로 대부분의 교회들은 일반 공간도 부족한 형편으로서 넓은 주차공간을 확보하기 어렵고, 오히려 건축 당시에 주차장으로 지어진 공간을 그 후에 구조를 변경하여 사무실 등으로 사용하는 경우도 적지 않다. 넉넉하지 못한 예배당 공간 때문에 건물사용의 효율성을 높이려고 하다 보니, 법에 따라 설치한 주차장을 막아 사무실 또는 교제실을 만들거나, 아니면 주차장 출입구를 막고 창고나 체육실로 사용하는 경우를 종종 본다. 이처럼 주차장으로 되어있는 공간을 다른 용도로 사용하는 것은 괜찮을까? 얼마 전에도 예배당에 설치한 주차장의 출입문을 막고, 교회의 각종 비품을 보관하는 창고로 사용하였다가 구청의 단속에 적발되어 처벌을 받은 사례가 있었다.

따라서 주차장의 용도변경에 관한 법령의 내용을 살펴보기로 하자. 먼저, 도시지역에서 건축물을 지으려면 주차장법이 정하는 바에 따라 그 시설물의 내부 또는 그 부지에 주차장을 설치하여야 한다. 이것을 「부설주차장」이라고 한다. 도시지역뿐 아니라 법이 정한 특정한 지역들에서도 이 규정이 적용된다. 예배당도 역시 건축물이므로 도시지역 등에서 예배당을 건축하려고 하면 법이 정한 바에 따라 주차장을 마련하여야 한다. 종교시설의 경우 시설면적 150제곱미터 당 1대꼴로 주차장을 만들도록 되어 있다(주차장법 제19조, 같은 법 시행령 제6조 제1항). 다만 부득이한 경우에는 주차장 설치에 드는 비용을 시장, 군수 또는 구청장에게 납부하는 것으로 부설주차장 설치를 대신할 수도 있다.

주차장은 원칙적으로 그 시설물의 내부 또는 그 부지에 설치해야 하지만, 주차대수 300대 이하의 경우에는 시설물로부터 좀 떨어진 인근에 부설주차장을 설치할 수도 있다. 시설 인근이라고 하더라도 너무 멀리 떨어진 곳은 안 되고, 직선거리로 300미터 또는 도보로 600미터 이내의 거리에 있거나 같은 동·리 또는 그 시설물과의 통행 여건이 편리하다고 인정되는 인접 동·리에 있는 곳이어야 한다(주차장법 시행령 제7조 제2항).

이상과 같은 주차장에 관한 현행법 규정들은 대부분의 예배당 건물의 경우에도 그대로 적용된다. 그런데 이와 같이 설치된 주차장은 다른 용도로는 사용할 수 없고, 또한 그 건축물의 이용자가 주차장을 이용하는 데 지장이 없도록 주차장 본래의 기능을 유지하여야 한다. 그리고 이에 위반하여 주차장을 주차장 이외의 다른 용도로 사용하면 3년 이하의 징역 또는 5천만 원 이하의 벌금에 처하게 되고(주차장법 제29조 제1항), 정당한 사유 없이 주차장 본래의 기능을 유지하지 아니하는 경우에도 1년 이하의 징역 또는 1천만 원 이하의 벌금에 처하게 된다(주차장법 제29조 제2항).

그런데 어떤 분들은 주차장의 용도변경 행위는 그 공소시효가 3년이기 때문에 3년만 지나면 괜찮아 진다고 하면서 주차장의 용도변경을 대수롭지 않게 여기는 경우가 있다. 그러나 2007년 12월 형사소송법 개정을 통해 그 공소시효가 5년으로 늘어났을 뿐 아니라, 주차장 용도변경 행위에 대해서는 시장, 군수 또는 구청장이 언제라도 그 원상회복을 명할 수 있고, 그 시정기간 내에 원상회복 명령을 이행하지 않으면 거액의 이행강제금이 부과되기도 한다. 그리고 경우에 따라서는 행정당국이 원상회복을 대신 집행하기도 한다. 따라서 주차장 용도변경 행위에 대한 공소시효가 지났다고 하더라도 그 이후에도 제재 대상이 될 소지는 얼마든지 남게 되는 것이다. 그러므로 주차장에 관한 위법상태를 가볍게 여겨서는 곤란하다. 물론 개교회의 어려움을 모르는 것은 아니다. 그러나 교회 주차장을 다른 용도로 전용하는 것은 현행법상 명백한 불법이므로 자제해야 한다. 이것이 우리가 세상에 보일 본이기 때문이다.

이와 같이 교회 주차장을 다른 용도로 바꾸어 사용한 행위가 문제가 되었을 때 누가 처벌을 받게 될까? 교회 자체가 형사책임을 지게 되는 것은 아니고, 교회의 실질적 대표자가 책임을 지게 된다. 대체로 당회장 또는 담임목사가 책임지게 될 것이다. 따라서 혹시 예배당 건축 후 교회의 활동공간이 부족하여 예배당 건물 내 또는 그 부지에 있는 주차장을 달리 활용해야 할 상황이 되었다면, 인근에 별도의 주차장을 확보하고 용도변경 허가를 받는 등의 정상적 방법을 모색해야 할 것이다.

주차장 문제는 비단 앞에서 예로 든 교회뿐 아니라 오늘날 도심에 있는 대부분의 교회들이 겪고 있는 어려움일 것이다. 주차공간을 충분히 확보하고 있으면 문제가 없겠지만, 대부분의 교회들이 부족한 부지와 건축자금을 토대로 예배당을 건축하다 보니 주차장을 제대로 충분히 만들기 어렵기 때문이다. 그러나 그렇다고 하더라도 우리의 불편한 여건이 현행법 적용을 배제하거나 유보할 수 있는 근거는 되지 못한다. 그대로 법이 적용된다는 것이다. 주차장법을 어기는 것도 범법행위가 된다. 교회가 어떤 법을 어겨 교회를 섬기는 어떤 분들이 처벌을 받는 것은 매우 바람직하지 못하다. 그러나 다른 한편으로 현대교회에 있어서 주차장 확보는 매우 중요한 과제이므로, 주차장 확보와 법의 준수, 이 양자를 잘 조절하여 지혜롭게 세상을 이끌어가는 아름다운 리더십을 기대해 본다.

7. 민사사건, 어떻게 처리될까?

어떤 교회에서 있었던 일이다. 교회에 오래 다닌 어떤 권사가 아들이 갑자기 병원에 입원하게 되자 다른 집사에게 급히 병원비를 빌리게 되었다. 그러나 아들의 입원기간이 길어지고 병원비가 계속 늘어나다 보니 그 권사는 집사에게 약속한 날에 돈을 갚지 못하게 되었고, 분쟁이 생겨 담임목사에게 상담을 하게 되었다. 담임목사는 원만히 합의하도록 권면하고 노력하였으나 돈이 변제되지 않자 급기야 돈을 빌려준 집사는 돈을 빌린 권사를 상대로 민사소송을 제기하고 말았다. 담임목사로서는 그 민사소송이 앞으로 어떻게 진행될 것인지 궁금하여 민사사건의 처리절차에 대해 문의하셨다. 교인들 사이에 송사가 걸린 것은 안타까운 일이지만, 담임목사로서는 위 민사소송의 처리절차에 대해 알고 있으면 그 이후의 수습에 도움이 될 수 있다. 또한 우리 모두 생활하면서 쉽게 겪게 되는 것이 민사사건이므로, 이번에는 민사사건의 처리절차에 대해 알아보고자 한다.

법률문제는 보통 민사관계, 형사관계, 행정관계로 나누어진다. 민사관계는 개인과 개인 사이에 발생하는 사적인 법률관계이다. 예를 들어 주택임대차계약을 체결하는 것은 민사관계에 해당한다. 이에 비해 형사관계는 범죄를 저지른 개인과 형벌권을 갖고 있는 국가 사이의 법률관계이다. 예를 들어 다른 사람의 물건을 훔치면 「절도죄」라고 하는 형사사건이 된다. 그리고 행정관계란 보통 개인과 정부 사이에 발생하는 법률관계를 말한다. 예를 들어 정부가 도로를 개설한다고 개인의 토지를 수용하려고 하면 행정관계의 법률문제 즉 행정사건이 발생할 수 있는 것이다.

그런데 똑같은 유형의 행위에 의해 발생한 법률문제라도 경우에 따라서는 민사관계가 되기도 하고, 형사관계나 행정관계가 되기도 한다. 또는 민사관계, 형사관계가 동시에 발생하기도 한다. 예를 들어 다른 사람으로부터 돈을 빌리면 금전대차라고 하는 민사관계가 성립하지만, 만약 다른 사람을 속여서 돈을 빌린 것이라면 이는 사기죄라고 하는 범죄 즉, 형사관계에도 해당한다. 이런 경우에는 민사관계와 형사관계가 동시에 발생하게 되는 것이다. 일반인들은 민사관계와 형사관계를 혼동하여 대처를 잘못하는 경우가 많은데, 민사관계와 형사관계는 그 처리방법이 전혀 다르기 때문에 어떤 법률분쟁이 발생하면 먼저 그것이 어떤 법률관계인지를 잘 구분하여 그에 맞게 대처해야 한다. 앞에서 예를 든 사례 즉, 병원비를 빌렸다가 갚지 못한 사건은 기본적으로 민사관계에 해당하므로, 민사사건에 맞게 처리해 나가면 된다.

법률관계 중에서 가장 기본적인 것은 민사관계라고 할 수 있다. 따라서 민사사건의 처리절차에 대해 어느 정도 상식을 갖는 것은 목회와 교회 행정에도 필요하고, 우리의 일상생활에도 긴요한 것이다.

우리 법체계는 기본적으로 일반인들 상호간에 법률분쟁이 발생하면 먼저 당사자들 사이의 원만한 협의를 통해 스스로 해결하도록 되어 있다. 그러나 분쟁 관계자들이 스스로 해결하지 못하는 경우 법원에 그 처리를 요구하면 법원이 재판에 의해 결론을 내려주도록 되어 있다. 이와 같이 시민 상호간에 법률분쟁이 발생하였으나 당사자 사이에 원만한 해결이 되지 않아 법원이 분쟁 당사자 사이에 개입하여 분쟁을 조정, 해결하여 주는 절차를 「민사소송」이라고 한다.

민사관계에 관해 규정하고 있는 기본적 법률은 「민법」이다. 우리나라 민법은 매우 방대하지만, 그 내용을 간략히 요약해 보면 다음과 같다. 즉 법률행위의 주체가 누구인가를 비롯하여 모든 법률행위에 공통적으로 적용되는 기본적 법률사항, 소유권·점유권·전세권·질권·저당권 등 대물적 권리(對物的 權利)에 관한 사항, 채권 및 채무관계,

매매·임대차·고용·위임 등 각종 계약의 성립과 효력, 각종 불법행위의 종류와 그 효력, 그리고 가족과 혼인·이혼·친권(親權) 등 가족법관계 및 상속과 유언 등에 관해 규정하고 있다. 위에서 설명한 법률용어들은 다소 어렵게 보이지만, 우리나라 민법이 어떤 법률관계에 대해 규정하고 있는지 감을 잡기 위해 그 이름이라도 한번 살펴볼 필요가 있기 때문에 나열해 보았다.

민사관계에 관한 법률분쟁 즉 민사사건에 관한 민사소송은 어떤 절차를 거쳐서 진행되는가? 민사소송은 먼저 소장(訴狀)을 작성하고 이것에 인지를 붙여 법원에 제출하는 것으로 시작된다.

소장 제출 시에는 청구하는 금액이 얼마인지에 따라 소정의 인지를 붙여야 하는데, 청구금액에 따라 청구금액의 1만 분의 35 내지 50에 해당하는 인지를 붙여야 한다. 또한 소송에 필요한 송달료도 납부해야 한다.

소장은 어느 법원에 제출하여야 할까? 소장을 제출하는 사람을 「원고」라고 하고, 원고의 상대방 즉 소송을 제기당하는 사람을 「피고」라고 하는데, 소장은 원칙적으로 피고의 주거지를 관할하는 법원에 제기하여야 한다. 다만, 불법행위로 인한 소송은 그 불법행위가 일어난 곳을 관할하는 법원에 제기할 수 있고, 부동산에 관한 소송은 부동산 소재지의 법원에 제기할 수 있는 등 여러 가지의 예외가 인정되고 있다.

소장이 법원에 접수되면 법원은 소장 부본을 피고에게 송달하여 그를 상대로 어떤 소송이 제기되었는지 미리 알도록 해준다. 이와 함께 법원은 피고에게 답변서를 제출할 것을 요구하는데, 피고가 답변서를 정해진 기간 내에 제출하지 않거나 원고의 요구사항을 전부 인정하는 경우에는 법정에서 사건에 관해 재판을 진행하는 변론이 없이 원고

승소 판결이 선고될 수 있다. 만약 피고가 원고의 주장에 이의가 있어 이를 다투는「답변서」를 제출하면 소송이 계속 진행되게 된다. 피고의 답변서를 받은 원고는 이를 반박하는 내용의「준비서면」을 제출하는 등 변론 기일 이전에 미리 서면으로 자신의 주장을 펼치고 그 주장을 뒷받침하는 증거들을 미리 제출하거나 증거신청을 하여야 한다.

법원의 담당재판부는 당사자의 주장과 증거의 정리가 마쳐지는 순서에 따라 변론기일을 정하고, 원고와 피고에게 그 날 법정에 출두하도록 기일을 알려준다.

원고는 변론기일에 법정에 출두하여 먼저 자신의 주장사실을 진술한다. 예를 들어 "돈 500만 원을 빌려주었다"고 주장하는 것이다. 그러면 피고는 원고의 주장에 대해 이를 시인하거나(예: 돈을 빌린 것이 맞다.) 또는 부인하는(예: 돈을 빌린 일이 없다.) 내용의 답변을 하게 된다. 그런데 만약 피고가 원고의 주장에 대해 대답을 하지 않고 침묵하면 자백하는 것과 같이 취급된다는 점을 유의해야 한다. 그 외에 피고는 "돈을 빌린 것은 맞으나, 그 후에 전부 갚았다"라고 답변할 수도 있는데, 이 경우 "전부 갚았다"라고 하는 진술은 새로운 주장이 되는 것이고, 이러한 새로운 주장에 대하여 원고도 자백, 부인 등의 답변을 함으로써 소송절차가 계속 진행되는 것이다.

원고의 주장, 또는 피고의 새로운 주장에 대하여는 그 상대방이 부인하는 답변을 하는 경우 원칙적으로 그 주장을 한 사람이 이를 증명해야 한다. 이를「입증」이라고 한다. 즉 원고는 돈 500만 원을 빌려준 사실을 차용증 등에 의해 입증해야 하고, 피고가 그 돈을 갚았다고 주장한다면 역시 변제확인서, 변제 시 함께 한 사람의 증언 등에 의해 입증해야 하는 것이다. 변론과정에서의 이러한 주장과 입증에 의해 사실관계가 확정되게 된다. 입증방법에는 특별한 제한이 없으나, 서류증거, 증인신문, 검증, 감정, 당사자 본인신문 등이 자주 쓰이는 방법들이다.

법원이 민사소송의 심리를 모두 마친 후에는 변론을 마무리하는데 이를 「결심(結審)」이라고 한다. 보통 결심 후 2주 또는 3주 뒤에 판결을 선고한다. 원고의 청구를 모두 인정하는 것을 「인용(認容)」이라고 하고, 원고의 청구를 인정하지 않는 것을 「기각(棄却)」이라고 한다. 원고의 청구 중 일부가 인용되고 일부가 기각되는 경우도 있는데 이를 「일부인용」이라고 한다. 법원이 판결을 선고하기 전에 원고가 소송을 취소할 수도 있는데, 이때에는 원고의 청구가 정당했는지 여부와 관계없이 소송은 종결된다.

제1심 판결에 승복하지 않는 원고나 피고는 판결문이 송달된 날로부터 2주 이내에 항소장을 작성하여 제1심 법원에 제출하면 항소심에서 또다시 재판을 받게 된다. 또한 항소심에서 패소판결을 받은 사람이 이에 승복할 수 없다면 항소심 판결 송달일로부터 2주 이내에 상고장을 항소심 법원에 제출하여야 한다. 물론 법정에서의 판결 선고만 듣고 판결문을 송달받기 전에 항소할 수도 있다.

판결이 선고되었는데도 패소한 당사자가 상소기간 내에 상소를 하지 않으면 판결이 확정된다. 또한 상소를 하였다가 이를 취소하는 경우에도 판결이 확정된다.

법원은 재판절차가 진행되는 도중에 사건의 당사자에게 화해권고 결정을 할 수도 있다. 재판의 양쪽 당사자가 화해권고 결정을 송달받고 2주 이내에 이의를 신청하지 않으면 그 결정 내용대로 화해가 성립되고, 이에 따라 소송절차는 종결된다.

또한 「조정제도」라는 것이 있는데, 이는 소송을 하기 전에 당사자들 사이의 조정에 의해 분쟁의 해결을 도모하는 것을 말한다. 법원에 민사조정신청서를 제출하면 조정절차를 거치게 되는데, 조정이 성립되면 재판상 화해와 동일한 효력이 발생하고, 조정이 성립되지 않으면 소송절차로 넘어가게 된다.

민사사건의 처리절차는 기본적으로 위와 같이 간단히 설명할 수 있지만, 소송에서 승리하기 위해서는 실제로 매우 복잡한 주장과 입증의 과정을 거쳐야 한다. 따라서 법률전문가가 아닌 일반인이 직접 소송을 수행하기는 매우 어려워 보인다. 그러므로 중요한 사건인 경우에는 변호사를 소송대리인으로 선임하여 소송수행을 맡기는 것이 옳을 것이다. 좀 복잡한 설명이 되었지만, 법률분쟁에 있어서는 꼭 알아두어야 할 내용이므로 설명해 보았다. 크리스천들은 이런 법률분쟁에 휘말리게 되지 않기를 기도하면서…

8. 형사사건, 어떻게 진행될까?

어떤 중형교회의 재정집사가 사업상 어려움이 생기자 자신이 관리하던 교회공금을 몰래 빼돌려 사업자금으로 사용하다가 적발되었다. 교회에서는 그 집사가 스스로 횡령한 돈을 채워 넣기를 원하여 상당시간 기다리면서 권면하였지만, 그 집사는 자신의 남은 재산을 이리저리 빼돌리며 교회 돈을 반환하지 않았다. 횡령한 금액이 적지 않은 돈이고, 그 집사의 행태가 매우 좋지 못하여 교회에서는 그 집사를 경찰에 고소하게 되었다. 이러한 경우 사건처리는 어떻게 될까?

재정집사가 자신이 관리하던 교회공금을 빼돌린 점에 대해서는 형법상 「업무상횡령죄」가 성립하고, 또한 교회공금을 횡령한 후 이를 반환하지 않는 점에 대해서는 횡령금 반환의무가 발생한다. 교회로서는 업무상횡령에 대하여는 고소를 할 수 있고, 횡령금을 반환하지 않는 점에 대하여는 민사소송으로 횡령금 반환청구소송을 제기할 수 있다.

모든 법률문제는 크게 민사사건과 형사사건으로 나눌 수 있는데(그 외에 행정사건도 있지만, 자주 발생하는 것은 아니므로 여기서는 설명을 생략한다), 앞의 예에서 횡령금 반환청구소송은 민사사건에 해당하는 것이고, 업무상횡령으로 인한 고소사건은 형사사건에 해당하는 것이다. 민사사건의 처리절차에 대하여는 이미 설명한 바 있으므로, 이번에는 형사사건의 처리절차에 대해 알아보고자 한다.

민사사건은 법원에서 다루는 반면, 형사사건은 '수사기관'에서 다룬다. 수사기관에는 검사와 경찰의 두 종류가 있다. 어떤 행위가 범죄가 되는지 여부, 그에 대해 어떤 처분을 해야 하는지 등을 결정하는 것은 매우 어렵고 중요한 일이기 때문에 우리나라의 경우 원칙적으로 판사와 동등한 자격과 능력을 갖춘 검사를 수사의 주재자로 규정하고 있다. 다만, 검사들만이 방대한 숫자의 형사사건을 모두 처음부터 직접 처리할 수는 없기 때문에 실제로는 경찰관들이 검사의 지휘를 받아 일선에서 초동수사를 담당한 후 검찰로 보내면 검사가 최종처리하고 있다.

요즘 경찰에서는 수사권 독립을 강하게 주장하고 있는데, 이는 경찰이 독자적으로 수사를 개시·진행할 수 있게 하고, 그 과정에서 검사의 지휘를 받지 않게 해달라는 것이다. 이에 대해 검찰에서는 국민들의 인권보호를 위해서는 검찰의 지휘·감독이 필요하다고 주장하여 검찰과 경찰 사이에 많은 논쟁이 일고 있는데, 그만큼 수사는 국민들의 권익에 직결되는 중차대한 문제이기 때문이다.

   수사기관의 수사는 다양한 단서에 의해 시작된다. 수사기관의 탐문에 의해 시작되기도 하고, 언론보도나 제보에 의해 시작되기도 하며, 피해자의 고소나 제3자의 고발에 의해 시작되기도 한다. 앞에서 본 중형교회의 사례에서도 교회가 공금을 횡령한 집사를 고소하였으므로 경찰의 수사가 시작될 것이다. 경우에 따라서는 고소를 한 후 이를 취소하는 경우도 있는데, 비록 고소가 취소된다고 하더라도 일단 시작된 수사는 중단되지 않고 계속 진행된다.

   수사기관이 일단 수사를 시작하면 여러 가지 수사의 단서를 통해 범인을 찾고, 범죄의 증거를 수집하게 된다. 이를 위해 피고소인이나 고소인에게 진술할 것을 요구하기도 하고, 압수수색영장을 발부받아서 증거물을 수색하고 압수할 수도 있다.

   수사의 초기단계에서는 보통 범죄혐의자를 구속하지 아니한 상태에서 수사를 진행한다. 그러나 수사가 상당히 진행되어 범죄혐의자에게 범죄가 인정되는 단계에 이르면 그 범죄혐의자를 구속할 것인지 여부를 판단하게 된다. 기본적으로는 불구속수사가 일반적이나, 범행의 내용이 중하고 죄질이 나쁘고 도망하거나 범죄의 증거를 인멸할 염려가 있는 경우에는 범죄혐의자를 구속할 수 있다. 우리 형사소송법은 "죄를 범하였다고 의심할 만한 상당한 이유가 있고, 일정한 주거가 없는 때나 도망하거나 도망할 염려가 있는 때에는 구속할 수 있다. 법원은 구속사유를 심사함에 있어서 범죄의 중대성, 재범의 위험성, 피해자 및 중요 참고인 등에 대한 위해 우려 등을 고려하여야 한다"고 규정하고 있다.

만약 범죄혐의자가 수사과정에서 구속된 경우에는 법원에 자신의 구속이 부당하지 않은지 여부에 대한 심사를 청구할 수 있다. 그 결과 법원이 구속이 부당하다고 판단하여 석방을 결정하면 피의자는 즉시 석방된다. 이것을 「구속적부심사제도」라고 한다.

그런데 구속되지 않은 범죄혐의자가 수사기관의 출석요구에 응하지 않고 출석하지 않는 경우에는 법관이 발부한 영장을 통해 붙잡혀 수사기관에 강제로 출석하게 되는 수도 있다. 이를 「체포」라고 한다. 체포는 '죄를 범하였다고 의심할 만한 상당한 이유가 있고, 정당한 이유 없이 수사기관의 출석요구에 응하지 아니하거나 응하지 아니할 우려가 있는 때'에 판사가 발부한 영장에 의해 이루어진다.

그렇다면 어떤 사건에 대한 수사의 진행 기간은 어느 정도일까? 수사기간은 일정하지 않다. 짧게는 1~2개월 만에 수사가 마쳐지기도 하지만, 복잡하고 어려운 사건은 1~2년간 수사가 진행되기도 한다. 고소사건의 경우에는 3개월 이내에 수사를 마쳐야 한다고 하는 형사소송법 규정이 있으나, 이는 훈시규정에 불과하고 현실적으로는 상당수의 고소사건이 그 기간 내에 처리되지 않고 장기화된다. 보통은 경찰, 검찰 각 기관별로 2~4개월 정도씩 걸린다고 보면 될 것이다.

수사가 마쳐지면 수사를 종결해야 하는데, 모든 형사사건은 사안의 중요성 여부에 관계없이 검사만이 종결할 수 있다. 따라서 사법경찰관은 자신이 담당한 형사사건의 수사가 끝나는 대로 모든 사건을 검사에게 보내야 하는데 이것을 「송치(送致)」라고 한다. 어떤 형사사건이든 경찰에서 종국 결정될 수 없고 모두 검찰에 송치되는 것이다.

사건을 송치 받은 검사는 수사기록을 검토한 뒤 추가로 수사할 사항이 있다고 판단되면 이미 경찰에서 조사받은 사람을 다시 불러 조사를 벌이거나 새로운 참고인, 증거 등을 조사하기도 한다. 그러나 사법경찰관 송치기록에 더 이상 수사할 사항이 발견되지 않고 수사가 완료되었다고 판단되면 검사는 그 사건에 대해 최종결정을 하게 된다.

검사가 사건을 수사한 결과 재판에 회부하지 않는 것이 타당하다고 판단한 경우에는 사건을 법원에 넘기지 않고 그대로 종결한다. 이러한 사건처리를 「불기소처분」이라고 한다. 그러나 범인으로 하여금 형벌을 받게 하는 것이 마땅하다고 판단되는 경우 검사는 사건을 법원에 회부하게 되는데 이를 「기소」라고 한다. 이로써 검사의 사건처리는 모두 끝나게 되는 것이다. 현재 우리나라 검찰의 사건처리 예를 보면 불기소처분과 기소처분이 반반 정도가 된다.

구속된 사람은 검사의 기소 이후에 법원에 보석을 청구할 수 있다. 「보석」이란 검사에 의해 구속된 상태로 재판에 회부된 사람이 법원에 대해 보증금을 납부할 것을 조건으로 석방해 달라고 신청하는 것을 말한다. 보석은 검사의 기소 이후에만 신청할 수 있다는 점에서 앞에서 설명한 구속적부심사제도와 다르다.

검사가 처리한 형사사건들은 그 이후 어떻게 처리될까? 고소한 사건에 대해 검사가 불기소처분을 한 경우에는 고소인이 불기소처분의 통지를 받은 날로부터 30일 이내에 항고할 수 있다. 항고가 기각되면 검찰총장에게 재항고를 할 수도 있고, 고등법원에 재정신청을 할 수도 있다. 항고가 모두 기각되거나 재정신청이 기각되면 그 사건의 처리는 최종 종결된다. 그러나 항고가 받아들여지면 다시 수사를 재개하게 되고, 재정신청 결과 공소제기 결정이 내려지면 공소가 제기되어 재판이 진행된다. 고소사건 이외의 사건은 검사의 불기소처분으로 종결된다.

검사가 기소한 사건에 대해서는 판사가 재판을 하게 된다. 재판은 법원에 마련된 공판정 즉 법정에서 공개적으로 진행하는 것이 원칙이다. 재판은 기본적으로 검사의 공소사실 낭독 → 피고인의 공소사실 인정여부 진술 → 재판장의 쟁점정리 → 증거조사 절차 → 검사의 피고인 신문과 논고 → 변호인과 피고인의 최종의견 진술 등의 순서로 진행된다. 이 재판 과정에서 피고인은 자기의 억울함이나 정당함을 주장할 수 있다. 이상과 같은 절차를 「공판기일절차」라고 한다. 경우에 따라서는 법원의 주도 하에 검사, 피고인 또는 변호인의 의견을 들어 사전에 사건의 쟁점과 증거를 정리하는 과정을 거치기도 하며, 이를 「공판준비절차」라고 한다.

재판의 결과 피고인의 범죄가 인정되면 법원은 피고인에게 유죄의 판결을 내리게 된다. 이때 사안이 가벼운가 무거운가에 따라 사형, 무기 또는 유기징역형이나 자격정지, 벌금형 등을 선고할 수 있고, 또 정상을 참작해서 형벌의 집행을 추후로 미루어주는 「집행유예」를 덧붙여 선고할 수도 있다. 기소된 사건을 재판한 결과 유죄로 인정할 만한 증거가 없는 경우 법원은 「무죄」를 선고한다. 모든 형사사건에 대해서는 법원의 3심제가 적용된다.

법원의 판결에 의하여 형이 확정되면 검사의 지휘에 따라 그 형을 집행한다. 징역형은 교도소에서 집행하고, 벌금형은 판결확정일로부터 30일 이내에 검찰청에 납부해야 한다. 교도소에서 징역형의 집행 중에 있는 사람들 가운데 복역 성적이 양호하고, 뉘우침이 뚜렷한 때에는 무기에 있어서는 20년 이상, 유기형에 있어서는 형기의 1/3 이상 경과한 경우 법무부장관이 「가석방」할 수 있다. 가석방 이외에는 형기를 모두 채우고 나면 석방된다. 이로써 모든 형사사건의 처리절차가 종료되는 것이다.

　우리나라에서는 매년 250만 명 정도가 형사사건의 범죄혐의자로 입건된다. 범죄의 경우에는 가해자도 있지만 대부분 피해자도 있으니 결국 형사사건의 당사자가 매년 500만 명에 이른다는 이야기가 된다. 모든 국민들이 10년에 한 번씩 즉, 80평생을 산다면 평균 8번은 수사기관에서 조사를 받아야 한다는 결론이다. 형사사건은 남의 이야기가 아니라, 바로 나의 일이 될 수 있고, 우리 교회의 일이 될 수 있는 것이다. 형사법에 무관심하여 형사문제가 발생하였을 때, 그냥 잘 모른다고만 해도 될까? 다시 한 번 심각하게 생각해 볼 일이다.

01 교회의 법적 성격
02 교회의 대표자
03 교회 재산에 관한 법률관계
04 교회 재산의 명의신탁
05 교회와 교단의 관계
06 교회의 분열
07 교회 재판의 효력
08 신앙생활과 형사처벌
09 교회생활과 명예훼손
10 교회 행정과 법률문제
11 교회와 조세(租稅)
12 종교의 자유

PART 2

교회 분쟁, 판례로 살펴보기

교회생활이나 신앙생활과 관련하여 발생한 법률분쟁은 결국 어떻게 해결될까? 어떤 분쟁이든 당사자 사이에서 원만히 합의하면 쉽게 해결될 것이다. 따라서 분쟁해결의 첫 번째 단계는 당사자 사이의 협의에 따른 합의이다. 그러나 당사자 사이에 합의가 이루어지지 않는 경우에는 어떻게 해결해야 할까?

첫째, 힘과 실력으로 해결하는 방법이 있다. 예를 들어 교회에 내분이 생겨 담임목사 측과 그 반대 측이 대립하는 과정에서 반대 측이 담임목사의 사임을 요구하는데 담임목사가 예배를 주재하며 설교를 하려 하자 반대 측이 집단의 힘으로 목사님을 붙잡아 강당으로 올라가지 못하게 하는 것은 실력에 의해 해결하려고 하는 것이다. 그러나 이는 담임목사 측의 예배인도를 통한 교회주도권 확보를 방해하는 효과는 거둘 수 있을지 몰라도, 예배방해죄라고 하는 범죄행위에 해당하여 처벌대상이 된다.

둘째, 법에 호소하여 법절차에 따라 해결하는 방법이다. 위 사례에서는 반대 측이 법원에 담임목사 직무집행정지 신청을 하는 것이 그 예라고 할 수 있다. 이 방법은 많은 시간이 소요되고 그 결과가 반드시 원하는 대로 되는 것은 아니지만, 민주국가에서는 그래도 분쟁해

결의 방법으로는 합법적 절차를 밟는 것이 바람직하다고 볼 수 있다. 이렇게 법에 의해 해결하는 방법을 택할 때 그 결과는 검찰, 법원 등 사법기관의 판단에 의해 좌우된다. 이러한 사법기관의 판단들을 「판례」라고 한다. 법원이 동일한 유형의 사건에 대하여 내렸던 판결 중에서 나중에 발생하는 사건에 있어서도 그대로 적용되어 법으로서의 역할을 할 수 있게 된 것을 판례법이라고 부르기도 한다. 그만큼 판례는 중요한 것이다.

지금부터 교회생활이나 신앙생활과 관련한 법원의 판례들을 각 사항별로 나누어 소개하고자 한다. 다만 독자들의 편의를 위해 판결문 전체를 옮기는 대신에 「판결요지」라고 하여 판결의 핵심적 내용만을 소개하기로 한다.

01 교회의 법적 성격

❖ 교회의 정의(定義)

교회라 함은 예수교의 교도(教徒)들이 교리의 연구, 예배 기타 신교(信教)상 공동목적을 달성하기 위하여 각기 자유의사로 구성한 단체로서, 법률상 법인이 아니므로 그 구성원을 떠나 독자적인 권리, 의무의 주체가 될 수 없다(대법원 1957. 12. 13. 선고 4289민상182호 판결).

❖ 교회는 법인 아닌 사단이다

A교회는 대한기독교장로회의 소속교회로서 대한기독교장로회 헌법의 규율을 받는 신도 50명 정도와 제직 10명 정도를 가지고 있고 목사를 제직회장으로 하고 있으므로 이는 대표자 있는 법인 아닌 사단에 해당한다 할 것이다(대법원 1962. 7. 12. 선고 62다133호 판결).

❖ **교회의 사단(社團)성**

(1) 원고 교회가 사단의 실질을 구비한 이상 그 조직과 활동을 규율하는 규범이 상부단체인 기독교대한감리회 제정의 교리와 장정이라 하여 사단성을 상실하는 것은 아니고, 상부단체가 사단이라 하여 구성원이 사단의 실질이 있음에도 불구하고 사단이 아니라고 할 수도 없는 것이며, 또 상부단체에서 이탈하였을지라도 사단의 실질을 계속 유지하고 있는 이상 사단이 아니 되는 것은 아니다(대법원 1960. 2. 25. 선고 4291민상467호 판결).

(2) 법인의 산하단체로서 법인의 업무상 지도감독을 받는다고 하더라도, 규약에 근거하여 의사결정기관과 집행기관 등의 조직을 갖추고 있고, 기관의 의결이나 업무집행방법이 다수결의 원칙에 의하여 행하여지며, 구성원의 가입·탈퇴 등으로 인한 변경에 관계없이 단체 그 자체가 존속된다면, 그 산하단체는 법인과는 별개의 독립된 비법인사단이라고 볼 수 있으며, 사단의 실질을 구비한 이상 그 조직과 활동을 규율하는 규범이 상부 단체인 법인의 것이라 하여 사단성을 상실하는 것도 아니다(대법원 2008. 10. 23. 선고 2007다7973호 판결)

❖ **교회의 법률적 성격**

교회가 주무관청의 허가를 받아 설립등기를 마치면 민법상 비영리법인으로서 성립한다. 또한, 교회가 법인격을 취득하지 않은 경우에도 기독교 교리를 신봉하는 다수인이 공동의 종교 활동을 목적으로 집합체를 형성하고 규약 기타 규범을 제정하여 의사결정기관과 대표자 등 집행기관을 구성하고 예배를 드리는 등 신앙단체로서 활동함과 함께 교회 재산의 관리 등 독립된 단체로서 사회경제적 기능을 수행함에 따라 법인 아닌 사단의 일반적인 요건을 갖추었다고 인정되는 경우에는, 그 교회는 법인 아닌 사단으로서 성립·존속하게 된다. 기독교 교리를 널리 전파하려는 의도에서 교회가 교인의 자격을 엄격히 심사하지 아니하고 예배에 참여를 허용하는 결과 교회의 가입·탈퇴가 자유롭고 특정 시점에서 교회 구성원이 정확히 파악되지 아니한다고 할지라도 법인 아닌 사단으로서의 실체를 인정함에는 아무런 지장이 없다(대법원 2006. 4. 20. 선고 2004다37775호 전원합의체 판결).

❖ 종전 교회와의 관련 여부와 비법인사단 여부

교회가 다수의 교인들에 의하여 조직되고, 일정한 종교 활동을 하고 있으며 그 대표자가 정하여져 있다면 비법인사단으로서 당사자능력이 있다고 보아야 할 것이고, 그 교회가 종전에 있던 같은 명칭의 교회와 같은 단체인지, 혹은 종전에 있던 같은 명칭의 교회가 새 교회로 합해짐으로써 소멸된 것인지, 또는 그 교회의 구성원이 다른 교회에서 이탈한 것인지 여부나 그 동기는 그 당사자능력을 좌우할 사유가 된다고 할 수는 없으며, 그 교회의 구성원이 소수라고 하여도 단체로서의 실체를 부정할 정도라고 할 수는 없다(대법원 1991. 11. 26. 선고 91다30675호 판결).

❖ 대한감리회 총리원은 비법인사단이다

기독교대한감리회 총리원(總理院)은 기독교대한감리회 총회의 중앙본부 노릇을 하면서도, 한편 그 고유의 목적과 조직을 가지고 있고 그 활동이 일정한 규약에 의하여 규정을 받게 되어 있으며 원장인 감독(監督)이 피고(기독교대한감리회 총리원)를 대표 내지 관리하도록 되어 있고, 또한 피고는 이미 사회단체등록법규에 의하여 문교부(현재의 교육부)에 등록까지 되어 있으므로 당사자능력 있는 비법인 단체에 상당한다(대법원 1964. 4. 28. 선고 63다722호 판결).

❖ 개개의 천주교회는 비법인사단이 아니다

A천주교회는 신자들의 단체라는 면에서 보더라도 내부적으로 단체의사를 결정할 수 있는 자율적 기관이 없고 대표자의 정함이 있는 단체라고 볼 수도 없으며, 외부적으로 보더라도 위 A천주교회가 그 단체를 구성하는 개개 신자의 개성을 초월하여 자기 재산을 가지고 독립한 사회적 활동체로 존재하는 단체라고는 볼 수 없으므로 이를 '법인 아닌 사단'이나 재단에 해당하는 것이라고 할 수 없다(대법원 1966. 9. 20. 선고 63다30호 판결). － 즉 천주교는 그 특성상 권리능력과 당사자능력이 개별교회에 없고, 그 소속된 교구의 유지재단법인에 있다.

❖ 대한성결교 지방회는 비법인사단이 아니다

① 지방회 등으로 조직되는 총회는 기독교대한성결교회의 기관이나 기구에 불과할 뿐 법인 아닌 사단의 일반적인 요건을 구비하였다고 보기 어려운 점, ② 지방회는 그 임원들을 지방회에 소속된 지교회 목사와 장로 중에서 선출하는 등 지교회와 구분되는 별도의 인적 조직은 갖추지 아니한 것으로 보이고, 독자적인 규약도 존재하지 아니하는 점, ③ 지방회는 지교회에서 납부하는 상회비와 협찬 받은 예산 등으로 지방회의 재정을 충당하여 수입, 지출에 대한 예산을 편성, 의결한 후 이를 집행할 뿐이고, 지방회의 회의도 별도로 마련된 공간이

아닌 지방회장으로 선출된 목사가 재직하는 지교회에서 개최하는 등 지방회가 소속 지교회와 구분되는 별도의 물적 설비를 갖추지 아니한 것으로 보이는 점, ④ 지방회는 정기 또는 임시로 소집되어 회의를 진행하는 일종의 회의체의 성격도 지니고 있는 점, ⑤ 지방회의 회무도 소속 지교회의 업무를 지원하고 총회에 보고하는 것을 주 업무로 하는 점 등에 비추어 볼 때, 지방회는 종교적 내부관계에 있어서 기독교대한성결교회 총회와 지교회 내지 당회 사이에 위치한 기관 내지 기구에 지나지 않는다 할 것이고, 비록 피고 지방회가 기독교대한성결교회나 그 지교회와 구분되는 조직을 가지고 예산을 편성, 집행하며 교단 내에서 고유한 업무를 담당하고 있다 하더라도 이는 어디까지나 위와 같은 기관이나 기구로서 하는 것일 뿐 법인 아닌 사단의 일반적인 요건을 구비하였다고 보기 어렵다(인천지방법원 2013. 1. 16. 선고 2012가합16502호 판결).

❖ 교회의 생성과 소멸

A교회는 그리스도의교회협의회 새서울지방회 소속의 지교회인데, 1998년 8월경 종전의 신월중앙교회의 소속 교단을 대한예수교장로회 총회 수도노회로 변경하려 하는 A교회의 담임목사이던 甲 및 그를 따르는 일부 교인들과, 교단 변경에 반대하는 乙을 중심으로 한 교인들 사이에 발생한 다툼으로 인하여 乙은 1998년 가을경부터 A교회를 탈퇴하여 부근의 B교회에 다니게 되었고, 교단 변경에 반대하던 다른 교인들도 그 무렵부터 A교회를 탈퇴하고 다른 교회에 다니게 되어 A교회에는 담임목사인 甲 부부를 제외한 8명의 교인만이 남게 되었고, 위와 같이 남은 교인들과 甲은 1999년 12월 26일 교인총회를 통하여 A

교회의 소속 교단을 그리스도의교회협의회 새서울지방회에서 대한예수교장로회 총회 수도노회로 변경하고, 교회의 명칭도 C교회로 변경하기로 결의하였다면, A교회는 교단 변경을 결의할 당시 남아있던 교인들의 총의에 의하여 소속 교단을 변경하고 교회의 명칭도 변경함으로써 새로운 교회로 변경되었다 할 것이고, 따라서 A교회는 소멸되었다(대법원 2003. 11. 14. 선고 2001다64127호 판결).

❖ 교회의 해산 시 청산관계

(1) 교인 일부가 교회 건물을 신축하고 예배를 드리며 독자적인 종교 활동을 시작함으로써 A교회가 설립되고, 그 후 대한예수교장로회 소속 교회로 가입하였는데 그 후 A교회의 교인수가 급격히 감소하여 독립한 교회건물에서 예배도 보기 어려울 정도가 되므로 교인들은 교회 재정을 맡아 왔던 甲 명의로 부근 단독주택을 매수하여 이곳에서 예배를 보았으나, 그 후 1997년 1월 18일 남은 교인이 5명에 이르자 이들은 예배를 중단하고 전원이 다른 교회로 나가기로 결의하였고 그 후 A교회의 독자적인 종교 활동은 없어지고 위 5명의 교인들도 모두 다른 교회의 예배에 참석하였는데, 甲은 위 1997년 1월 18일 당시까지 남은 교인들 중 유일한 장로로서 위 결의 이후에도 종전에 예배를 보던 단독주택에서 거주하면서 A교회의 피아노, 강대상 등 비품 일체와 헌금 장부, 금전출납부 등을 보관하였고 종전 교회 건물에 대한 관리를 하여 왔다.

그런데 그 일대가 카지노 사업장으로 개발되면서 사업시행자는 A교회의 건물의 철거에 대한 보상금을 금 63,704,600원으로 책정하였다면, A교회는 1997년 1월 18일에 이르러 남은 교인 5인이 모두 원고 교회에서의 예배를 중단하고 다른 교회로 나가기로 결의함으로써 예배 등 독자적인 종교 활동이 완전히 없어지게 됨에 따라 교인이 존재하지 않게 되어 해산절차에 들어가게 되었으며, 甲의 교회 내에서의 지위와 활동, 위 1997년 1월 18일자 결의 내용과 그 이후의 경과 등에 비추어 볼 때, 위 1997년 1월 18일자 결의 당시 교인들은 甲을 향후 A교회의 청산업무를 수행할 자로(묵시적 방법으로) 선정함으로써 그를 청산인으로 선임하였다고 할 것이다. 한편, A교회는 청산 중의 비법인사단으로서 위 보상금의 처리라는 청산목적 범위 내에서 존속하므로 청산사무의 처리를 위하여 위 보상금의 수령권을 주장할 수 있다고 할 것이다(대법원 2003. 11. 14. 선고 2001다32687호 판결).

(2) 법인 아닌 사단(예, 교회)에 대하여는 사단법인에 관한 민법규정 가운데에서 법인격을 전제로 하는 것을 제외하고는 이를 유추 적용하여야 한다. 그러므로 법인 아닌 사단도 사원(교인)이 1명도 없게 되거나(따라서 사원이 1명뿐인 사단도 인정된다.), 총회의 결의로 해산하게 되고(민법 제77조 제2항의 유추적용. 한편 이 경우에 해산결의가 사원총회의 임의적인 결의로 이루어진 것이므로 사원총회는 언제든지 이를 철회할 수 있다.), 또 위와 같이 사단법인에 있어서는 사원(교인)이 1명도 없게 된다고 하더라도 이는 해산사유가 될 뿐 바로 권리능력이 소멸하는 것이 아니므로 법인 아닌 사단에 있어서도 구성원이 1명도 없게 되었다 하여 곧바로 그 사단이 소멸하여 권리능력이나 당사자능력을 상실하였다고 할 수는 없고 청산사무가 완료되어야 비로소 권리능력 등이 소멸하는 것이며, 이때에 정관 또는 총회의 결의로 청산인에 관하여 정한 바가 없으면(민법 제81조의 유추적용), 법원에 의하여 선임된 청산

인이 청산사무를 처리하게 된다(민법 제83조의 유추적용, 서울고등법원 2001. 5. 9. 선고 2000나58776호 판결).

※ 이 판결은 위 대법원 2001다32687호의 하급심 판결이다.

02 교회의 대표자

❖ 교회의 대표자

A교회의 담임목사였던 甲은 소속 노회의 전권위원회가 담임목사직과 목사직에서 정직시키고 당회장에서 해임하는 결정을 하자, 다음 날 위 결정에 반발하여 다른 교단에 입회신청서를 제출하여 입회승인을 받았다. 그런데 A교회의 대표자는 원칙적으로 A교회의 청빙을 받고 위 노회가 허락한 위 노회 소속의 위임목사 또는 임시목사여야 한다면, 甲이 위 정직 결정의 부당성을 위 노회의 헌법에 따른 절차에 따라 다투지 아니하고 스스로 자의에 의하여 위 노회를 탈퇴한 이상 A교회의 대표자로서의 자격을 상실하였다(춘천지법 원주지원 2006. 11. 15. 선고 2004가단4835호 판결).

❖ 당회장은 교회 부동산 소송을 수행할 자격이 있다

대한예수교장로회 헌법에 의하면 "당회는 예배규범에 의지하여 예배의식을 전관(專管)하되 모든 회집(會集)시간과 처소를 작성하고 교회에 속한 토지, 가옥에 관한 일도 장리(掌理)하도록" 되어 있고, 교회나 그 소속 교인들은 그 소속교파의 교리는 물론 그 헌법 등 규약에 따라야 할 것이므로, 원고인 A교회가 속하는 대한예수교장로회 수도노회에 의하여 A교회의 당회장으로 임명, 파송된 A교회의 대표자 甲목사는 교회 소속 전체교인들의 총회결의에 의한 특별수권이 없이도 위 헌법 등의 규정에 따라 A교회의 당회장으로서 A교회를 대표하여 A교회 소유의 부동산에 관한 소송을 제기, 수행할 수 있다(대법원 1985. 11. 26. 선고 85다카659호 판결).

❖ 제3자가 작성한 이행각서만으로 교회의 대표권을 인정할 수 없다

소론 이행각서(갑 제11호증의 1) 기재내용은 피고들이 피고들 명의로 된 재산이 원고(저자 주 : 교회)의 재산임을 인정하고 원고 명의로 이전할 것을 약속하는 내용으로서 그 재산양도의 이행방법에 관하여 "신도 239명 대표자 甲을 통하여 필히 이행하고 기타 방법 또는 제3자를 통하여 절대 이행하지 않는다"고 기재되어 있으나, 이러한 기재만으로 당시 원고의 대표자가 아닌 甲을 대표자로 하여 이전하겠다거나 또는 위 재산이전의 절차를 밟는 한도 내에서 甲에게 원고의 대표권을 인정한다는 취지라고는 볼 수 없을 뿐 아니라, 피고들과의 합의만으로 위 甲의 대표권이 생긴다고 볼 수도 없는 것이다(대법원 1992. 3. 10. 선고 91다25208호 판결).

❖ **목사·전도사 등이 종교 활동의 일환으로 행한 불법행위는 교회 자체의 행위로 볼 수 있다**

재단법인 기독교 대한개혁장로회 총회의 대표기관 또는 그의 기관의 구성원인 목사 또는 전도사 등이 위 법인의 목적사업인 전도사업의 장소에서 교리에 전혀 없는 황당무계한 설교를 하여 신도들로부터 많은 금품을 편취했고, 사전에 책임금액을 점수제로 할당하여 성적 미달자에게는 신앙심이 부족하다는 이유로 구타하여 금품을 갈취하는 등의 불법행위는 모두가 위 법인설립의 기본목적으로 하는 종교적 활동을 빙자 내지는 가장(假裝)하여 이루어진 것이므로, 이들의 행위는 위 법인의 기관으로서 그 조직적 의사의 발현이었다고 볼 일면(一面)이 부정될 수는 없다(대법원 1976. 7. 13. 선고 75누254호 판결).

❖ **교회 대표자는 교단 헌법에 따라 선임되어야 한다**

원고교회는 대한예수교장로회 경북노회에 소속하고 있는 지교회로서 설사 2개의 파로 분파되어 있다 하더라도 원고교회의 대표자는 어디까지나 위 경북노회 또는 원고교회의 운영방법을 규율하고 있는 종헌인 『대한예수교장로회 헌법』에 정하는 바에 따라 선임되어야 한다(대법원 1975. 12. 9. 선고 73다1944호 판결).

❖ **전도목사나 무임목사는 교회의 대표자가 아니다**

대한예수교장로회(합동)에 있어 교회 치리권은 당회, 노회, 대회, 총회 등의 치리회에 있는 사실, 당회는 지교회의 목사와 치리장로로 구성되고 원칙적으로 그 지교회의 담임목사가 당회장이 되는 사실, 목사는 위임목사(한 지교회나 1구역의 청빙으로 노회의 위임을 받은 목사),

무임목사(담임한 시무가 없는 목사로서 노회에서 언권이 있으나 가부권은 없다), 전도목사(교회 없는 지방에 파견되어 교회를 설립하고 노회의 결의로 그 설립한 교회를 조직하며 성례를 행하고 교회의 부흥 인도도 하는데, 노회의 언권은 있으나 결의권은 없다)로 구분되는 사실, 원심 판시의 '2002년 11월 3일자 결의' 이후 기존 A교회에 장로가 없게 되어 당회가 없어졌는데, 甲의 당회장권은 그 후 2년간 유효하나, 그 유예기간 동안에 다시 당회를 구성하지 못하여 甲은 더 이상 위임목사로서 당회장권을 행사할 수 없게 되었고 현재는 단지 전도목사 또는 무임목사에 불과한 사실 등을 알 수 있다. 그렇다면 특별한 사정이 없는 한 甲에게는 피고를 대표할 적법한 권한이 없다고 보이므로, 甲에게 대표권이 있음을 전제로 본안 판단을 한 원심 판결에는 결과적으로 피고의 적법한 대표자에 관한 심리를 다하지 아니한 잘못이 있다(대법원 2009. 12. 10. 선고 2009다22846호 판결).

03 교회 재산에 관한 법률관계

❖ **교회 재산은 소속 교인들의 총유**

(1) 기독교 단체인 교회에 있어서 교인들의 연보, 헌금 기타 교회의 수입으로 이루어진 재산은 특별한 사정이 없는 한 그 교회 소속 교인들의 총유에 속한다(대법원 2009. 2. 12. 선고 2006다23312호 판결).

(2) 교회가 그 종교 활동을 하는 과정에서 취득하게 되는 재산은 어느 신도나 목사가 전적으로 그 자신의 비용으로 취득하여 그 소유권도 자신에게 귀속시켜 두고 다만 교회에 그 사용권만을 주었다는 등의 특별한 사정이 없는 한 교회 자신의 소유재산이 되는 것이다(서울고등법원 2001. 5. 9. 선고 2000나58776호 판결).

❖ **부동산 소유권에 있어서 모교회와 자교회의 관계**

노회 소속 모(母)교회 교인들이 자(子)교회 부동산을 자신들의 총유로 하기 위하여 자교회의 건축에 도움을 준 것이 아니라 자교회가 같은 노회 소속의 지교회임을 이유로 도움을 주고자 한 것에 불과하다면, 비록 노회규칙에서 재산문제로 분쟁이 발생하면 연합노회가 이를 처결할 권한이 있음을 규정하고 있더라도 물권인 부동산 소유권의 귀속 등 국가의 강행법규를 적용하여야 할 법률적 분쟁에 있어서는 이와 저촉되는 교회헌법상의 규정이 적용될 여지가 없는 것인바, 자교회 교인들의 헌금과 노무 제공 등으로 이루어진 부동산은 특별한 사유가 없는 한 자교회 교인들의 총유에 속한다(수원지법 1997. 12. 23. 선고 97노277호 판결).

❖ **교회 재산의 처분은 교회의 규약에 따르고, 규약이 없으면 교인 총회 결의에 따른다**

교회 재산의 처분은 그 교회의 정관 기타 규약에 의하거나 그것이 없는 경우에는 그 교회 소속 교인들로 구성된 총회의 결의에 따라야 한다(대법원 2009. 2. 12. 선고 2006다23312호 판결).

❖ **교회 재산 처분을 위한 의결 정족수**

(1) 교회 재산의 귀속형태는 총유로 봄이 상당하고, 따라서 교회 재산의 관리와 처분은 그 교회의 정관 기타 규약에 의하되, 그것이 없는 경우에는 그 소속 교회 교인들 총회의 과반수 결의에 의하여야 하는 것이다(대법원 2006. 4. 28. 선고 2005도756호 판결).

(2) 법인 아닌 사단의 단체성으로 인하여 구성원은 사용·수익권을 가질 뿐 이를 넘어서서 사단 재산에 대한 지분권은 인정되지 아니하므로, 총유재산의 처분·관리는 물론 보존행위까지도 법인 아닌 사단의 명의로 하여야 하고(대법원 2005. 9. 15. 선고 2004다44971호 전원합의체 판결 참조), 그 절차에 관하여 사단 규약에 특별한 정함이 없으면 의사결정기구인 총회 결의를 거쳐야 한다(민법 제276조 제1항). 총회 결의는 다른 규정이 없는 이상 구성원 과반수의 출석과 출석 구성원의 결의권의 과반수로써 하지만(민법 제75조 제1항), 사단에 따라서 재산 내역이 규약에 특정되어 있거나 그렇지 않더라도 재산의 존재가 규약에 정하여진 사단의 목적수행 및 사단의 명칭·소재지와 직접 관련되어 있는 경우에는 그 재산의 처분은 규약의 변경을 수반하기 때문에 사단법인 정관 변경에 관한 민법 제42조 제1항을 유추 적용하여 총 구성원의 2/3 이상의 동의를 필요로 한다고 해석하여야 한다(대법원 2006. 4. 20. 선고 2004다37775호 전원합의체 판결).

❖ **교인들의 처분결의 없는 교회 재산 처분행위는 무효이다**

교회는 일반적으로 권리능력 없는 사단이라 할 것이므로, 그 재산의 귀속형태는 총유로 봄이 상당하고, 따라서 교회 재산의 관리와 처분은 그 교회의 정관 기타 규약에 의하되, 그것이 없는 경우에는 그 소속교회 교인들 총회의 과반수 결의에 의하여야 하므로, 토지나 건축물을 소유한 교회가 재개발조합의 설립 및 사업시행에 대하여 동의를 하는 경우에도 정관 기타 규약이 없으면 교인들 총회의 과반수 결의에 의하여야 할 것이다. 따라서 교회가 재개발조합의 설립 및 사업시행에 대한 동의를 함에 있어 담임목사가 대표자 표시 없이 그 개인

명의로 동의서를 작성하여 인감도장을 날인한 다음 인감증명서를 첨부하여 제출하였을 뿐 담임목사가 위 동의를 함에 있어 위 교회 교인들 총회의 결의를 거치지 않았다면 위 담임목사의 동의서 제출이 위 교회의 재개발조합의 설립 및 사업시행에 대한 동의로서의 효력이 없다(대법원 2001. 6. 15. 선고 99두5566호 판결).

❖ 교인총회의 결의가 없이 경료된 등기는 원인무효이다

(1) 기독교단체인 교회의 재산은 특단의 사정이 없는 한 그 교회 소속 교인들의 총유에 속하므로 그 재산의 처분에 있어서는 그 교회의 정관 기타의 규약에 의하거나 그것이 없는 경우에는 그 교회 소속 교인들의 총회의 결의에 따라야 하는 것인 바, 교인들 총회의 결의가 없었음에도 있는 것같이 관계서류를 위조하여 경료한 소유권이전등기는 원인무효의 등기이다(대법원 1986. 6. 10. 선고 86도777호 판결).

(2) 교회 교인들의 총유 또는 준총유에 속하는 토지의 처분에 관하여 교회의 정관이나 규약이 없고, 교인들의 처분결의도 없다면 비록 그 토지를 전득(轉得)하여 등기를 마친 자가 선의(善意)라 하더라도 교회는 그 처분행위의 무효인 사실을 대항할 수 있다(대법원 1989. 3. 14. 선고 87다카1574호 판결).

❖ 새로운 처분행위에는 새로운 처분결의가 필요하다

교회가 매수하려는 토지의 계약사실, 중도금 및 잔금지급사실이 주보에 의하여 교인들에게 보고된 바 있다면, 그 교회에서는 이 토지에 관한 권리를 총유의 방법으로 '준공동소유(準共同所有)'하게 된 것이 확정되었다고 보아야 할 것이므로, 그 후 다른 토지와 교환계약을 체결하는 것은 새로운 처분행위로서 새로운 처분결의가 필요하다고 보아야 할 것이다(대법원 1989. 3. 14. 선고 87다카1574호 판결).

❖ **단순한 대출에는 교인총회 결의가 필요 없다**

민법 제275조, 제276조 제1항은 총유물의 관리 및 처분에 관하여는 정관이나 규약에 정한 바가 있으면 그에 의하되 정관이나 규약에서 정한 바가 없으면 사원총회의 결의에 의하도록 규정하고 있으므로, 이러한 절차를 거치지 아니한 총유물의 관리·처분행위는 무효라 할 것이고, 이 법리는 민법 제278조에 의하여 소유권 이외의 재산권에 대하여 준용되고 있다. 그런데 위 법조에서 말하는 총유물의 관리 및 처분이라 함은 총유물 그 자체에 관한 이용·개량행위나 법률적·사실적 처분행위를 의미하므로 총유물 그 자체의 관리·처분이 따르지 아니하는 채무부담행위는 이를 총유물의 관리·처분행위라고 볼 수 없다(대법원 2012. 5. 10. 선고 2011다19522호 판결, 대법원 2007. 4. 19. 선고 2004다60072호, 60089호 전원합의체 판결 등 참조).

이 사건 대출계약이 이 사건 제1 근저당권설정계약과 같은 기회에 체결되기는 하였지만 이 사건 제1 근저당권설정계약과는 별개의 법률행위로서 그 효력 유무는 별도로 검토되어야 하고, 이 사건 대출계약은 총유물 자체의 관리·처분이 따르지 아니하는 단순한 채무부담행위에 불과하여 이를 원고 교회의 총회 결의가 필요한 민법 제276조 제1항에서 정하는 총유물의 관리·처분이라고 할 수 없으며, 원고 교회의 규약이 정한 당회의 의결사항에도 해당되지 아니하므로, 소외인이 이 사건 대출계약을 체결하면서 총유물의 관리 및 처분에 관한 원고 교회 규칙을 지키지 않았다고 하여 그 법률행위를 무효라고 할 수 없다(대법원 2014. 2. 13. 선고 2012다112299호 판결).

❖ 교회의 유치권 행사와 교인들의 유치물 사용

법인이 아닌 사단의 재산은 그 구성원의 총유이며(민법 제275조 제1항), 법인이 아닌 사단의 각 구성원은 사단 내부의 규약 등에 정하여진 바에 따라 총유물을 사용·수익할 수 있다(민법 제276조 제2항). 총유에 관한 민법의 규정은 소유권 이외의 재산권에 준용되므로(민법 제278조), 총유물의 사용·수익에 관한 민법의 규정은 유치권에도 준용된다. 한편, 유치권자는 유치물의 보존에 필요한 범위에서는 유치물을 사용할 수 있다(민법 제324조 제2항).

따라서 피고들이 독립교회의 구성원으로서 내부의 규약 등에 정하여진 바에 따라 그들의 준총유에 속하는 유치권의 유치물을 사용하는 것은, 법인이 아닌 사단의 구성원으로서 자신의 정당한 권능을 행사하는 것일 뿐만 아니라 유치물의 보존에 필요한 사용으로 허용된다고 할 것이다. 그리고 이러한 사용에는 총유물의 관리·처분과 달리 사원총회의 결의를 요하지 아니한다(대법원 2011. 12. 13. 선고 2009다5162호 판결).

❖ 교회 재산 관련 소송행위의 절차

총유물의 보존에 있어서는 공유물의 보존에 관한 민법 제265조의 규정이 적용될 수 없고, 민법 제276조 제1항의 규정에 따른 사원총회의 결의를 거치거나 정관이 정하는 바에 따른 절차를 거쳐야 하므로, 법인 아닌 사단인 교회가 그 총유재산에 대한 보존행위로서 소송을 하는 경우에도 교인총회의 결의를 거치거나 그 정관이 정하는 바에 따른 절차를 거쳐야 한다.

원고 교회의 2010년 2월 28일자 당회 결의는 이 사건 제1 근저당권설정등기에 대한 말소청구소송을 하기로 하는 결의에 불과하고, 이 사건 제2, 제3 근저당권설정등기의 말소청구소송을 하기로 하는 결의로 볼 수 없으므로, 이 사건 제2 근저당권설정등기의 말소를 구하는 소 및 이 사건 제3 근저당권설정등기가 임의경매로 말소되었다는 이유로 부당이득의 반환을 구하는 소는 원고 교회 규칙에 따른 당회의 결의를 거치지 않아 부적법하다(대법원 2014. 2. 13. 선고 2012다112299호 판결).

❖ 교회 재산의 보존관리소송의 당사자적격

총유재산에 관한 소송은 법인 아닌 사단이 그 명의로 사원총회의 결의를 거쳐 하거나 또는 그 구성원 전원이 당사자가 되어 필수적 공동소송의 형태로 할 수 있을 뿐 그 사단의 구성원은 설령 그가 사단의 대표자라거나 사원총회의 결의를 거쳤다 하더라도 그 소송의 당사자가 될 수 없고, 이러한 법리는 총유재산의 보존행위로서 소를 제기하는 경우에도 마찬가지라 할 것이다(대법원 2005. 9. 15. 선고 2004다44971호 전원합의체 판결).

❖ 교회 재산의 사용수익권

교회가 소유한 교회 건물은 교인들의 총유에 속하고, 교인은 교회 활동의 목적범위 내에서 총유권의 대상인 교회 건물을 사용·수익할 수 있으며, 교회 재산을 사용·수익하는 가장 중요한 방법은 예배행위이므로, 비록 교회의 담임목사로 재직하던 목사와 교인들 사이에 법적 분쟁이 있다 하더라도, 교인이 교회 건물에서의 예배 등 신앙생활을 위하여 교회 건물에 출입하는 것은 허용되어야 하고, 따라서 위 목사가 교회의 담임목사이었음을 주장하면서 교회 건물의 명도를 거부하고 교인들의 예배행위를 방해하고 있다면, 교인으로서는 위 목사에 대하여 교회 건물에의 출입, 예배 등 신앙생활의 방해 금지를 구할 이익이 있다(춘천지법 원주지원 2006. 11. 15. 선고 2004가단4835호 판결).

❖ 구세군교회의 재산소유형태

구세군 군령군율(軍令軍律)이 구세군의 모든 부동산은 '구세군 자체의 조직과 행정상 발생할지도 모르는 불리한 결과를 방지하기 위하여' 정당한 법적 절차를 밟아 완전한 구세군 자산으로 하되, 이 구세군의 전 자산은 구세군 대장만이 유일한 소유자이고 구세군 대장은 구세군 신탁회사라는 명칭을 가진 회사를 설립하여 그 재산을 관리하도록 규정하고 있다면, 구세군은 지역교회 중심인 일반교회와는 달리 강력한 중앙집권적인 조직을 갖추어 산하 영문(營門)의 재산에 관하여 일체의 사권(私權) 행사를 부인하고 있다고 해석하여야 할 것이고, 따라서 원고 재단(저자 주 : 대한구세군유지재단법인)이 구세군 영문의 회당으로 사용하기 위하여 이 사건 대지를 구입하고 건물을 신축함에 있어서 그 비용 가운데 구세군 교인들의 헌금이 일부 들어갔다 하더라도 그 대지 및 건물이 원고 법인의 이름으로 적법하게 등기된 이상 그것이 교인들의 총유에 속하는 것이라거나 그 등기를 원인 없는 무효의 것이라고 할 수도 없다(대법원 1986. 7. 8. 선고 85다카2648호 판결).

❖ **교인들의 교회 재산에 대한 권리의 취득과 상실**

 (1) 교회 신도들의 연보, 헌금, 기타 교회의 수입으로 이루어진 재산은 특별한 사유가 없는 한 그 교회 소속 교도들의 총유로서, 교도로서의 지위를 상실함과 동시에 그 재산에 관한 권리의무도 상실된다(대법원 1988. 3. 22. 선고 86다카1197호 판결).

 (2) 이 건물은 1956년경 원고(B교회 유지재단 설립기성회) 대표자 甲이 주동이 되어 건립한 A교회의 예배당인데, 당시 이 건물은 주로 교인들의 연보를 기금으로 삼았던 것이므로 그 소유권은 이 당시의 교인들의 총유에 속한다. 그리고 위의 건물은 현재 등기부상 원고의 소유로 등재되어 있으나 이것은 원고의 대표자 甲을 당회장으로 삼고 있는 B교회가 자기소유라 칭하여, 이것을 원고 명의로 등기(명의신탁)한 것이다. 그런데 이 B교회라는 단체는 위에서 본 1956년경에 설립되었던 A교회의 신도단체와는 전혀 별개의 신도들로 구성되어 있고, 더러 그중에 A교회 설립 당시의 신도 중의 일부가 끼어있다 하더라도 이러한 신도들은 이미 설립 당초의 A교회 신도단체에서 탈퇴하고, 새로이 B교회라는 새로운 단체에 가입한 것이다. 이처럼 어느 교회의 신도단체를 이탈하게 되면 그들이 갹출한 연보로써 지은 건물(예배당)에 대한 총유자로서의 권리도 당연히 상실하게 된다. 그렇다면 본건 교회의 건물이 B교회 신도들의 소유에 속한다고는 볼 수 없고, 이 교회로부터 명의신탁을 받은 원고 또한 본건 예배당에 대한 소유권자로서 행세할 수 없다(대법원 1967. 11. 28. 선고 67다2201호 판결).

 (3) 피고는 소외인과 함께 A교회라는 종교단체를 창립하고 신도들

의 헌금 등으로 본건 건물을 건축하여 예배당으로 사용하면서 피고는 권사, 소외인은 전도사로 활동하던 중 소외인의 "서울이 불바다가 된다"는 예언에 의하여 교도의 절반 가량은 이들을 따라 남하하였다가 약 1개월 후 북상하여 다른 장소에서 A교회라는 이름으로 신앙생활을 계속하였고, 잔류한 교도들은 본건 예배당에서 따로 원고 B교회를 이룩한 경우에 있어서, 위와 같이 A교회를 창립한 피고와 소외인이 소외인의 위와 같은 예언에 따라 일시 남하하였다가 북상하여 종전과 동일한 A교회라는 이름 아래 신앙생활을 한 것이라면 근본적인 신조의 대립으로 피고와 그를 따른 교도들이 분열을 일으켜 항구적으로 위 교회로부터 탈퇴할 의사가 있어 위 A교회를 탈퇴한 것이라고 인정할 수 없음에도 불구하고 이들의 탈퇴를 인정하고 본건 건물은 잔류한 교도들만의 총유재산이라고 하여 이들의 집합체인 원고 B교회의 소유라고 단정하였음은 법리오해의 위법이 있다(대법원 1965. 1. 19. 선고 64다1338호 판결).

❖ **부동산 소유권 귀속에 관한 교단 헌법 규정은 효력이 없다**

대한예수교장로회의 헌법에는 원고(저자 주 : 대한예수교장로회 경북노회) 소속의 지교회에 속한 부동산은 노회의 소유로 하고 토지나 가옥에 관하여 분쟁이 생기면 노회가 이를 처단할 권한이 있음을 규정하고 있으나, 물권인 부동산 소유권의 귀속 등 국가의 강행법규를 적용하여야 할 법률적 분쟁에 있어서는 이와 저촉되는 교회헌법의 규정이 적용될 여지가 없다(대법원 1991. 12. 13. 91다29446호 판결).

04 교회 재산의 명의신탁

1. 교단 명의로 등기된 교회 재산의 소유관계

(1) A교회가 교회 대지와 건물을 교단 명의로 등기한 것은 교단으로 하여금 그 소유권을 종국적으로 취득하게 하겠다는 데에 있었다기보다는, 가입교회의 교단에 대한 소속감을 강화하고 그 결집성을 확보하기 위한 상징적 의미로 또는 교단의 회원으로서의 권리와 의무를 성실히 이행하고 교단의 설립목적에 어긋나는 행위를 하지 아니하겠다고 다짐하는 취지의 신표로써 한 것으로 보아야 할 것이어서, 일종의 명의신탁에 해당한다 할 것이고, 그 후 A교회가 교단에 제출한 〈교단가입 및 허입약정서〉 제3조는 "가입자는 소유 부동산 일체를 교단의 기본 선교방침에 따라 교단에 무상으로 증여하며 금후 어떠한 경우라도 가입자 임의로 그 소유권을 주장하지 않는다"라고 규정되어 있으나, 약정서 제출 이후의 위 교회 부동산의 사용, 수익 및 처분 관

계 등에 비추어 볼 때, 약정서의 제출이 이 사건 각 부동산을 교단 소유로 확정적으로 귀속시키기로 하는 것이었다고 단정하기 어렵다(대법원 2004. 6. 25. 선고 2004다3901호 판결).

(2) 교회가 그 교회의 예배당 건물과 그 부지를 소속 교단 명의로 등기한 것은 교단으로 하여금 그 소유권을 종국적으로 취득하게 하겠다는 데에 있었다고 보기보다는 가입교회의 교단에 대한 소속감을 강화하고 소속 교단의 결집성을 확보하기 위한 상징적 의미로서, 또는 교단의 가입회원으로서의 권리와 의무를 성실히 이행하고 교단의 설립목적에 어긋나는 행위를 하지 아니하겠다고 다짐하는 취지의 신표로서 한 것으로서 일종의 명의신탁에 해당한다(대법원 1991. 5. 28. 선고 90다8558호 판결).

2. 명의수탁자인 교단이 명의신탁자 측 목사의 교회출입을 금지시킬 수 없다

(1) A교회는 소속 교단이 자신의 비용으로 미리 교회 재산을 형성한 뒤 교역자를 파송하여 개척한 것이 아니라 목사 甲이 개척한 다음 신청인 교단에 가입한 것이고, A교회 부지는 甲이 매수한 다음 신청인 명의로 소유권을 이전한 것이고 예배당과 사택 역시 甲의 노력과 A교회 교인들의 헌금 등으로 건축되었다면 A교회의 부지와 그 지상 건물들은 A교회 소속 교인들의 총유로서 신청인 교단에게 명의신탁 되었다고 보아야 하므로, A교회의 교인들이 甲을 따르면서 담임목사로서 A교회 건물에서 예배를 주관할 것을 원하고 있는 이상 명의수탁자에 불과한 교단으로서는 명의신탁자가 허용하고 있는 甲의 교회

건물에의 출입, 예배행위를 저지할 수 있는 권한을 가지고 있다 할 수 없다(대법원 2004. 10. 14. 선고 2002다73951호 판결).

(2) 甲은 기독교한국침례회 소속 A교회의 제직회의 청빙을 받아 위 교회의 담임목사로 재직하여 왔는데, 甲이 소위 '다락방운동'을 함에 기독교한국침례회에서는 이를 이단으로 규정하고 甲에게 이를 중지하도록 요청하였으나 甲이 위 요청을 거부하자 기독교한국침례회 산하 지방회에서 甲을 제명하였고, 이에 대하여 甲과 위 교회 신도 중 일부는 침례회 및 그 산하 지방회로부터 탈퇴하였다. 그런데 그 교회의 부지 및 건물에 관하여는 위 탈퇴 이전에 기독교한국침례회 유지재단 앞으로 증여를 원인으로 한 소유권이전등기가 마쳐졌다. 따라서 기독교한국침례회에서는 甲을 상대로 위 교회건물의 소유권 보전을 위하여 甲의 출입을 금지하였다.

그러자 甲은 위 교회 부동산은 위 교회 교인들의 헌금으로 마련한 위 교회의 소유로서 편의상 위 유지재단에 그 소유 명의를 신탁하여 소유권이전등기를 마쳐둔 것이고, 위 교회 교인들이 여전히 甲을 따르면서 담임목사로서 이 사건 건물에서 예배를 인도하여 줄 것을 원하고 있으므로 명의수탁자에 불과한 신청인으로서는 명의신탁자인 위 교회가 허용하고 있는 甲의 이 사건 건물에의 출입을 막을 수 없다는 취지로 주장하였다.

이러한 경우 기독교한국침례회는 교리를 같이하는 가입교회를 구성원으로 하는 종교단체이기는 하지만, 자주성을 지닌 가입교회들이 자발적으로 구성한 연합체에 불과하며 모든 가입교회는 행정적으로 독립적이고, 기독교한국침례회의 규약상 기독교한국침례회 가입교회 재산의 2/3 이상이 신청인 앞으로 등기되지 아니하면 그 교회 시무자는 기독교한국침례회에서의 피선거권이 없다고 규정하고 있을 뿐 그 교회의 재산의 소유권 자체의 양도까지 규정하고 있지는 아니하며, 위 교회의 신도들은 그들의 헌금으로 같은 교회의 부지를 매입하고 교회건물을 신축하여 신도 대표 명의로 등기하여 두었다가 위 유지재단 앞으로 증여를 원인으로 한 소유권이전등기를 마쳐주기는 하였지만, 위 유지재단이 이를 직접 사용·수익하지는 아니하여 위 교회가 그 재산에 대하여 종전과 같이 사용·수익함에 아무런 제한이 없었고, 기독교한국침례회의 가입교회는 기독교한국침례회로부터 탈퇴할 자유도 가지고 있는 것이며, 나아가 예배행위를 그 존립 목적으로 하는 교회로서는 교회건물(예배당)은 필수불가결한 존재이어서 교회건물이 없으면 교회의 존립 자체가 위태롭게 된다는 사실을 보태어 볼 때 위 교회가 그 교회건물과 그 부지인 이 사건 부동산을 신청인 명의로 등기한 것은 그 소유권을 신청인으로 하여금 종국적으로 취득하게 하겠다는 데에 있었다고 보기보다는 가입교회의 기독교한국침례회에 대한 소속감을 강화하고 기독교한국침례회의 결집성을 확보하기 위한 상징적 의미로서 또는 기독교한국침례회의 가입회원으로서의 권리와 의무를 성실히 이행하고 기독교한국침례회의 설립목적에 어긋나는 행위를 하지 아니하겠다고 다짐하는 취지의 신표로 한 것으로서 일종의 명의신탁에 해당한다고 보아야 할 여지가 충분히 있다(대법원 2000. 6. 9. 선고 99다30466호 판결).

3. 교단에 대한 교회 재산 명의신탁에 부동산실명법이 적용되는지

교단과 그 소속 지교회 사이에 지교회 소유의 부동산에 대해 교단 앞으로 명의신탁 등기가 되어 있는 경우 교단과 지교회 사이의 명의신탁 약정과 이에 따른 등기는 부동산 실권리자 명의 등기에 관한 법률(부동산실명법) 제11조 제1항 단서, 부동산실명법 시행령 제5조 제2항에 의하여 부동산실명법상의 유예기간 내에 실명등기를 하지 않았더라도 무효로 되지 않는다고 할 것이다(대법원 2006. 8. 24. 선고 2006다13612호(본소), 2006다13629호(반소) 판결).

4. 재단법인 기본재산으로 편입된 교회 재산 처분에는 주무장관의 허가가 필요하다

재단법인의 기본재산에 관한 사항은 정관의 기재사항으로서 기본재산의 변경은 정관의 변경을 초래하기 때문에 주무장관의 허가를 받아야 하고, 따라서 기존의 기본재산을 처분하는 행위는 물론 새로이 기본재산으로 편입하는 행위도 주무장관의 허가가 있어야 유효하고, 또 일단 주무장관의 허가를 얻어 기본재산에 편입하여 정관 기재사항의 일부가 된 경우에는 비록 그것이 명의신탁관계에 있었던 것이라 하더라도 이것을 처분(반환)하는 것은 정관의 변경을 초래하는 점에 있어서는 다를 바가 없으므로 주무장관의 허가 없이 이를 이전등기할 수는 없다(대법원 1991. 5. 28. 90다8558호 판결).

5. 부동산실명법에 따라 실명등기 전환하지 않은 경우의 법적 효력

A교회 소속 신도들은 1978년 6월 29일경 예배당 건물을 신축하기 위하여 각자 성금을 갹출하여 공동으로 부동산을 매입한 다음 편의상 그 소유권이전등기를 위 교회 담임목사인 甲, 당시 위 예배당 건축추진위원장이던 乙, 당시 집사이던 丙등 3인 명의로 마쳐두었고, 위 교

회 신도들은 1980년 8월 22일경 이 사건 부동산에 'A교회 제일예배당'을 건축하여 교회 건물의 부지로 사용하여 왔다. 그런데 1997년 4월 24일 乙이 다액의 채무를 부담하게 되어 자칫 乙의 채권자들로부터 위 교회 부동산에 대한 乙의 지분에 대하여 강제집행을 당할 염려가 있게 되자, 위 교회 신도들은 같은 해 5월경 총회를 개최하여 위 乙의 지분에 관하여 甲 명의로 근저당권을 설정하여 두기로 결의하고, 이에 甲은 乙에 대하여 채권을 가지고 있지 않으면서 채권자 명의를 빌려 주어 근저당권설정등기가 마치게 하였다.

이에 대하여 乙의 채권자들이 사행행위라고 주장하며 근저당권설정등기를 취소하라고 요구하자, 하급심 법원은 비록 위 교회 신도들의 결의에 따른 것이라 하더라도 乙이 위 교회나 그 신도들 명의로 소유권이전등기 또는 소유권이전청구권 가등기를 경료하여 주는 방법을 택하지 않고 제3자인 甲에 대하여 허위로 다액의 채무를 부담한 것으로 하여 근저당권설정등기를 경료하는 방법을 택한 경우에는 그것이 甲의 주장과 같이 실질적인 소유권을 보전하기 위한 방법으로 행하여졌다고 하더라도 사회통념상 정당하다고 인정되는 범위를 벗어나는 것으로서 용인할 수 없고, 따라서 甲 명의의 위 근저당권설정등기는 그 채권자인 원고에 대한 관계에서 사해행위가 됨을 면할 수 없다고 판단하였다.

이에 대해 대법원은, 乙 명의의 소유권이전등기는 부동산실권리자명의등기에 관한 법률(이하 '법'이라고만 한다)이 시행되기 전에 A교회 신도들과 乙 사이의 명의신탁약정에 의하여 부동산에 관한 물권을 명의수탁자인 乙의 명의로 등기한 것으로서 그 명의신탁자가 법 제11조 제1항 본문이 정하는 법 시행일(1995. 7. 1.)로부터 1년의 유예기간

이내에 실명등기를 하지 아니한 것임이 명백하므로 법 시행일인 1995년 7월 1일로부터 1년이 지난 후부터는 법 제4조 제2항 본문이 적용되어 乙 명의의 소유권이전등기는 무효이고, 그렇다면 乙이 乙의 지분에 관하여 甲과 근저당권설정계약을 체결할 당시 乙의 지분은 이미 乙의 소유가 아니기 때문에 이를 乙의 일반 채권자들의 공동담보에 제공되는 책임재산이라고 볼 수 없고, 乙이 자신의 지분에 관하여 甲과 근저당권설정계약을 체결하고 나아가 甲에게 근저당권설정등기를 마쳐주었다 하더라도 그로써 乙의 책임재산에 감소를 초래한 것이라고 할 수 없으므로 이를 들어 乙의 일반 채권자들을 해하는 사해행위라고 할 수 없다고 판단하였다(대법원 2000. 3. 10. 선고 99다55069호 판결).

6. 목사가 본인 명의로 매수해 등기한 예배당을 임의처분한 경우 횡령죄 성부

교회 목사가 주로 교회 신도 등의 헌금으로 매수한 부동산에 관하여 자신 명의로 소유권이전등기를 경료한 후 임의로 자신의 채무담보를 위하여 근저당권설정등기를 경료하였더라도, 부동산 실권리자 명의등기에 관한 법률 제2조, 제4조, 제11조, 제12조의 규정에 의하면, 위 법률 시행 이전에 위와 같은 계약명의신탁에 따라서 수탁자가 당사자가 되어 그 명의신탁약정이 있다는 사실을 알지 못하는 소유자와 사이에서 부동산에 관한 매매계약을 체결한 후 그 매매계약에 기하여 당해 부동산의 소유권이전등기를 수탁자 명의로 경료한 다음 위 법률 시행 후 1년의 유예기간 내에 실명등기를 경료하지 아니한 경우에 있어서는, 그 소유권이전등기에 의한 당해 부동산에 관한 물권변동은 유효하지만 신탁자와 수탁자 사이의 명의신탁 약정은 무효이므로 수탁자는 전 소유자인 매도인뿐만 아니라 신탁자에 대한 관계에서도 유효하게 당해 부동산의 소유권을 취득한 것으로 보아야 할 것이고, 따라서 그 수탁자(목사)는 타인의 재물을 보관하는 자에 해당한다고 할 수 없다(따라서 횡령죄가 성립하기 어렵다는 취지) (대법원 2006. 9. 8. 선고 2005도9733호 판결).

7. 교회에 대한 재산 증여

(1) 甲은 평소 교회 부지를 헌납하기를 희망하고 있다가 A교회의 목사인 소외 乙에게 헌납 의사를 밝히고 그의 도움으로 甲의 소유인 밭을 매각한 다음 그 매각대금으로 이 사건 종교 부지를 매입하면서 당시 A교회가 등록되어 있지 않은 관계로 그 목사인 乙을 매수인으로 하여 줄 것을 甲 스스로 요청하였을 뿐 아니라 계약금의 일부를 A교회 신도들이 부담하였고 그 후 세금문제가 부각되자 A교회의 공동회의에 참석하여 위 밭을 A교회에 이전하고 그 매각대금으로 교회 부지의 매입 및 건물의 신축에 사용하기로 한다는 의결을 하였을 뿐 아니라 이러한 내용의 증여계약서까지 작성하였으며 그 후 이 사건 종교 부지 상에 신축된 교회에서 입당예배를 할 당시 甲등이 그 부지를 희사하였다는 내용의 기념비를 스스로 세웠다면 甲은 A교회에게 이 사건 종교 부지를 증여한 것으로 보아야 한다(대법원 1997. 10. 14. 선고 97다29134호 판결).

(2) 불교신자가 그 소유 토지를 교회 부지로 기증하라는 단 한 번의 권유를 받고 그 처리 여부에 대한 고려도 해보지 않은 채 즉석에서 승

낙하면서 증여서류까지 작성날인 해주었다는 것은 특별한 사정이 없는 한 우리의 경험칙 상 이례에 속한다(대법원 1984. 2. 14. 선고 83다카1938호, 1939호 판결).

8. 목사 명의 사택의 보증금 반환채권자

원고 교회는 40~50명 정도 되는 교인들의 헌금 등으로 재정이 충당되는데, IMF사태 때를 제외하고는, 1994년경에는 매달 50만 원 가량, 1995년경부터는 매달 100만 원 가량의 목사 사례비를 甲에게 지급한 사실, 乙, 丙은 1995. 10.경 甲의 목사사택 마련을 위하여 원고 교회에 각 1,000만 원씩을 헌금한 사실, 원고 교회는 그 무렵 위 금원으로 이 A아파트 인근의 B아파트를 甲 명의로 임차보증금 2,000만 원, 월차임 40만 원에 임차하여 甲으로 하여금 거주하게 하다가 다시 이 A아파트를 임차하고, 위 B아파트 임차보증금을 반환받아 이 A아파트의 임차보증금을 지급한 사실, 이 A아파트에 대한 임대차계약 체결 이후인 1999. 3. 15. 당시 원고 교회의 재정부장이 丁(저자 주: 임대인의 딸인 戊에게 이 A아파트 임차보증금 계약금조로 200만 원을 송금하여 준 사실, 그 후에도 원고 교회의 재정에서 이 A아파트의 월차임 및 관리비 등 제세공과금이 지출된 사실을 인정할 수 있고, 위 인정사실에 의하면, 비록 위 임대차계약상 임차인 명의는 甲 개인으로 되어 있으나 실제로는 甲이 자신과는 재정이 분리되어 있던 원고 교회의 대표자 자격으로 이 A아파트를 임차하였다고 봄이 상당하다 할 것이므로, 이 A아파트에 관하여 정당한 임차보증금 반환채권자는 원고 교회라고 할 것이다(서울지방법원 2002. 10. 1. 선고 2001나49592호 판결).

05 교회와 교단의 관계

1. 교회의 교단가입 또는 변경의 요건

특정 교단에 가입한 지교회가 교단이 정한 헌법을 지교회 자신의 자치규범으로 받아들였다고 인정되는 경우에는 소속 교단의 변경은 실질적으로 지교회 자신의 규약에 해당하는 자치규범을 변경하는 결과를 초래하고, 만약 지교회 자신의 규약을 갖춘 경우에는 교단 변경으로 인하여 지교회의 명칭이나 목적 등 지교회의 규약에 포함된 사항의 변경까지 수반하기 때문에, 소속 교단에서의 탈퇴 내지 소속 교단의 변경은 사단법인 정관변경에 준하여 의결권을 가진 교인 2/3 이상의 찬성에 의한 결의를 필요로 한다(대법원 2006. 4. 20. 선고 2004다37775호 전원합의체 판결 등 참조). 그리고 이러한 법리는 교단에 소속되지 않은 독립교회가 특정 교단에 가입하기로 결의한 경우에도 동일하게 적용된다(대법원 2006. 6. 9.선고 2003마1321호 결정 등 참조, 대법원

2008. 1. 10. 선고 2006다39683호 판결). – 종전 판례는 구성교인 '전원'의 총의에 의하지 아니하고 다수 교인이 그 지교회를 소속 교파로부터 탈퇴하여 타 교파에 가입하기로 결의하였다고 하였다면 그 결의에 그에 찬동한 교인 개개인의 탈퇴 내지는 타파 가입으로서는 효력이 있다 할지라도 이 결의에 가담하지 아니한 교인에게까지 효력이 있다고 할 수 없고, 이런 결의에도 불구하고 지교회는 여전히 종전의 교파에 속하고 있다고 보았다(대법원 1978. 10. 10. 선고 78다716 판결).

2. 교단 헌법의 구속력

(1) 법인 아닌 사단으로서의 실체를 갖춘 교회가 특정 교단 소속 지교회로 편입되어 교단의 헌법·장정에 따라 의사결정기구를 구성하고 교단이 파송하는 목사를 지교회의 대표자로 받아들이는 경우, 지교회는 교단이 정한 헌법·장정을 교회 자신의 규약에 준하는 자치규범으로 받아들임으로써 그의 독립성이나 종교적 자유의 본질이 침해되지 않는 범위 내에서 교단의 헌법·장정에 구속된다(대법원 2006. 6. 30. 선고 2000다15944호 판결).

(2) 법인 아닌 사단으로서의 실체를 갖춘 개신교 교회가 특정 교단 소속 지교회로 편입되어 교단의 헌법에 따라 의사결정기구를 구성하고 교단이 파송하는 목사를 지교회의 대표자로 받아들이는 경우 교단의 정체에 따라 차이는 존재하지만 원칙적으로 지교회는 소속 교단과 독립된 법인이 아닌 사단이고 교단은 종교적 내부관계에 있어서 지교회의 상급단체에 지나지 않는다. 다만, 지교회가 자체적으로 규약을 갖추지 아니한 경우나 규약을 갖춘 경우에도 교단이 정한 헌법을 교

회 자신의 규약에 준하는 자치규범으로 받아들일 수 있지만, 지교회의 독립성이나 종교적 자유의 본질을 침해하지 않는 범위 내에서 교단 헌법에 구속된다(대법원 2006. 4. 20. 선고 2004다37775호 전원합의체 판결).

3. 노회에서 면직된 장로는 교회 대표자격이 없다

대한예수교장로회에 소속된 교회는 설사 한 개의 교회로서 독자적으로 종교 활동을 하고 있는 말단 종교단체라 하여도 그 관리 운영에 관한 종헌인 대한예수교장로회의 헌법을 무시하고 교회를 멋대로 관리 운영할 수는 없으므로 대한예수교장로회 경북노회가 위 헌법에 따라 그에 소속된 원고교회의 장로인 甲에 대하여 그 면직판결을 하고 그 판결이 본인에게 통고되었다고 한다면 그 판결이 당연 무효사유가 있다든가, 또는 번복되었다는 등 어떤 특별한 사정이 없는 한 그 면직판결은 그 효력을 지속하고 그 종교단체의 구성분자는 누구든지 이에 따라야 한다(대법원 1972. 11. 14. 선고 72다1330호 판결).

4. 교회와 소속 노회와의 내부관계 및 대외적 관계

교회가 독립성 있는 비법인사단인 이상 그가 소속하는 노회와의 내부적 관계에 있어서는 그 노회의 규약에 따라 교회의 운영 기타의 종교 활동을 하여야 할 것이라 할지라도, 그 노회 이외의 대외적 관계에 있어서는 소속 교인들의 총의에 의하여 자율적으로 그의 대표자 기타의 임원을 선임하고 그들을 통한 종교적인 행사를 하며 교인들의 총유에 속하는 교회당을 처리할 수 있을 것은 물론, 종교자유의 원칙에 따라 소속 교인의 총의에 따라 그가 소속할 노회도 선택할 수 있을 것이다(대법원 1967. 12. 18. 선고 67다2202호 판결).

5. 교회 신도들이 매수한 교회용 대지의 등기명의자

교회 신도들이 교회를 건립하기 위하여 기부금을 모집하여 교회용의 대지를 매수하고 그 위에 교회를 건립하였다면 특별한 사정이 없는 한 그 신도들은 자기를 위하여 그 교회의 대지와 건물로서 장구한 세월을 두고 소유, 사용할 의사를 가졌다고 할 것이므로, 그 신도들은 그 소속 혹은 소속하려는 노회의 헌법규정이 어떻게 되었든 간에 이에 구애됨이 없이 그 총의로써 그 대지와 건물을 자기 교회 명의로 하든가 신자 총유 명의로 하든가 혹은 그 소속 또는 소속하려는 노회 명의로 할 수 있다(대법원 1973. 8. 21. 선고 73다442호, 443호 판결).

6. 교인의 교단 탈퇴가 반드시 교회에서의 탈퇴를 의미하지는 않는다

(1) 피고와 그를 지지하는 교인들은 1975년 12월 7일 그들이 소속하고 있던 甲교단에서 탈퇴한 사실은 인정되지만 A교회 자체에서 탈퇴하였다고 볼만한 자료는 없다. 교단에서의 탈퇴가 곧 교회에서의 탈퇴를 의미하지는 아니한다(대법원 1978. 1. 31. 선고 77다2303호 판결).

(2) 일부 교인들이 소속 교단을 탈퇴하고 다른 교단에 가입하기로 하는 내용의 교단 변경을 결의하는 것은 종전 교회를 집단적으로 탈퇴하는 것과 구별되는 개념으로, 교단 변경에 찬성한 교인들이 종전 교회에서 탈퇴하였다고 평가할 수 있을지 여부는 법률행위 일반의 해석 법리에 따라, 교회를 탈퇴한다는 취지의 의사표시를 하였는지 여

부, 종전 교회가 따르던 교리와 예배방법을 버리고 다른 교리와 예배방법을 추종하게 되었는지 여부, 종전 교회와 다른 명칭을 사용하거나 종전 교회의 교리 등을 따르기를 원하는 나머지 교인들을 의도적으로 배제한 채 독립한 조직을 구성하거나 종전 교리를 따르지 않는 새로운 목사를 추대하여 그를 중심으로 예배를 보는 등 종전 교회와 별도의 신앙공동체를 형성하였다고 볼 수 있는지 여부, 스스로 종전 교회와 다른 조직임을 전제로 하는 주장이나 행위 등을 하여 왔는지 여부, 교단 변경에 이르게 된 경위, 즉 단순히 종전 교회의 소속 교단만을 변경하는 데 그치겠다는 의사에서 결의에 나아간 것인지 아니면 만약 교단 변경의 결의가 유효하게 이루어지지 아니하여 종전 교회의 소속 교단이 그대로 유지된다면 종전 교회에서 탈퇴하겠다는 의사를 갖고서 결의에 나아간 것인지 여부, 교단 변경 결의가 유효하게 이루어지지 아니하는 경우 교회 재산의 사용수익권을 잃는 것을 감수하고서라도 새로운 교회를 설립할 것인지 아니면 사용수익권을 보유하면서 종전 교회에 남을 것인지 사이에서 교인들이 어떠한 선택을 하였다고 볼 것인지 여부 등 여러 사정을 종합적으로 고려하여 판단하여야 할 것이다.

A교회의 일부 교인들이 2005년 4월 11일 교인총회를 열어 기존에 소속된 대한예수교장로회 통합교단으로부터 탈퇴하고 한국독립교회·선교단체 연합회에 가입한다는 내용의 교단 변경 결의(이하 '이 사건 교단 변경 결의'라 한다)를 하였으나 그 후 위 결의가 소집절차나 결의방법 등 절차상 하자가 있어 무효라는 법원의 판단을 받게 되었다.

이 사건 교단 변경 결의에 찬성한 A교회 일부 교인들은 A교회의 교리나 예배 방법을 반대하였다기보다는 교회 운영과 관련하여 교인들 사이에 반목이 계속되고 이어 교단과의 갈등도 깊어지면서 이 사건 교단 변경 결의에 이르게 된 점, 기록상 이 사건 교단 변경 결의에 찬성한 교인들은 6천여 명에 이르고, 이는 일단 A교회 전체 교인들 중 2/3에 근접하거나 적어도 과반수 이상의 교인들에 해당하는 것으로 추산되는 사정도 엿보이는데, 만약 그러하다면 앞서 본 이 사건 교단 변경 결의의 경위와 그에 찬성한 교인들의 규모 등에 비추어 볼 때, 교단 변경에 찬성한 교인들이 40여 년의 역사를 가진 A교회를 탈퇴하려는 의도에서 교단 변경을 결의하였다기보다는 적법한 절차에 따라 소속 교단만의 변경을 통하여 기존 A교회 조직 자체를 변경하려는 의사로 교단 변경 결의에 나아갔다고 해석하는 것이 그 실체에 보다 부합한다고 보이는 점, 이 사건 교단 변경 결의 이후 피고 1이 피고 교회를 대표하여 한국독립교회·선교단체연합회 및 대한예수교장로회 합동교단 서북노회에 순차로 가입하기는 하였지만, 이는 이 사건 교단 변경 결의가 적법하게 의결되었다고 여기고 그 후속조치의 일환으로 행한 것으로 볼 수 있는 점, 교단 변경 결의에 찬성한 교인들이 기존의 교회 명칭을 그대로 사용하면서 기존의 교회 건물에서 예배 등을 계속하고 있고, 적어도 규약상으로는 교단 변경에 반대하였던 교인들을 배제하고 있는 것으로 보이지 아니하는 점, 교단 변경 결의 후에도 A교회에 부과되는 각종 세금을 납부하여 온 점, 이 사건 교단 변경 결의가 절차적 하자로 무효라고 판명된 이상 단체법적 법리에 따라 기존 교회 자체의 조직변경 행위는 물론 그에 따른 일련의 후속조치(그 결의에 기한 다른 교단에의 가입행위)도 모두 무효로 되므로, 교단 변경 결의에 찬성한 교인들이라 하여도 특별한 사정이 없는 한 종전 교회의 교인으로서 지위는 여전히 유지된다고 보아야 하는 점, 이 사건 교단 변경 결의가 무효라는 법원의 판결이 확정된 후에는 피고 교회를 제외한 나머지 피고들이나 그들을 따르는 교인들이 새로운 교단에서의 활동을 중단한 것으로 보이는데 이는 교단 변경 결의가 무효라는 사실을 수용하고 종전 A교회 교인으로서 지위를 그대로 유지하려는 의사를 적극적으로 나타낸 것으로 볼 수 있는 점 등을 알 수 있다. 이러한 여러 사정들을 종합하여 보면 이 사건 교단 변경 결의에 찬성한 A교회 교인들이 종전 교회에서의 탈퇴까지 의도하였다거나 자신들만을 교인으로 한정하여 A교회와는 별개의 새로운 피고 교회를 설립하였다고 단정하기는 곤란하다(대법원 2010. 5. 27. 선고 2009다67665호 판결).

7. 교단 탈퇴에 관한 교단 헌법 규정의 효력

교단 변경 결의에는 지교회의 종교적 자유와 함께 지교회의 존립목적 유지라는 양 측면에서의 내재적 한계가 존재한다. 따라서 소속 교단의 헌법에서 교단 탈퇴의 허부 및 요건에 관하여 위(저자 주 : 지교회의 의결권 가진 교인 2/3의 찬성이 필요하다는 법리)와 달리 정한 경우에도(민법 제42조 제1항 단서 참조) 그 규정이 지교회의 독립성과 종교적 자유의 본질을 해하는 경우에는 지교회에 대한 구속력을 인정할 수 없다(대법원 2006. 4. 20. 선고 2004다37775호 전원합의체 판결).

06 교회의 분열

1. 교회 분열의 인정 여부

그동안 대법원 판례는 각종의 법인 아닌 사단 중 오직 교회에 대하여서만 법인 아닌 사단에 원칙적으로 적용되는 법리와는 달리 교회의 분열을 허용하고 분열시의 재산관계는 분열 당시 교인들의 총유(또는 합유)라고 판시하여 왔다.

우리 민법이 사단법인에 있어서 구성원의 탈퇴나 해산은 인정하지만 사단법인의 구성원들이 2개의 법인으로 나뉘어 각각 독립한 법인으로 존속하면서 종전 사단법인에게 귀속되었던 재산을 소유하는 방식의 사단법인의 분열은 인정하지 아니한다. 따라서 그 법리는 법인 아닌 사단에 대하여도 동일하게 적용되며, 법인 아닌 사단의 구성원들의 집단적 탈퇴로써 사단이 2개로 분열되고 분열되기 전 사단의 재산이 분열된 각 사단들의 구성원들에게 각각 총유적으로 귀속되는 결과를 초래하는 형태의 법인 아닌 사단의 분열은 허용되지 않는다.

그러므로 교회의 분열을 인정하고 종전 교회의 재산은 분열 당시 교인들의 총유(또는 합유)에 속한다고 판시한 '대법원 1993. 1. 19. 선고 91다1226호 전원합의체 판결'과 같은 취지의 판결들, 그리고 교회의 소속 교단 변경은 교인 전원의 의사에 의하여만 가능하다는 취지로 판시한 '대법원 1978. 10. 10. 선고 78다716호 판결'과 같은 취지의 판결들은 이 판결의 견해에 배치되는 범위 내에서 변경하기로 한다(대법원 2006. 4. 20. 선고 2004다37775호 전원합의체 판결).

※ 과거에는 대법원 판례가 교회의 분열을 인정하고 있었으나, 위 전원합의체 판결에 의해 판례가 변경되었다.

2. 교인들의 집단 탈퇴와 종전 교회의 동일성

법인 아닌 사단은 사단으로서의 실체를 갖추었으나 설립등기를 하지 않은 것뿐이므로 조직·구조에 있어서 구성원의 개인적인 활동으로부터 독립하여 독자적으로 존속하여 활동하고, 사단 구성원 지위의 취득과 상실은 그 사단의 규약에 정하여진 바에 따라 이루어지나(민법 제40조 제6호), 법인 아닌 사단은 구성원의 탈퇴나 가입에 의하여 동일성을 잃지 않고 그 실체를 유지하면서 존속한다. 그리고 위의 법리는 법인 아닌 사단의 구성원들이 집단적으로 탈퇴하는 경우에도 동일하게 적용되므로, 위 탈퇴한 자들은 집단적으로 구성원의 지위를 상실하는 반면, 나머지 구성원들로 구성된 단체는 여전히 법인 아닌 사단으로서의 실체를 유지하며 존속한다.

기독교대한성결교회 A교회는 기독교대한성결교회 소속의 지교회이고 甲은 그 담임목사로 재직해 오던 중 당회 구성원인 장로들과 갈

등을 빚자 임의로 기획위원회를 조직하여 교회를 운영하였고 이로 인하여 소속 교단의 징계재판을 받을 지경에 이르자 2001년 8월 26일 지지교인들을 모아 소속 교단을 탈퇴하여 독립교회를 설립하되 명칭을 B교회로 하기로 결의하였으며(기독교대한성결교회 강서지방회는 2001. 10. 11. 甲에 대하여 면직판결을 하고 후임 목사를 파송하였다.) B교회는 2001년 11월 21일 기독교대한성결교회 A교회 명의로 등기되어 있던 판시 교회 건물 및 대지 등에 관하여, 실제로는 B교회가 이를 매수한 적이 없음에도 위 교회 당회의 결의서 등 관련 서류를 임의로 작성하여 자신의 명의로 소유권이전등기를 마쳤음을 인정할 수 있다.

그렇다면 종전 교회는 기독교대한성결교회 교단에 소속된 지교회인데, 甲이 지지 교인들 일부를 이끌고 소속 교단을 탈퇴하여 독립교회를 설립하였다고 할지라도, 특별한 사정이 없는 한 이는 일부 교인들이 집단적으로 종전 교회를 이탈한 것에 불과하고, 위 교단 소속으로 잔류하기를 원하는 교인들로 구성되고 교단이 파송한 목사가 재직하고 있는 교회가 종전 교회로서의 동일성을 유지하면서 존속하는 교회라고 할 것이다(대법원 2006. 4. 20. 선고 2004다37775호 전원합의체 판결).

3. 교인들의 집단 이탈시 교회 재산의 귀속

(1) 법인 아닌 사단의 구성원들이 집단적으로 사단을 탈퇴한 다음 사단으로서의 성립요건을 갖추어 새로운 단체를 형성하는 행위는 사적자치의 원칙상 당연히 허용되나, 이 경우 신설 사단은 종전 사단과 별개의 주체로서, 그 구성원들은 종전 사단을 탈퇴한 때에 그 사단 구성원으로서의 지위와 함께 사단 재산에 대한 권리를 상실한다. 따라

서 신설 사단의 구성원들이 종전 사단의 구성원들과 종전 사단 재산에 관하여 합의하는 등의 별도의 법률행위가 존재하지 않는 이상, 종전 사단을 집단적으로 탈퇴한 구성원들은 종전 사단 재산에 대한 일체의 권리를 잃게 되고, 이와 마찬가지로 탈퇴자들로 구성된 신설 사단이 종전 사단 재산을 종전 사단과 공유한다거나 신설 사단 구성원들이 그 공유지분권을 준총유한다는 관념 또한 인정될 수 없다.

교회가 법인 아닌 사단으로서 존재하는 이상 그 법률관계를 둘러싼 분쟁을 소송적인 방법으로 해결함에 있어서는 법인 아닌 사단에 관한 민법의 일반이론에 따라 교회의 실체를 파악하고 교회의 재산 귀속에 대하여 판단하여야 한다. 이에 따라 위에서 본 법인 아닌 사단의 재산관계와 그 재산에 대한 구성원의 권리 및 구성원 탈퇴, 특히 집단적인 탈퇴의 효과 등에 관한 법리는 교회에 대하여도 동일하게 적용되어야 한다. 교인들은 교회 재산을 총유의 형태로 소유하면서 사용·수익할 것인데, 일부 교인들이 교회를 탈퇴하여 그 교회 교인으로서의 지위를 상실하게 되면 탈퇴가 개별적인 것이든 집단적인 것이든 이와 더불어 종전 교회의 총유 재산의 관리처분에 관한 의결에 참가할 수 있는 지위나 그 재산에 대한 사용·수익권을 상실하고, 종전 교회는 잔존 교인들을 구성원으로 하여 실체의 동일성을 유지하면서 존속하며 종전 교회의 재산은 그 교회에 소속된 잔존 교인들의 총유로 귀속됨이 원칙이다.

교단에 소속되어 있던 지교회의 교인들의 일부가 소속 교단을 탈퇴하기로 결의한 다음 종전 교회를 나가 별도의 교회를 설립하여 별도의 대표자를 선정하고 나아가 다른 교단에 가입한 경우, 그 교회는 종전 교회에서 집단적으로 이탈한 교인들에 의하여 새로이 법인 아닌 사단의 요건을 갖추어 설립된 신설 교회라 할 것이어서, 그 교회 소속 교인들은 더 이상 종전 교회의 재산에 대한 권리를 보유할 수 없게 된다.

만약, 교단 탈퇴 및 변경에 관한 결의(아래에서는 '교단 변경 결의'라 한다)를 하였으나 이에 찬성한 교인이 의결권을 가진 교인의 2/3에 이르지 못한다면 종전 교회의 동일성은 여전히 종전 교단에 소속되어 있는 상태로서 유지된다. 따라서 교단 변경 결의에 찬성하고 나아가 종전 교회를 집단적으로 탈퇴하거나 다른 교단에 가입한 교인들은 교인으로서의 지위와 더불어 종전 교회 재산에 대한 권리를 상실하였다고 볼 수밖에 없다.

위의 교단 변경 결의요건을 갖추어 소속 교단에서 탈퇴하거나 다른 교단으로 변경한 경우에 종전 교회의 실체는 이와 같이 교단을 탈퇴한 교회로서 존속하고 종전 교회 재산은 위 탈퇴한 교회 소속 교인들의 총유로 귀속된다(대법원 2006. 4. 20. 선고 2004다37775호 전원합의체 판결).

(2) 교단에 소속되어 있던 지교회의 교인들의 일부가 소속 교단을 탈퇴하기로 결의한 다음 종전 교회를 나가 별도의 교회를 설립하여 별도의 대표자를 선정한 경우에도 그 교회는 종전 교회에서 집단적으로 이탈한 교인들에 의하여 새로이 법인 아닌 사단의 요건을 갖추어 설립된 신설 교회라 할 것이어서, 그 교회 소속 교인들은 더 이상 종전 교회의 재산에 대한 사용·수익권을 보유할 수 없게 된다. 다만, 사단법인 정관변경에 준하여 의결권을 가진 교인 2/3 이상의 찬성에 의한 결의를 통하여 소속 교단에서 탈퇴한 경우에는 종전 교회의 실체가 이와 같이 교단을 탈퇴한 교회로서 존속하고 종전 교회 재산은 위

탈퇴한 교회 소속 교인들의 총유로 귀속될 것이나, 교단 탈퇴에 교인이 의결권을 가진 교인의 2/3에 이르지 못한다면 종전 교회의 동일성은 여전히 종전 교단에 소속되어 있는 상태로서 유지되므로, 교단 변경 결의에 찬성하고 나아가 종전 교회를 집단적으로 탈퇴하거나 다른 교단에 가입한 교인들은 교인으로서의 지위와 더불어 종전 교회 재산에 대한 권리를 상실하였다고 볼 수밖에 없다(대법원 2006. 6. 30. 선고 2000다15944호 판결, 대법원 2006. 6. 9. 선고 2003마1566 호 결정).

(3) 교단에 소속되어 있던 지교회의 교인들 중 의결권을 가진 교인 2/3 이상의 찬성에 의한 결의를 통하여 소속 교단을 탈퇴하기로 결의한 다음 종전 교회를 나가 별도의 교회를 설립하여 별도의 대표자를 선정하고 나아가 다른 교단에 가입한 경우에는, 사단법인 정관변경에 준하여 종전 교회의 실체가 이와 같이 교단을 탈퇴한 교회로서 존속하고 종전 교회 재산은 위 탈퇴한 교회 소속 교인들의 총유로 귀속되는바, 교단에 소속되지 않은 독립교회에 있어서도 교인들의 일부가 종전의 독립교회 상태를 벗어나 특정 교단에 가입하기로 결의한 경우에는 이로 인하여 그 교회의 명칭이나 목적 등 교회규약으로 정하여졌거나 정하여져야 할 사항의 변경을 초래하게 되므로 위와 마찬가지로 사단법인 정관변경에 준하여 의결권을 가진 교인 2/3 이상이 찬성한 결의에 의하여 종전 교회의 실체는 특정 교단에 가입하여 소속된 지교회로서 존속하고 종전 교회 재산은 위 교단 소속 교회 교인들의 총유로 귀속될 것이나, 찬성자가 의결권을 가진 교인의 2/3에 이르지 못한다면 종전 교회는 여전히 독립교회로서 유지되므로, 교단 가입 결의에 찬성하고 나아가 종전 교회를 집단적으로 탈퇴한 교인들은 교

인으로서의 지위와 더불어 종전 교회 재산에 대한 권리를 상실하였다고 볼 수밖에 없다(대법원 2006. 6. 9. 선고 2003마1321호 결정).

　(4) 기독교대한감리회 A교회(이하 '종전 교회'라 함)는 기독교대한감리회 소속의 지교회로서 甲이 목사로 재직하여 왔는데, 위 甲은 그 후 통제가 비교적 약한 장로교로 소속 교단을 옮기려고 시도하였다가 장로들의 반대에 부딪혀 좌절되면서 내분을 겪게 되자 목사직을 사임하기로 하여 교회로부터 퇴직금 명목의 돈과 부동산을 받고 사직원을 제출하였다가 얼마 지나지 않아 사직의사를 철회함으로써 甲을 따르는 교인들과 소속 교단에 남으려는 교인들 사이에서 분쟁이 재연되었고, 그러자 기독교대한감리회 삼남연회는 甲을 종전 교회의 담임목사직에서 면직하고 乙을 종전 교회의 담임목사로 파송한 다음 종전 교회 명의로 등기되어 있던 교회 건물 및 대지에 관하여 교단의 장정에 정하여진 지교회 재산의 처분 절차를 거쳐 교단 소속 유지재단 명의로 소유권이전등기를 마쳤는데, 그러자 甲 및 그를 지지하는 교인들은 별도로 교인총회를 열어 소속 교단에서 탈퇴하고 교회의 명칭을 A교회로, 대표자를 집사인 丙으로 하기로 결의한 다음 甲의 인도 하에 별도로 예배를 보는 등 활동해 왔다. 그렇다면 종전 교회는 기독교대한감리회 교단에 소속된 지교회인데, 甲이 지지 교인들 일부를 이끌고 소속 교단을 탈퇴하여 별도의 대표자를 두고 종교 활동을 하더라도 특별한 사정이 없는 한 이는 일부 교인들이 집단적으로 종전 교회를 이탈한 것에 불과하고, 위 교단 소속으로 잔류하기를 원하는 교인들로 구성되고 교단이 파송한 목사가 재직하고 있는 교회가 종전 교회로서 실체의 동일성을 유지하면서 존속하는 교회라고 할 것이다(대

법원 2006. 6. 30. 선고 2000다15944호 판결).

(5) 대한예수교장로회 A교회(아래에서는 '종전 교회'라 한다)는 대한예수교장로회에 소속된 지교회이고, 피신청인은 그 담임목사로 재직하다가 장로에 대한 허위사실 유포, 당회록 임의삭제 등으로 인하여 소속 노회로부터 당회장권 직무정지가처분결정과 시무정지 6월의 판결을 거쳐 2003년 3월 25일 면직출교의 판결을 받았으며, 신청인은 종전 교회 소속 교인으로서 2003년 2월 27일 소속 노회에 의하여 위 교회의 담임목사로 파송된 사실, 피신청인은 위와 같이 면직출교 판결을 받은 후 2003년 3월 30일 자신을 지지하는 교인들을 모아 교인총회를 열어서 소속 교단을 탈퇴하여 독립교회로 남기로 하고 아울러 피신청인을 그 독립교회의 담임목사로 추대하는 결의를 한 사실을 인정할 수 있다. 그렇다면 종전 교회는 대한예수교장로회 교단에 소속된 지교회인데, 피신청인이 지지 교인들 일부를 이끌고 소속 교단을 탈퇴하여 독립교회를 설립하였다고 할지라도, 특별한 사정이 없는 한 이는 일부 교인들이 집단적으로 종전 교회를 이탈한 것에 불과하고, 위 교단 소속으로 잔류하기를 원하는 교인들로 구성되고 교단이 파송한 신청인이 목사로 재직하고 있는 대한예수교장로회 A교회가 종전 교회로서 실체의 동일성을 유지하면서 존속하는 교회라고 할 것이다 (대법원 2006. 6. 9. 선고 2003마1566호 결정).

(6) 신청인 교회는 원래 대한예수교장로회 소속 지교회였다가 내부 분쟁으로 인하여 2001년 6월 소속 교단에서 탈퇴하여 독립교회로 남게 되었는데, 그 후에도 신청인 교회의 교인으로서 장로인 신청인 외

甲측과 피신청인 乙측이 대립하게 되자 피신청인 乙은 2001년 9월 1일 나머지 피신청인들 등 자신들을 지지하는 교인들을 이끌고 나가 2001년 9월 대한예수교장로회 개혁합동총회 소속 지교회로 가입하고 위 교단에서 목사안수를 받아 담임목사가 되었고, 이에 신청인 교회는 2001년 10월 14일 피신청인들을 출교조치하고 대한예수교장로회총회(대신)에 가입하여 신청인 외 丙이 목사로 부임하였음을 인정할 수 있지만, 나아가 피신청인 乙이 위와 같이 예수교장로회 개혁합동총회 교단에 가입함에 있어 총회소집 통지 등 적법한 소집절차를 거쳐 열린 교인총회에서 결의권자의 2/3 이상의 찬성을 얻었다고 인정할 자료가 부족하다.

따라서 원심으로서는 피신청인 乙이 위 2001년 9월 1일 무렵 교단 가입을 위하여 적법한 절차를 갖추어 소집된 교인총회에서 결의권자의 2/3에 이르는 찬성을 얻었는지 여부를 더 심리하여 본 다음 종전 교회로서 실체의 동일성을 유지하는 교회를 확정하고 이에 따라 피신청인들의 종전 교회의 교인 신분과 함께 교회 재산의 총유권자로서의 권리 유무를 판단하였어야 함에도 종전 교회가 분열되었고 피신청인들은 분열 당시 교인으로서 교회 건물에 대한 사용·수익권을 보유한다고 판단하였으므로, 이 부분 원심의 판단에는 교회 분열 개념의 허용 여부 및 독립교회에 있어서 교단 가입의 요건 등에 관한 법리오해 및 채증법칙 위배로 인한 사실오인의 위법이 있다(대법원 2006. 6. 9. 선고 2003마1321호 결정).

※ 위 판례는 결국 피신청인 乙측이 개혁합동총회에 가입하여 교단을 변경한 것은 의결권자 2/3 이상의 찬성을 얻지 못하였으므로 적법한 교단변경이 될 수 없다는 취지인데, 종전의 대법원 판례는 교회의 분열을 인정하면서, 교회

가 분열된 경우 종전 교회의 재산은 분열 전 교회 교인들의 총유라고 했었다. 그러나 위 대법원 2006. 4. 20. 선고 2004다37775호 전원합의체 판결에 의해 이제는 종전 교회와 동일성을 유지하는 교회에 소속된 교인들의 총유라고 인정하고 있다.

4. 새로 생성된 교회의 종전 교회의 재산에 대한 권리 유무

A교회는 소속 교단을 변경하고 교회의 명칭도 B교회로 변경함으로써 A교회는 소멸되었고, 그 후 교단 변경에 반대하던 甲이 중심이 되어 새로운 교회를 구성하였더라도 그 새로운 교회는 B교회의 재산에 대한 소유권 기타 사용수익권 등의 권리를 주장할 수는 없고, A교회의 재산의 소유권 기타 사용수익권이 그 새로운 교회에 귀속된다고 할 수도 없다(대법원 2003. 11. 14. 선고 2001다64127호 판결).

※ 2006년 대법원전원합의체 판결에 의해 교회가 분열된 경우에는 종전의 교회와 동일성을 갖는 교회의 교인들만이 교회 재산에 대한 사용권한을 갖는 것으로 변경되었다. 그 이전에는 분열된 교회의 교인들 모두가 종전 교회의 교회당을 사용할 수 있는 것으로 보았었다. 따라서 그 교회 재산의 처분도 종전 교회와 동일성을 갖는 교인들의 총의에 의해 처리하게 된다. 그 이전에는 분열된 교회의 교인 모두가 종전 교회의 교회당을 사용할 수 있고, 분열 당시 교인들의 총의에 따른 의결방법으로 처분할 수 있다고 하고 있었다. 이제는 교회 재산 사용권한의 주체와 처분 방법이 변경된 것에 유의해야 한다.

07 교회 재판의 효력

1. 교회의 권징재판이 사법심사의 대상이 되는지 여부

(1) 성립에 다툼이 없는 갑 제7호증(피고(주 : 대한예수교장로회총회)의 헌법)중의 권징조례의 규정에 의하면 피고 총회의 재판국을 위시하여 피고 총회나 그 산하의 각급 재판기관에서 하는 권징의 목적은 '진리를 보호하며 그리스도의 권병과 존영을 견고하게 하며 악행을 제거하고 교회를 정결하게 하며 덕을 세우고 범죄한 자의 신령적 유익을 도모하는데 있음'이 분명한 바, 이를 풀이하면 일반적으로 피고와 같은 종교단체가 그 교리를 확립하고 단체 및 신앙상의 질서를 유지하기 위하여 교인으로서 비위가 있는 자에게 종교적인 방법으로 징계 제재하는 종교단체 내부의 규제에 지나지 아니하고 그것이 교인 개인의 특정한 권리·의무에 관계되는 법률관계를 규율하는 것이 아님이 명백하며 본건에서의 무효를 구하는 결의(재판) 역시 직접으로 원고들

에게 법률상의 권리침해가 있다 할 수 없으니 이런 결의의 무효 확인을 구하는 것은 소위 법률상의 쟁송사항에 관한 것이라 할 수 없다 할 것이므로 원고들의 본건 출소는 부적법하여 각하를 면할 수 없다(대법원 1978. 12. 26. 선고 78다1118호 판결).

(2) 권징은 예수 그리스도께서 그 교회에 부여한 권한을 행사하며 설립한 법도를 시행하는 것으로 교회에서 그 교인과 직원과 각 치리회를 위하여 권고하는 사건 일체가 포함되며 진리를 보호하며 그리스도의 권병과 존영을 견고하게 하며 악행을 제거하고 교회를 정결하게 하며 덕을 세우고 범죄한 자의 신령적 유익을 도모하는 데 그 목적이 있는 것이니 이는 사법심사의 대상 밖에 있고 그 효력과 집행은 전혀 교회 내부의 자율에 맡겨져야 할 것이다(대법원 1981. 9. 22. 선고 81다276호 판결).

(3) 교회의 권징재판은 종교단체가 교리를 확립하고 단체 및 신앙상의 질서를 유지하기 위하여 목사 등 교역자나 교인에게 종교상의 방법에 따라 징계 제재하는 종교단체의 내부적인 제재에 지나지 아니하므로 원칙적으로 사법심사의 대상이 되지 아니하고, 그 효력과 집행은 교회 내부의 자율에 맡겨져 있는 것이므로 그 권징재판으로 말미암은 목사, 장로의 자격에 관한 시비는 직접적으로 법원의 심판의 대상이 된다고 할 수 없고(대법원 1981. 9. 22. 선고 81다276호 판결, 1995. 3. 24. 선고 94다47193호 판결 등 참조), 다만 그 효력의 유무와 관련하여 구체적인 권리 또는 법률관계를 둘러싼 분쟁이 존재하고 또한 그 청구의 당부를 판단하기에 앞서 그 징계의 당부를 판단할 필요가

있는 경우에는 그 판단의 내용이 종교 교리의 해석에 미치지 아니하는 한 법원으로서는 위 징계의 당부를 판단하여야 한다(대법원 2005. 6. 24. 선고 2005다10388호 판결 등 참조, 대법원 2007. 6. 29. 선고 2007마224호 결정).

2. 교단 헌법에 의한 권징재판의 효력

소위 권징재판은 원고와 같은 종교단체가 그 교리를 확립하고 단체 및 신앙상의 질서를 유지하기 위하여 목사 등 교역자나 교인에게 그 헌법소정의 범죄가 있는 경우에 종교상의 방법에 따라 징계 제재하는 종교단체 내부에서의 규제에 지나지 아니하고 그것이 교직자나 교인 개인의 특정한 권리의무에 관한 법률관계를 규율하는 것이 아님이 명백하므로 그 재판기관에서 한 권징재판 그 자체는 소위 법률상의 쟁송의 대상이 될 수 없다.

그러나 이 사건에서와 같이 원고 교회 대표자의 지위에 관하여 소송상 그 대표권을 부인하면서 그 전제로 권징재판의 무효를 다투고 있는 경우에 있어서는 그 유·무효를 가려보아야 할 것인데 이때에 있어서도 그 권징재판이 교회 헌법에 정한 적법한 재판기관에서 내려진 것이 아니라는 등 특별한 사정이 없는 한 교회 헌법규정에 따라 다툴 수 없는 이른바, 확정된 권징재판을 무효라고 단정할 수 없다(대법원 1984. 7. 24. 선고 83다카2065호 판결).

3. 목사직 상실을 결의한 교회 재판의 효력

대한예수교장로회총회(합동측) 서울노회는 총회재판국 결의에 불복하고 총회로부터의 이탈을 선언하여 독자적인 운영체제를 구축하여 교회의 권위와 질서에서 벗어난 피고 甲에게 목사직 상실을 결의하고 그로 인하여 원고 교회에 위임목사가 없게 되었으므로 乙의 파송결의를 하기에 이른 사정이 인정되고 위 결의는 노회의 고유의 권한에 속함이 대한예수교장로회헌법(갑 제2호증)에 명백한 바이니 그 효력이 긍인되어야 할 것이다(대법원 1981. 9. 22. 선고 81다276호 판결).

4. 노회에서 면직된 장로의 교회 대표자격

대한예수교장로회에 소속된 교회는 설사 한 개의 교회로서 독자적으로 종교 활동을 하고 있는 말단 종교단체라 하여도 그 관리 운영에 관한 종헌인 대한예수교장로회의 헌법을 무시하고 교회를 멋대로 관리 운영할 수는 없으므로 대한예수교장로회 경북노회가 위 헌법에 따라 그에 소속된 원고 교회의 장로인 甲에 대하여 그 면직판결을 하고 그 판결이 본인에게 통고되었다고 한다면 그 판결이 당연 무효사유가 있다든가, 또는 번복되었다는 등 어떤 특별한 사정이 없는 한 그 면직판결은 그 효력을 지속하고 그 종교단체의 구성분자는 누구든지 이에 따라야 한다(대법원 1972. 11. 14. 선고 72다1330호 판결).

5. 교회 내부의 단체법상 행위에 대한 사법심사 대상 여부

(1) 법원은 헌법에 특별한 규정이 있는 경우를 제외하고는 일체의 법률상의 쟁송을 심판하므로, 당사자 사이의 구체적인 권리의무 내지 법률관계에 대한 분쟁으로서 법령의 적용에 의하여 종국적인 해결이 가능하고 사안의 성질상 사법심사의 대상 밖에 두는 것이 적당하다는 사정이 없는 한 원칙적으로 법률상의 쟁송은 사법심사의 대상이 된다고 할 것인데, 종교단체는 신앙적 결사로서 종교적 특성과 단체적

성격을 아울러 가지고 있어 그 분쟁이 신앙과 교리를 둘러싸고 발생한 것일 때에는 종교의 자유, 정교분리의 원칙상 사법심사의 대상 밖에 있으나, 그렇지 않고 그 분쟁이 단순히 종교단체 내부의 분쟁일 뿐 그 실질이 일반 시민단체에서의 분쟁과 다를 바 없는 경우에는, 원칙적으로 사법심사의 대상이 된다. 시무장로에 대한 불신임결의의 무효확인을 구하는 소가 교회 내부의 분쟁과 관련된 것이기는 하나 그 분쟁의 내용이 교회 내부의 교리를 확립하고 신앙상의 질서를 유지하기 위한 것이라기보다는 결의를 둘러싼 일반 시민단체에 있어서의 분쟁과 다를 바 없어 사법심사의 대상이 되고, 대한예수교장로회 총회 헌법에 의하면 시무장로는 교회의 항존 직원으로서 전체 교인의 대표자이고, 장로와 집사를 임직하며 교회의 각 기관을 감독하고 교인을 권징할 수 있는 당회의 일원이 되는 바, 시무장로에 대한 불신임결의는 교회 내에서의 법적 지위에 상당한 영향을 미치는 것이므로 그 결의의 무효의 확인을 구할 법률상 이익이 있다(광주지법 2005. 12. 23. 선고 2004가합12082호 판결).

(2) ① 교회 내부의 지위를 둘러싼 분쟁이 사법권의 한계 밖에 있다고 보거나 소의 이익을 결여하고 있다고 본다면 교회법상 지위의 존부나 그에 관하여 교회 내부에서 이루어진 각종 의결 및 처분의 효력 유무가 구체적 권리의무에 관한 청구의 전제문제로 다투어지는 사안에서조차도 소를 각하할 수밖에 없게 되는데, 이 경우 구체적 권리의무에 관한 분쟁이 해결되지 않은 채로 남게 되고, 그 결과 국민의 재판청구권이 침해될 위험이 큰 점, ② 현실적으로 종교단체 내에서의 지위를 둘러싼 분쟁의 경우 그와 관련하여 효력이 다투어지는 각종

처분이나 회의체의 소집 및 결의 절차 등에는 정의관념에 비추어 도저히 묵과하기 어려울 만큼 매우 중대한 하자가 있는 수가 적지 아니할 터인데, 그저 종교단체 내부의 지위를 둘러싼 분쟁이라는 이유만으로 본안에 관한 심리조차 거부하는 것이 반드시 타당하다고는 보기 어려운 점, ③ 종교단체 내에서의 지위가 그 종교단체의 정체성과 깊은 관련을 맺고 있는 것은 사실이나 그 지위에 영향을 미치는 처분이나 결의의 이유 자체가 언제나 신앙이나 교리와 직접 연관되어 있는 것은 아닌 점, ④ 특히 교회 내부의 분쟁에 관한 사법적 관여의 자제는 종교단체의 자율적 운영의 보장이라는 헌법적 고려를 바탕에 깔고 있는데, 교회 내부의 반목이 극심한데다가 교단 분열로 인하여 소속 교단부터가 불분명한 경우, 처분이나 결의의 교회법적 정당성을 재단할 적법한 권한을 가진 노회 기타 상급 치리회를 확정할 수 없어 교회 내에서의 자율적 문제 해결이 사실상 불가능한 점에 비추어, 교인으로서 비위가 있는 자에게 종교적인 방법으로 징계·제재하는 종교단체 내부의 규제(권징재판)가 아닌 한 종교단체 내에서 개인이 누리는 지위(시무장로직)에 영향을 미치는 단체법상의 행위(예, 불신임 결의)라 하여 반드시 사법심사의 대상에서 제외하거나 소의 이익을 부정할 것은 아니다(대법원 2006. 2. 10. 선고 2003다63104호 판결).

(3) 교인으로서 비위가 있는 자에게 종교적인 방법으로 징계·제재하는 종교단체 내부의 규제(권징재판)가 아닌 한 종교단체 내에서 개인이 누리는 지위에 영향을 미치는 단체법상의 행위라 하여 반드시 사법심사의 대상에서 제외하거나 소의 이익을 부정할 것은 아니라는 상고이유의 주장은 귀를 기울일 만하다(대법원 2006. 2. 10. 선고 2003다

63104호 판결 등 참조). 그렇다고 하여도 종교단체가 헌법상 종교의 자유와 정교분리의 원칙에 기초하여 그 교리를 확립하고 신앙의 질서를 유지하는 자율권은 최대한 보장되어야 하므로, 종교단체의 의사결정이 종교상의 교의 또는 신앙의 해석에 깊이 관련되어 있다면, 그러한 의사결정이 종교단체 내에서 개인이 누리는 지위에 영향을 미치더라도 그 의사결정에 대한 사법적 관여는 억제되는 것이 바람직하다.

원심이 인정한 사실관계와 기록에 의하면, 원고 甲은 2006년경 乙 목사가 교단에서 이단이라고 명시한 丙 목사를 강사로 초청하여 부흥회를 개최한 것을 문제 삼아 乙 목사를 이단이라는 이유로 교단에 고발하였고, 기독교대한성결교회 총회 및 이단사이비대책위원회는 2007. 2. 15. 乙 목사에게 그 임무를 보다 충성스럽게 수행할 것을 권고하면서 불기소결정을 한 사실, 이와 같은 담임목사에 대한 이단 고발, 장로 선출을 둘러싼 분쟁과 그에 따른 소송 등으로 원고들과 담임목사 및 피고 소속 교인들 간에 갈등이 심화되어 이 사건 제적결의에 이르게 된 사실을 알 수 있다. 사정이 이러하다면 '乙 목사의 이단성'에 대한 다툼이 이 사건 제적결의의 원인 내지 이유의 하나로 작용하였다고 할 것이므로, 이 사건 제적결의는 피고 및 피고가 속한 교단의 종교상의 교의 또는 신앙의 해석에 깊이 관련되어 있다고 할 것이다.

나아가 원심이 인정한 사실관계와 기록에 의하여 알 수 있는 다음과 같은 사정을 더하여 보면, 이 사건 제적결의 및 그 효력 등에 관한 사항은 사법심사의 대상이 아니라는 원심의 판단은 정당한 것으로 수긍할 수 있다. 즉 ① 이 사건 제적결의의 효력 유무가 구체적 권리의무에 관한 청구의 전제문제로 다투어지는 사안이라고 보기 어렵다(원고들은 이 사건 제적결의로 총유물인 교회건물을 사용·수익하거나 예배에 참석할 수 없게 되지만, 이것은 이 사건 제적결의에 따른 후행적인 효과일 뿐 그것이 제적결의의 효력 유무와 별도의 권리 또는 법률관계에 관한 분쟁이라고 볼 수 없다). ② 기독교대한성결교회 임시헌법에 의하면 교리에 불복하거나 불법한 자를 심판하는 치리회로서 당회, 지방회 심판위원회, 총회 심판위원회가 있고 당회의 심판에 불복하는 경우 지방회 심판위원회를 거쳐 총회 심판위원회가 최종 심판한다. 그렇다면 이 사건 제적결의의 교회법적 정당성을 재단할 적법한 권한을 가진 상급 치리회가 존재하여 교단 내에서 자율적 문제 해결이 가능하다고 할 것이다(실제로 기독교대한성결교회 총회 심판위원회와 지방회 심판위원회에서 "원고 1에 대한 이 사건 제적결의가 합법이다"라고 심판하였음을 기록상 알 수 있다). ③ 이 사건 제적결의를 위한 당회 소집 및 결의 절차 등에 정의관념에 비추어 묵과하기 어려울 만큼 중대한 하자가 있다고 할 수 없다(대법원 2011. 10. 27. 선고 2009다32386호 판결).

6. 장로 신임투표의 절차상 하자와 결의의 효력

대한예수교장로회 총회 헌법 제20조 제1항 제2호는 "장로는 당회원 또는 제직회원 2/3의 청원이나 세례교인 1/3 이상의 청원이 있을 때에는 공동의회에서 신임투표를 할 수 있다"고 규정하고 있는바, 이 사건 장로 신임투표의 실시 여부를 논의하게 된 경위가 제직회 결의에 기한 것이라는 사실을 인정할 수 있고, 위 제직회 결의 당시 제직회원수 549명(정회원 76명, 임시회원 473명)이었으나, 당시 제직회원 중 53명이 장로 신임투표를 위한 공동의회 개최에 찬성하였다는 사실을 인정할 수 있어 제직회원 2/3의 청원이 있었다고 보기도 어렵다 할 것이므로 이 사건 장로 신임투표는 적법한 청원절차를 거치지 아니하여 그 회부절차에 중대하고도 명백한 하자가 있어 위 투표 결과에 근거한 이 사건 공동의회 결의는 무효라고 할 것이다(광주지법 2005. 12. 23. 선고 2004가합12082호 판결).

7. 절차상 하자의 경중(輕重)과 공동의회 결의의 효력

우리 헌법이 종교의 자유를 보장하고 종교와 국가기능을 엄격히 분리하고 있는 점에 비추어 종교단체의 조직과 운영은 그 자율성이 최대한 보장되어야 할 것이므로, 교회 안에서 개인이 누리는 지위(시무장로직)에 영향을 미칠 각종 결의나 처분(시무장로 불신임 결의)이 당연무효라고 판단하려면, 그저 일반적인 종교단체 아닌 일반단체의 결의나 처분을 무효로 돌릴 정도의 절차상 하자가 있는 것으로는 부족하고, 그러한 하자가 매우 중대하여 이를 그대로 둘 경우 현저히 정의관념에 반하는 경우라야 한다. 교회의 목사와 장로에 대한 신임투표를 위한 공동의회의 소집절차에 당회의 사전 결의를 거치지 아니한 하자가 있더라도 그 하자가 정의관념에 비추어 도저히 수긍할 수 없을 정도의 중대한 하자가 아니라면 공동의회에서의 시무장로에 대한 불신임결의가 당연 무효라고 볼 수 없다(대법원 2006. 2. 10. 선고 2003다63104호 판결)

8. 교회 재판의 효력과 헌법상의 평등권

피고(기독교대한성결교회)의 장로면직 및 출교처분이 종교단체의 교리를 확립하고 단체 및 신앙상의 질서를 유지하기 위하여 교인으로서 비위가 있는 자에게 종교적인 방법으로 징계 제재한 종교단체 내부의 규제에 불과하고 그것이 교인 개인의 특정한 권리, 의무에 관계되는 법률관계를 규율하는 것이라고 볼 수 없다면 확인소송의 대상이 될 수 없고 이 같은 판단은 평등권 등의 헌법상 규정에 위배되지 아니한다(대법원 1983. 10. 11. 선고 83다233호 판결).

9. 통일교가 기독교의 종교단체인가 여부에 대한 판단

세계기독교통일신령협회(소위 통일교)나 그 유지재단이 기독교의 종교단체인 여부는 그에 관하여 사회적으로 논란이 있다 하더라도, 원고의 권리, 의무 등 법률관계와는 아무런 관련이 없는 사실문제이므로 그 확인을 구하는 부분은 즉시확정의 이익이 없다(대법원 1980. 1. 29. 선고 79다1124호 판결).

10. 교회 권징재판의 효력이 미치는 범위

교회의 권징재판은 사법심사의 대상 밖에 있고 그 효력과 집행은 교회 내부의 자율에 맡겨지는 것이나, 이는 어디까지나 그 교회에 소속된 목사나 교인에 대한 관계에서 그러한 것이고 그 소속을 달리하는 목사나 교인에 대하여서까지 그 효력이 미친다고는 할 수 없다(대법원 1985. 9. 10. 선고 84다카1262호 판결).

08 신앙생활과 형사처벌

가. 예배방해 관련 사례

예배방해죄가 부정된 사례

(1) 소속 교단으로부터 목사면직의 판결을 받은 목사가 일부 신도들과 함께 소속 교단을 탈퇴한 후 아무런 통보나 예고도 없이 부활절 예배를 준비 중이던 종전 교회 예배당으로 들어와 찬송가를 부르고 종전 교회의 교인들로부터 예배당을 비워달라는 요구를 받았으나 이를 계속 거부하자, 종전 교회의 교인들이 마이크를 빼앗고 위 목사를 강단에서 끌어내리는 등의 행위를 한 경우, 위 목사와 신도들의 행위는 이 사건 직후에 예정되어 있던 종전 교회의 교인들의 예배를 방해하는 것으로서 형법 제158조 예배방해죄에서 보호하는 '예배'에 해당한다고 보기는 어렵다(대법원 2008. 2. 28. 선고 2006도4773호 판결).

(2) 형법 제158조에 규정된 예배방해죄는 공중의 종교생활의 평온과 종교 감정을 그 보호법익으로 하는 것이므로, 예배 중이거나 예배와 시간적으로 밀접불가분의 관계에 있는 준비단계에서 이를 방해하는 경우에만 성립한다.

교회의 교인이었던 사람이 교인들의 총유인 교회 현판, 나무십자가 등을 떼어 내고 예배당 건물에 들어가 출입문 자물쇠를 교체하여 7개월 동안 교인들의 출입을 막은 사안에서, 장기간 예배당 건물의 출입을 통제한 위 행위는 교인들의 예배 내지 그와 밀접불가분의 관계에 있는 준비단계를 계속하여 방해한 것으로 볼 수 없어 예배방해죄가 성립하지 않는다(대법원 2008. 2. 1. 선고 2007도5296호 판결).

※ 다만, 이 사건에서 현판, 나무십자가, 출입문에 대한 재물손괴죄 및 예배당 건물 침입에 대한 건조물침입죄는 인정되었다.

예배방해죄가 인정된 사례

(1) A교회는 기존의 당회장이던 甲을 따르는 교인들과 남수원노회로부터 임시당회장으로 임명받은 乙을 따르는 교인들로 사실상 분열된 상태였고, 그로 인하여 2002. 12. 8.부터 따로 예배를 드리고 있었으며, 2002. 12. 29. 11:00에 있을 예배를 위하여도 각각 별도의 주보가 발행되어 있었을 뿐만 아니라 甲과 乙등 2명의 목사가 설교 및 예배인도를 위하여 출석하여 있었고, 양측의 교인들도 동일한 예배당 안에 따로 자리 잡고 있었던 사실 등을 알 수 있는바, 사정이 이러하다면, 비록 甲이 먼저 강단에 올라갔다고 하더라도 그 이유만으로 甲이 집례하는 예배만 보호되고 다른 측의 예배는 형법상 보호할 가치가 없다고 할 수는 없으므로 乙이 집례하는 예배 역시 피고인들의 예

배와 마찬가지로 보호되어야 할 것이고, 따라서 甲 등이 2002. 12. 29. 11:00에 시작될 예배 직전에, 乙의 당회장 자격을 거론하면서 乙을 강단에서 끌어내리려 하고 소리를 질러 결국에는 예배가 정상적으로 시작되지 못하도록 한 것은 예배의 시작을 방해한 것으로서 예배방해죄에 해당한다(대법원 2005. 9. 9. 선고 2005도800호 판결).

(2) 교회 2층 예배실에서 신도 40여 명의 예배를 인도하기 위하여 강단에 서서 묵도를 시작하려는 목사 甲을 강단에서 끌어내리기 위하여 3명은 내려오라고 소리치며 강단 위로 올라가고, 교회의 수석장로 1명은 강단 위로 올라가 목사 甲의 허리와 팔을 잡고 몸싸움을 한 경우, 비록 甲이 목사로서의 적절치 못한 행위들로 인하여 교단으로부터 교회법에 의한 정당한 절차에 따른 면직처분을 받았음에도 이에 불복한 채 계속적으로 예배를 인도해 왔고, 당시 예배 현장에 있던 40여 명의 신도가 모두 甲을 추종하는 신도들이 아니었을 뿐만 아니라, 甲을 추종하는 신도들이 위 교회신도 중 다수를 차지하고 있지도 않다고 하더라도, 예배방해죄는 공중의 종교생활의 평온과 종교 감정을 보호법익으로 하는 것으로서 예배에 참석한 신도들의 종교생활의 평온과 종교 감정도 그 보호법익에 포함되는 것이므로 그러한 사유만으로 甲의 인도 하에 평온하게 진행되던 예배를 방해한 행위를 정당한 것으로 보기 어려울 뿐만 아니라, 폭력행위에 의하여 甲의 예배인도 행위를 저지하려고 한 것이 그 수단과 방법에 있어서 상당성을 가지는 것으로 볼 수 없어 예배방해죄가 성립한다(대법원 2004. 5. 14. 선고 2003도5798호 판결).

(3) 정식절차를 밟은 위임목사가 아닌 자가 당회의 결의에 반하여 설교와 예배인도를 한 경우라 할지라도 그가 그 교파의 목사로서 그 교의를 신봉하는 신도 약 350여 명 앞에서 그 교지(敎旨)에 따라 설교와 예배인도를 한 것이라면 다른 특별한 사정이 없는 한 그 설교와 예배인도는 형법상 보호를 받을 가치가 있고 이러한 설교와 예배인도의 평온한 수행에 지장을 주는 행위를 하면 형법 제158조의 설교 또는 예배방해죄가 성립한다(대법원 1971. 9. 28. 선고 71도1465호 판결).

교회 관리자의 퇴거요구에 불응하면 퇴거불응죄 성립

교회는 교인들의 총유에 속하는 것으로서 교인들 모두가 사용, 수익권을 갖고 있고, 출입이 묵시적으로 승낙되어 있는 장소인 바, 이같이 일반적으로 개방되어 있는 장소라도 필요한 때에는 관리자가 그 출입을 금지 내지 제한할 수 있다. 피고인이 예배의 목적이 아니라 교회의 예배를 방해하여 교회의 평온을 해할 목적으로 교회에 출입하는 것이 판명되어 위 교회 건물의 관리주체라고 할 수 있는 교회 당회에서 피고인에 대한 교회 출입금지 의결을 하고, 이에 따라 위 교회의 관리인이 피고인에게 퇴거를 요구한 경우 피고인의 교회출입을 막으려는 위 교회의 의사는 명백히 나타난 것이기 때문에 이에 기하여 퇴거요구를 한 것은 정당하고 이에 불응하여 퇴거를 하지 아니한 행위는 퇴거불응죄에 해당한다(대법원 1992. 4. 28. 선고 91도2309호 판결).

나. 교회 재산 관련 사례

교회 공금으로 매수한 부동산의 이전등기와 횡령

교회 목사가 주로 교회 신도 등의 헌금으로 매수한 부동산에 관하여 자신 명의로 소유권이전등기를 경료한 후 임의로 자신의 채무담보를 위하여 근저당권설정등기를 경료해 준 경우, 이 사건 부동산을 ○○교회 신도들의 헌금 등으로 매수한 것으로서 그 신도들의 총유에 속하는 것으로 볼 수 있으려면, 위 교회 신도들이 계약명의를 위 목사에게 신탁하여 위 목사의 이름으로 매매계약을 체결하고 소유권이전등기를 넘겨받은 점, 즉 위 교회 신도들과 위 목사 사이에 이른바 계약명의신탁관계가 성립되어 있다는 점이 전제되어야 한다.

부동산 실권리자 명의등기에 관한 법률 시행 전에 계약명의신탁에 따라 수탁자가 당사자가 되어 그 명의신탁약정이 있다는 사실을 알지 못하는 소유자와 사이에 부동산 매매계약을 체결하고 소유권이전등기를 수탁자 명의로 경료한 다음 위 법률 시행 후 1년의 유예기간 내에 실명등기를 경료하지 아니한 경우, 그 소유권이전등기에 의한 당해 부동산에 관한 물권변동은 유효하지만 신탁자와 수탁자 사이의 명의신탁 약정은 무효이므로 수탁자는 전 소유자(매도인)뿐만 아니라 신탁자에 대한 관계에서도 유효하게 당해 부동산의 소유권을 취득한 것으로 보아야 할 것이고, 따라서 그 수탁자는 타인의 재물을 보관하는 자에 해당한다고 할 수 없다.

이 사건에서 전 소유자(매도인)는 위 매매계약의 체결 당시에 매수인 측에서 이 사건 부동산을 교회 용도로 사용하려 한다는 점은 알았지만, 더 나아가서 어떤 경위로 위 목사가 매수인이 된 것인지 또는 위 목사와 ○○교회 신도들이 어떤 관계인지 등에 대해서는 구체적으로 알지 못하였던 것으로 보이므로, 이 사건의 경우 위에서 설시한 계약명의신탁의 법리가 적용될 여지가 있다.

부동산의 소유권을 둘러싼 위 목사(피고인)와 위 교회 신도들 사이의 관계가 어떠한 것인지를 따져보지 아니한 채 이 사건 공소사실을 유죄로 인정한 원심판결에는 횡령죄에 관한 법리를 오해하여 판결에 영향을 미친 위법이 있다(대법원 2006. 9. 8. 선고 2005도9733호 판결).

교회 공금의 무단사용과 횡령·배임

교회의 헌금을 소속교회 교인들의 의사에 부합하게 사용하였다면 이는 임무위배행위에 해당한다고 할 수 없으나, 당회장의 횡령행위, 재산문제, 감독회장 부정선거, 여자문제 등 당회장의 개인 비리나 부정을 무마하거나 처리하기 위하여 교회 공금을 사용하는 것은 그 자체가 임무위배행위에 해당하고, 교인들의 의사에 부합한다고 볼 수 없다. 교회 당회에서의 교인들의 추인은 당회장이 감사결과보고서를 작성하여 당회 직전에 감사에게 넘겨주고 감사는 그것을 읽고 끝내는 식으로 보고할 뿐이고, 교회 공금의 구체적인 사용내역에 대하여는 전혀 보고되지 아니한 채 당회장이 교인들의 박수를 유도하여 통과시키는 방식으로 이루어지며, 당회장이 교인들에게 "간단하게 보고를 하였는데 궁금한 사항이 있으면 교회 사무실에 와서 확인하라"는 식이어서 교인들 중 감사결과 보고서를 문제 삼거나 확인하는 사람이 한 명도 없었다면, 당회장의 교회공금 사용행위에 대하여 교인들로부터 적법하게 당회의 의결을 얻었다고 할 수 없다.

기독교대한감리회 소속 개체교회들은 개체교회를 원활하게 운영하기 위하여 기획위원회를 두고 중요한 사항에 관하여 협의하도록 되어 있는데 당회장이 교회의 공금을 사용함에 있어 대부분 위와 같은 절차를 거치지 아니한 채 사후적으로 결의서만 갖추어 놓은 것이라면 공금 사용에 대하여 교인들로부터 적법하게 당회의 의결을 얻었다고 할 수 없다. 설령 당회장이 교회 내부의 규정에 따라 기획위원회 또는 실행위원회의 결의를 거쳤다 하더라도 기획위원 또는 실행위원이 당회장의 개인 비리나 부정을 무마하거나 처리하기 위하여 교회 공금을 사용하기로 한 결의에 찬성한 행위가 교인들에 대한 배임행위에 해당한다.

당회장이 사용한 교회공금의 내역 중 일부를 교회 소속 교인들에게 밝히고 그에 대하여 동의를 받았다고 하더라도 그와 같은 동의를 받음에 있어서도 사실관계를 피고인에게 유리하게 일방적으로 왜곡하여 설명한 다음 동의 여부를 물어 교인들의 동의를 받은 것이라면 교인들의 동의는 진정한 의사에 기한 것으로 볼 수 없다.

당회장인 甲이 A교회의 성장 및 발전에 기여한 바가 크고 A교회의 담임목사로서 A교회에서 차지하는 비중이 크다고 하더라도, A교회는 甲이 대표자로 있는 단체로서 甲과는 별개이고, 甲의 횡령행위, 재산문제, 감독회장 부정선거, 여자문제 등에 관한 것들은 甲 개인의 비리나 부정에 불과하므로 이를 A교회의 업무에 관한 것이라고 볼 수 없으며, 甲의 위와 같은 개인비리나 부정이 TV에 방영되어 세상에 알려지거나 그로 인하여 甲이 형사처벌을 받는다고 하여 A교회나 그 소속 교인들의 명예가 훼손된다고 볼 수는 없으므로, 甲의 위와 같은 개인비리나 부정을 무마하거나 처리하기 위하여 A교회의 공금을 사용하는 것은 임무위배행위에 해당한다(즉 배임죄가 성립한다)(대법원 2006. 4. 28. 선고 2005도756호 판결).

교회 분열과 교회 부동산의 횡령

(1) 甲은 대한예수교장로회(고신)의 개체교회인 A교회의 담임목사로 재직하여 왔는데, 교회의 예산집행, 인사 등 교회운영과 관련하여 내부에 분쟁이 발생하였고 당시 A교회의 교인은 약 500여 명이었다. 甲을 반대하는 장로 등은 甲에 대한 고소장을 대한예수교장로회(고신) 전남동부노회에 제출하였고, 이에 따라 구성된 전권위원회에서는 甲의 당회장권과 당회원권을 위 고소사건이 종결될 때까지 정지하기로 결정하였다. 이에 甲 및 그를 지지하는 신도들은 비상공동의회를 소집하여 행정보류를 결정하고 위 노회로부터 탈퇴를 결의하고, 이를 노회에 통보하였다. 그러자 위 전권위원회는 甲을 목사면직, 수찬정지 및 제명에 처한다는 판결을 하였고, 乙을 A교회의 임시당회장으로 임명하였으며, 甲은 위 판결에 대한 상소장을 위 노회에 접수하였으나 이는 반려되었다. 이에 甲 및 그 지지자들은 당회장으로 부임한 乙을 거부하고 乙과 그를 따르는 신도들의 교회출입을 아예 봉쇄하였으며 이로 인하여 乙 등은 다른 장소에서 예배를 행할 수밖에 없었고, 이와 같이 교인들이 그 지지하는 목사를 중심으로 둘로 나뉘어 따로 예배를 보는 상황이 계속되었다. 한편, A교회의 부동산에 대하여 소유자인 A교회의 대표자가 甲에서 乙로 변경하는 변경등기가 경료되었다. 乙과 그를 따르는 장로들은 그 후 B교회에서 임시 당회를 열어 이 사건 부동산들을 총회유지재단에 편입시키는 결의를 하기 위한 공동의회를 개최할 것을 의결하고, 주로 지지자들에게 배부된 주보를 통하여 당회 및 공동의회의 소집통보를 하였다. 그 후 B교회에서 乙과 그를 지지하는 A교회의 교인 약 125명이 모여 공동의회를 열어 이 사건 부동산을 총회유지재단에 증여하고 위 부동산들의 증여자 대표는

乙, 등기에 관한 제반사항을 乙에게 위임하기로 만장일치로 결의하였으며, 乙과 그를 지지하는 장로를 비롯한 9명이 7월 31일 B교회에서 당회를 개최하여 위 공동의회 결의와 같은 내용을 가결하였다. 한편, 甲과 그를 지지하는 신도들은 공동의회를 열어 대한예수교장로회(합동) 총회 및 노회에 가입하기로 결의한 후 위 합동 노회에 가입신청서를 접수하였다. 乙은 광주지방법원 여수등기소에 증여를 의결한 공동의회 및 당회의 각 회의록 등 소유권이전등기에 필요한 서류를 제출하여 이 사건 부동산들에 관하여 증여를 원인으로 하여 위 총회유지재단 앞으로 소유권이전등기를 경료하였다. 이러한 경우 乙에 대해 부동산에 대한 횡령죄가 성립하는지 여부에 대하여는, 부동산에 관한 횡령죄에 있어서 보관자의 지위는 그 부동산에 대한 점유를 기준으로 할 것이 아니라 그 부동산을 유효하게 처분할 수 있는 권능이 있는지의 여부를 기준으로 하여 결정하여야 할 것인바, 과연 乙이 이 사건 부동산들에 대한 보관자의 지위를 취득하였는지 여부에 대해 보건대, 위 인정사실에 의하면 乙은 A교회가 속한 대한예수교장로회(고신) 전남동부노회에 의하여 A교회의 당회장으로 임명되었으나, 이미 위 교회의 교인들 중 甲을 지지하는 신도들이 비상공동의회에서 위 노회로부터 탈퇴를 결의한 뒤이고, 위 노회 탈퇴를 결의한 이들은 乙을 거부하고 사실상 별개의 교회를 구성하였으므로, 乙은 이들을 포함한 본래의 교회의 대표자라고 할 수 없고, 또 위 공동의회 및 당회 결의는 甲을 지지하는 교인들을 배제하고 乙을 따르는 교인들만으로 이루어져 부적법하므로, 위 결의가 있었다고 하여 乙이 이 사건 부동산들에 관한 유효한 처분권능을 취득하였다고 할 수 없으며, 따라서 乙이 이 사건 부동산들에 대한 보관자라고 인정할 수 없어 횡령죄가 성립할 수 없다(광주지방법원 2005. 5. 20. 선고 2004노2585호 판결).

(2) A교회는 내부 불화로 인하여 담임목사 甲을 중심으로 한 교회와 선임집사 乙 및 그를 지지하는 교인들을 구성원으로 하는 교회 등 두 개의 교회로 사실상 분열되어 위 甲에 의하여 결국 乙 등이 제명출교당하게 되었다. 그런데 A교회가 속한 대한예수교장로회 총회(합동측) 헌법에 의하면 일반신도에 대한 권징재판권은 당회에 속하고, 예외적으로 상회(上會)인 노회에 속하는 것인데, 위 제명출교처분은 적법한 재판기관으로 규정한 위 교회 당회가 아닌 담임목사인 甲개인에 의하여 이루어졌다. 乙 등은 위 교회에 계속 출입하면서 교회 안에서 분리 예배행위를 하는 한편 위 제명출교처분은 위 헌법상의 적법한 재판기관이 아닌 담임목사 甲 개인이 한 것으로 무효라고 주장하면서 이에 불복하여 상급 노회나 총회에 소원 및 재심청원을 하였으나 모두 기각되었고, 또 같은 해 5월 30일 甲의 신청으로 법원이 乙을 중심으로 한 교인들의 교회에 대한 출입을 금지하는 가처분결정을 하자 乙을 지지하는 교인들은 교회 밖에 별도의 예배장소를 얻고 목사를 초빙하여 따로 예배를 보기에 이르렀다. 한편 乙은 교회 재산 문제에 대하여 분쟁이 예상되자 甲 및 재정부장에게 "교회 재산은 교인들의 총유재산인데, 두 편으로 갈라지기 전의 교인들의 총의에 의하지 아니하고 어느 일방이 임의로 의결하여 재산권을 행사하는 것은 허용할 수 없다"는 취지의 내용증명 우편을 발송하고, 甲측의 교회 재산 반환요구에 대하여 교회가 두 편으로 갈라지기 전의 교인들의 총의가 없으므로 전체 교인들의 총의나 원만한 해결이 있을 때까지 잠정적으로 보관하고 있겠다는 이유 등으로 그 명도를 거부하였다. 따라

서 甲측이 명도를 요구하는 물건들은 두 편으로 갈라지기 전의 교인들의 총유에 속하고, 교인들은 각 교회활동의 목적 범위 내에서 총유권의 대상인 교회 재산을 사용수익할 수 있다 할 것이며, 乙 등에 대한 위 제명출교처분은 위 헌법상의 재판기관에 의하여 이루어진 것이 아니어 무효라고 볼 여지가 있는 상태에서, 乙 등이 甲측에게 "두 편으로 갈라지기 전의 교인들의 총의가 없이 교회 재산의 반환을 청구할 수는 없다"는 취지의 위 내용증명 우편을 발송하고 이 사건 물건들의 반환을 거부한 것이라면, 乙의 위 반환거부이유와 주관적인 의사를 종합하여 볼 때 乙이 불법영득의사를 가지고 그 반환을 거부한 것이라고 단정할 수는 없다(따라서 횡령죄가 성립하지 않는다.)(대법원 1998. 7. 10. 선고 98도126호 판결).

교회 분열과 공정증서원본불실기재

(1) 甲은 대한예수교장로회(고신)의 개체교회인 A교회의 담임목사로 재직하여 왔는데, 교회의 예산집행, 인사 등 교회운영과 관련하여 내부에 분쟁이 발생하였고 당시 A교회의 교인은 약 500여 명이었다. 甲을 반대하는 장로 등은 甲에 대한 고소장을 대한예수교장로회(고신) 전남동부노회에 제출하였고, 이에 따라 구성된 전권위원회에서는 甲의 당회장권과 당회원권을 위 고소사건이 종결될 때까지 정지하기로 결정하였다. 이에 甲 및 그를 지지하는 신도들은 비상공동의회를 소집하여 행정보류를 결정하고 위 노회로부터 탈퇴를 결의하고, 이를 노회에 통보하였다. 그러자 위 전권위원회는 甲을 목사면직, 수찬정지 및 제명에 처한다는 판결을 하였고, 乙을 A교회의 임시당회장으로 임명하였으며, 甲은 위 판결에 대한 상소장을 위 노회에 접수하였

으나 이는 반려되었다. 이에 甲 및 그 지지자들은 당회장으로 부임한 乙을 거부하고 乙과 그를 따르는 신도들의 교회 출입을 아예 봉쇄하였으며 이로 인하여 乙 등은 다른 장소에서 예배를 행할 수밖에 없었고, 이와 같이 교인들이 그 지지하는 목사를 중심으로 둘로 나뉘어 따로 예배를 보는 상황이 계속되었다. 한편, A교회의 부동산에 대하여 소유자인 A교회의 대표자가 甲에서 乙로 변경하는 변경등기가 경료되었다. 乙과 그를 따르는 장로들은 그 후 B교회에서 임시당회를 열어 이 사건 부동산들을 총회유지재단에 편입시키는 결의를 하기 위한 공동의회를 개최할 것을 의결하고, 주로 지지자들에게 배부된 주보를 통하여 당회 및 공동의회의 소집통보를 하였다. 그 후 B교회에서 乙과 그를 지지하는 A교회의 교인 약 125명이 모여 공동의회를 열어 이 사건 부동산을 총회유지재단에 증여하고 위 부동산들의 증여자 대표는 乙, 등기에 관한 제반사항을 乙에게 위임하기로 만장일치로 결의하였으며, 乙과 그를 지지하는 장로를 비롯한 9명이 7월 31일 B교회에서 당회를 개최하여 위 공동의회 결의와 같은 내용을 가결하였다. 한편, 甲과 그를 지지하는 신도들은 공동의회를 열어 대한예수교장로회(합동) 총회 및 노회에 가입하기로 결의한 후 위 합동 노회에 가입신청서를 접수하였다. 乙은 광주지방법원 여수등기소에 증여를 의결한 공동의회 및 당회의 각 회의록 등 소유권이전등기에 필요한 서류를 제출하여 이 사건 부동산들에 관하여 증여를 원인으로 하여 위 총회유지재단 앞으로 소유권이전등기를 경료하였다. 그렇다면 특별한 사정이 없는 한 이 사건 부동산들은 여전히 그 지지목사가 누구인지 불문하고 전교인들(당시 500여 명)이 포함된 분열 전의 A교회의 총유재산이라고 할 것이고, 이를 처분함에 있어서는 위 전교인들의 총의에 의하여야 할 것이다. 그런데 위 공동의회 및 당회는 乙과 그를 지지하는 교인들과 장로들만에 의하여 甲과 그를 지지하는 교인들을 배제한 채 소집되고 개최되었으므로, 그 각 회의에서 이 사건 부동산들을 총회 유지재단으로 증여하기로 한 결의는 적법한 소집절차와 결의절차를 결여하여 부적법하다 할 것이고, 등기공무원에게 그러한 결의에 따른 취지의 등기신청을 하여 이를 공정증서원본인 부동산등기부에 기재하게 하고 위 부동산등기부를 비치하게 한 이상 공정증서원본불실기재죄와 불실기재공정증서원본행사죄가 성립한다(광주지방법원 2005. 5. 20. 선고 2004노2585호 판결).

(2) 교회의 교인들 간에 갈등이 심화되어 교회가 분열된 후에 일방의 교회가 타방의 교회를 배제한 채 소집·개최한 당회에서 교회 재산인 부동산을 총회유지재단에 증여하기로 하는 내용의 결의를 하고 등기공무원에게 위 결의에 따른 취지의 등기신청을 하여 위 부동산에 관하여 증여를 원인으로 한 소유권이전등기를 마쳤다면, 위 당회의 결의가 그 소집 및 결의절차가 부적법하다는 이유로 공정증서원본불실기재죄 및 동 행사죄가 성립한다(대법원 2005. 10. 28. 선고 2005도3772호 판결).

(3) 甲은 A교회의 담임목사로 재직하다가 위 교회의 소속 교단으로부터 면직처분을 받자 자신을 추종하는 일부 교인들을 규합하여 위 소속 교단에서 탈퇴하고 교회 명칭을 독립교회인 'B교회'로 임의 변경한 후, 종전 교회 소유 부동산들에 대한 종전 교회 잔류 교인들의 권리행사를 배제하고 위 독립교회 소속 교인들만이 이를 배타적으로 지

배하도록 하고자, 사실은 위 독립교회가 종전 교회로부터 위 부동산들을 매수한 사실이 없고, 달리 위 소속 교단 탈퇴 당시의 종전 교회 교인들이 위 부동산에 관하여 달리 어떠한 결의도 한 바 없음에도, 甲 자신이 부동산등기부상 종전 교회의 대표자로 등재되어 있음을 이용하여, 마치 위 독립교회가 종전 교회로부터 위 부동산들을 매수한 것처럼 소유권이전등기 신청서류를 작성·제출하여 위 부동산들에 관하여 위 종전 교회로부터 위 독립교회 앞으로 소유권이전등기를 경료하도록 하였다면 이는 공정증서원본불실기재죄, 불실기재공정증서원본행사죄 및 횡령죄의 구성요건에 해당한다(대법원 2004. 2. 12. 선고 2003도7358호 판결).

교회 분열과 교회 재산에 대한 절도

(1) 하나의 교회가 두 개 이상으로 분열된 경우 그 재산의 처분에 관하여 교회 장정 등에 규정이 없는 한 분열 당시 교인들의 총의에 따라 그 귀속을 정하여야 하고 그와 같은 절차 없이 위 재산에 대하여 다른 교파의 점유를 배제하고 자기 교파만의 지배에 옮긴다는 인식 아래 이를 가지고 갔다면 절도죄를 구성한다.

교회가 사실상 두 개로 분열된 상태에서, 한 쪽의 집사가 교회 천막을 자기 교파만의 체육행사를 위하여 자신을 따르는 교회 청년부 소속 교인들로 하여금 위 교회에서 가져오게 하여 자기 측 교인들의 체육행사에 사용한 다음 자신의 연립주택 옥상에 가져다 보관하며 반대파 교인들의 반환요구를 거부하였다면 이는 불법영득의 의사로 이 사건 천막을 가지고 간 것으로 보아 절도죄를 구성한다(대법원 1998. 7. 10. 선고 98도126호 판결).

(2) 기독교단체인 교회에 있어서 그 재산은 특별한 사정이 없는 한 그 교회 소속 교인들의 총유에 속한다 할 것이고 하나의 교회가 두 개 이상으로 분열된 경우 그 재산의 처분은 일반적으로 승인된 규정이 있으면 그에 의할 것이나 그와 같은 규정이 없는 때에는 분열당시의 그 교회 교인 전원의 총의에 따라 그 귀속을 정해야 되며 이와 같은 절차를 거침이 없이 교회 재산에 대한 다른 교파 교인들의 점유를 배제하고 자기 교파만의 지배하에 옮긴다는 인식 아래 이를 취거하였다면 이는 절도죄를 구성한다(대법원 1984. 8. 21. 선고 83도2981호 판결).

교인총회의 결의 없이 부동산을 소유권 이전등기한 책임
(1) 甲은 A교회 담임목사로 재직하던 중, 위 A교회 교인들 전체가 참여하는 공동의회에서 A교회의 건물 및 부지를 재단법인 기독교대한성결교회 유지재단에 증여하기로 하는 결의를 한 사실이 없었음에도 불구하고, 위 재단법인에 대하여 교회건물 및 부지를 증여하는 취지의 소유권이전등기 신청서류를 작성하여 등기소 담당직원에게 제출하여 위 재단법인 앞으로 소유권이전등기를 경료하게 함으로써 공정증서원본인 부동산등기부에 불실의 사실을 기재하게 하고 위 부동산등기부를 그곳에 비치하게 하여 이를 행사하였다.

지교회가 소속된 교단의 헌법상 지교회의 부동산을 특정 재단법인 앞으로 등기하도록 하는 규정이 있다고 하더라도, 교단이 정한 헌법이 지교회를 구속하기 위해서는 지교회가 교단 헌법을 교회 자신의 규약에 준하는 자치규범으로 받아들여야 하고 그 내용이 지교회의 독립성이나 종교적 자유의 본질이 침해되지 않는 것이어야 하므로, 甲(지교회의 대표자)이 총회의 결의 없이 지교회 교인들의 총유에 속하는 교회 부지 및 건물을 위 재단법인 앞으로 소유권이전등기를 마친 행위는 공정증서불실기재죄 및 불실기재공정증서원본행사죄를 구성한다(대법원 2008. 9. 25. 선고 2008도3198호 판결).

(2) 교회 소속의 재산은 다른 특별한 정함이 없으면 그 교회 교도의 총유에 속한다 할 것이므로 교도 전원의 결의 없이는 그 재산을 처분할 수 없는 것이고 그런 결의 없이 타에 소유권이전등기를 하였다면 공정증서원본불실기재 및 동 행사의 죄책을 면할 수 없다(대법원 1977. 4. 26. 선고 76도1148호 판결).

교도 일부의 결의에 의한 등기 이전
교회가 소유하는 재산은 다른 특별한 정함이 없으면 그 교회 교도의 총유에 속한다고 할 것이고, 교도들이 분열되어 파쟁을 하는 경우라도 위 이치는 변할 수 없는 것이므로 피고인이 당회장 등과 공모하여 자기파 교도의 결의만으로 교회의 재산을 교회가 당회장에게 명의신탁한 것 같이 꾸며 매매를 원인으로 한 소유권이전등기를 마쳤다면 교회의 명의신탁이 없었음에도 불구하고 명의신탁이 있었던 것 같은 불실의 등기를 한 것이 명백하므로 피고인은 공정증서원본불실기재 등 죄의 공범에 해당한다(대법원 1991. 4. 23. 선고 91도276호 판결).

교회를 탈퇴한 목사의 교회 명의 매매계약서 작성·행사

교회의 목사가 자신을 지지하는 일부 교인들과 교회를 탈퇴함으로써 대표자의 지위를 상실한 후, 교회 명의로 교회 소유 부동산을 자신에게 매도하는 내용의 매매계약서를 작성하고 이를 행사한 행위는 사문서위조죄 및 위조사문서행사죄에 해당한다(대법원 2011. 1. 13. 선고 2010도9725호 판결).

당회장이 부동산을 이중양도한 경우의 법적 책임

부동산 매도인이 목적부동산을 이중매매할 당시 부동산의 소유명의가 매도인 아닌 제3자 앞으로 되어 있다 하더라도 그 소유권 이전등기를 매수인에게 경료하여 줄 수 있는 지위, 즉 매수인을 위한 등기협력임무가 이행가능한 지위에 있으면 배임죄의 성립에 지장이 없다(대법원 1993. 4. 9. 선고 92도2431호 판결).

다. 안수기도 관련 사례

안수기도와 정당행위

종교적 기도행위의 일환으로서 기도자의 기도에 의한 염원 내지 의사가 상대방에게 심리적 또는 영적으로 전달되는 데 도움이 된다고 인정할 수 있는 한도 내에서 상대방의 신체의 일부에 가볍게 손을 얹거나 약간 누르면서 병의 치유를 간절히 기도하는 행위는 그 목적과 수단의 측면에서 정당성이 인정된다고 볼 수 있지만, 그러한 종교적 기도행위를 마치 의료적으로 효과가 있는 치료행위인 양 내세워 환자를 끌어들인 다음, 통상의 일반적인 안수기도의 방식과 정도를 벗어나 환자의 신체에 비정상적이거나 과도한 유형력을 행사하고 신체의 자유를 과도하게 제압하여 환자의 신체에 상해까지 입힌 경우라면, 그러한 유형력의 행사가 비록 안수기도의 명목과 방법으로 이루어졌다 해도 사회상규상 용인되는 정당행위라고 볼 수 없다.

정신분열증을 앓던 피해자에 대하여 3회에 걸쳐 안수기도 명목으로 피해자를 눕혀 머리를 자신의 무릎 사이에 끼우고 신도들로 하여금 피해자의 팔과 다리를 붙잡아 움직이지 못하게 한 뒤, 수회에 걸쳐 손가락으로 피해자의 눈 부위를 세게 누르고 뺨을 때리는 등 안수기도의 명목으로 사용한 일련의 유형력의 행사 및 그로 인한 상해의 결과는 그 목적뿐만 아니라 수단과 방법의 측면에 있어서도 사회상규상 용인될 수 있는 정당행위라고 보기 어렵다(대법원 2008. 8. 21. 선고 2008도2695호 판결).

안수기도시의 사고

(1) 피고인은 84세 여자 노인과 11세의 여자 아이를 상대로 안수기도를 함에 있어서 피해자를 바닥에 반듯이 눕혀 놓고 기도를 한 후 "마귀야 물러가라", "왜 안 나가느냐"는 등 큰 소리를 치면서 한 손 또는 두 손으로 피해자의 배와 가슴 부분을 세게 때리고 누르는 등의 행위를, 여자 노인에게는 약 20분간, 여자아이에게는 약 30분간 반복했다는 것이니 사실이 그러하다면 판시와 같은 고령의 여자 노인이나 나이 어린 연약한 여자아이들은 약간의 물리력을 가하더라도 골절이나 타박상을 당하기 쉽고, 더욱이 배나 가슴 등에 그와 같은 상처가 생기면 치명적 결과가 올 수 있다는 것은 피고인 정도의 연령이나

경험 지식을 가진 사람으로서는 약간의 주의만 하더라도 쉽게 예견할 수 있을 것임에도 불구하고, 그와 같은 예견될 수 있는 결과에 대해서 주의를 다하지 않아 사람을 죽음으로까지 가게 한 행위는 중대한 과실이라고 하지 않을 수 없고, 따라서 피고인의 소위를 중과실치사죄로 처단한 원심의 조치에 법리상 잘못이 있다고 할 수 없다(대법원 1997. 4. 22. 선고 97도538호 판결).

(2) 안수기도는 환자의 환부나 머리에 손을 얹고 또는 약간 누르면서 환자를 위해 병을 낫게 하여 달라고 하나님께 간절히 기도함으로써 병의 치유함을 받는다는 일종의 종교적 행위이고 그 목적 또한 정당하겠으나, 기도행위에 수반하는 신체적 행위가 단순히 손을 얹거나 약간 누르는 정도가 아니라 그것이 지나쳐서 가슴과 배를 반복하여 누르거나 때려 그로 인하여 사망에 이른 것과 같은 정도의 것이라면 이는 사람의 신체에 대한 유형력의 행사로서 폭행의 개념에 속하는 행위이고, 비록 안수기도의 방법으로 행하여졌다고 하더라도 신체에 대하여 유형력을 행사한다는 인식과 의사가 있으면 폭행에 대한 인식과 의사 즉 고의가 있는 것이며, 이를 적법한 행위라고 오인했다고 하더라도 그 오인에 정당성을 발견할 수 없다.

甲이 4일 동안 매일 한차례 피해자에 대하여 안수기도를 하던 중 하루는 밤 22:00경부터 다음날 03:00경까지 약 5시간 동안 및 그 다음 날 22:00경부터 그 다음날 00:10경까지 약 2시간 동안 주먹과 손바닥으로 피해자의 가슴과 배를 반복하여 누르거나 때려 폭행하고, 그로 인하여 피해자가 사망하였고, 乙은 시초부터 甲의 안수기도에 참여하여 甲이 위와 같이 2회에 걸쳐 안수기도의 방법으로 폭행을 함에 있어서도 시종일관 甲의 폭행행위를 보조하였을 뿐 아니라 더 나아가 스스로 피해자를 폭행하기도 하였다면 乙은 사망의 원인이 된 甲의 폭행행위를 인식하고서도 이를 안수기도의 한 방법으로 알고 묵인함으로써 위 폭행행위에 관하여 묵시적으로 의사가 상통하였다고 밖에 볼 수 없고, 나아가 그 행위에 공동 가공함으로써 甲의 행위에 대하여 공동정범의 책임을 면할 수 없다 할 것이다(대법원 1994. 8. 23. 선고 94도1484호 판결).

라. 그 밖의 사례

목사가 행한 선교차원의 시술행위

목사인 甲이 민간자격증을 소지하고 선교활동의 일환으로 돈이 없어 병원치료를 받지 못하는 고령의 환자들에게 아무런 대가 없이 치료를 하면서 가난하고 소외된 사람들에 대한 사랑의 마음으로 사회봉사를 한 것이고, 이에 따라 甲의 치료행위로 큰 효험을 본 사례도 있고 주사기 사용 등으로 인하여 문제가 생긴 일도 없었다는 등의 사정이 있다고 하더라도, 甲이 행한 침술, 부항, 뜸 등 시술행위가 의료행위에 이르지 않는 단순한 시술이나 처치가 아니라 통증 환자를 상대로 한 치료행위에 이른 것으로서 의학적 전문지식이 있고 자격을 갖춘 의료인이 행하지 않으면 사람의 생명, 신체나 보건위생에 위해가 생길 우려가 있는 경우에 해당하는 것임을 알 수 있으므로, 이러한 甲의 시술행위는 의료법을 포함한 법질서 전체의 정신이나 사회통념에 비추어 아무런 자격 없이 누구에게라도 용인될 수 있는 행위에 해당한다고 볼 수는 없고, 따라서 사회상규에 위배되지 아니하는 행위로서 위법성이 조각되는 경우에 해당한다고 할 수 없다(대법원 2006. 3. 23. 선고 2006도1297호 판결).

종교적 신념에 의한 수혈거부

생모(生母)가 사망의 위험이 예견되는 그 딸에 대하여는 수혈이 최선의 치료방법이라는 의사의 권유를 자신의 종교적 신념이나 후유증 발생의 염려만을 이유로 완강하게 거부하고 방해하였다면 이는 결과적으로 요부조자(要扶助者)를 위험한 장소에 두고 떠난 경우와 다름이 없다 할 것이고, 그때 사리를 변식(辨識)할 지능이 없다고 보아야 마땅한 11세 남짓한 환자 본인 역시 수혈을 거부하였다고 하더라도 생모의 수혈거부행위가 위법한 점에 영향을 미치지 않는다(대법원 1980. 9. 24. 선고 79도1387호 판결).

헌금과 선거법상 금지된 기부행위

(1) 甲은 "당일 A교회를 방문하였다가 담임목사님을 만나고 돌아가려고 하는데 마침 위 교회에 다니던 B교대 선배를 만나 반갑게 인사하고 그냥 가려니 미안해서 5만 원을 주면서 '저 대신 헌금해 주세요' 하고 나왔는데, 나중에 알고 보니 그 선배가 자기 딴에는 후배인 甲을 위한다는 마음에 헌금봉투에 甲의 이름을 적어 헌금함에 넣은 것이 전부다"라고 주장하는바, 甲이 오랜 만에 만난 B교대 선배에게 5만 원을 제공할 만한 합리적인 이유가 없고, 甲의 주장에 따르더라도 피고인이 B교대 선배에게 5만 원을 제공하면서 B교대 선배로 하여금 A교회에 헌금을 대신하여 줄 것을 요청한 것이어서 B교대 선배가 기부행

위의 주체가 된다고 볼 수 없으므로, 甲이 A교회에 현금 5만 원을 제공하여 기부행위를 한 사실을 인정할 수 있다.

베스트셀러 출판사에서 권당 12,000원으로 발행된 甲의 자서전이 현재는 절판되어 더 이상 출간되지 아니하고 중고서적으로 분류되어 인터넷 도서사이트에서 권당 2,000~5,000원으로 판매되고 있다고 하더라도 위 책이 제공된 시기, 제공된 범위, 책과 함께 기부된 금품 등을 종합해 보면, 공직선거법 제113조가 금지하고 있는 기부행위에 해당한다(부산고법 2013. 06. 05. 선고 2012노667호 판결).

(2) 공직선거 및 선거부정방지법 제112조 제2항 제6호는 기타 의례적이거나 직무상의 행위로서 중앙선거관리위원회 규칙으로 정하는 행위는 기부행위로 보지 않는다고 규정하고 위 규칙 제50조 제3항 제2호 (아)목은 위 의례적인 행위로서 '종교인이 평소 자신이 다니는 교회 등에 통상의 예에 따라 헌금하는 행위'를 규정하고 있는바, 선거후보자가 비록 장로라고 하더라도 기부행위 제한기간에 평소 자신이 다니는 교회가 아닌 다른 교회, 그것도 피고인 소속의 예수교장로교가 아닌 성결교로서 교파도 다른 교회의 예배에 참석하여 봉투에 자신의 이름을 기재하여 금 20,000원을 넣어 헌금한 행위는 공직선거 및 선거부정방지법 제112조 제2항 제6호 소정의 의례적 행위가 아니다(서울고법 1996. 4. 10. 선고 96노350호 판결).

교회측으로부터 청탁명목 금원 수수

교회의 정식 조직편제상 직위 자체가 존재하지 않는 교회 사무처장 직함을 사용하는 사람이 위 교회측으로부터 공무원에 대한 청탁 명목으로 금원을 수수한 것은 구 변호사법 제90조 제1호 위반죄에 해당한다(대법원 2006. 11. 24. 선고 2005도5567호 판결).

선교활동에 대한 경범죄처벌법의 적용 요건

헌법 제20조 제1항이 보장하는 종교의 자유에는 자기가 신봉하는 종교를 선전하고 새로운 신자를 규합하기 위한 선교의 자유가 포함되고, 공공장소 등에서 자신의 종교를 선전할 목적으로 타인에게 그 교리를 전파하는 것 자체는 이러한 선교의 자유의 한 내용을 당연히 이루는 것이라고 볼 것이며, 따라서 헌법이 보장하고 있는 이러한 종교의 자유의 허용범위와 내용에 더하여 경범죄처벌법의 적용에 있어서 국민의 권리를 부당하게 침해하지 아니하도록 세심한 주의를 기울여야 한다는 경범죄처벌법 제4조 소정의 입법정신을 아울러 고려할 때, 불가불 타인의 주목을 끌고 자신의 주장을 전파하기 위하여 목소리나 각종 음향기구를 사용하여 이루어지는 선교행위가 경범죄처벌법 제1조 제26호 소정의 인근소란행위의 구성요건에 해당되어 형사처벌의 대상이 된다고 판단하기 위해서는 당해 선교행위가 이루어진 구체적인 시기와 장소, 선교의 대상자, 선교행위의 개별적인 내용과 방법 등 제반 정황을 종합하여 그러한 행위가 통상 선교의 범위를 일탈하여 다른 법익의 침해에 이를 정도가 된 것인지 여부 등 법익간의 비교 교량을 통하여 사안별로 엄격하게 판단해야 한다(대법원 2003. 10. 9. 선고 2003도4148호 판결).

09 교회생활과 명예훼손

가. 명예훼손죄의 성립

명예훼손죄 성립 여부의 판단 기준

다른 종교나 종교 집단을 비판할 권리는 최대한 보장받아야 할 것인데, 그로 인하여 타인의 명예 등 인격권을 침해하는 경우에 종교의 자유 보장과 개인의 명예 보호라는 두 법익을 어떻게 조정할 것인지는 그 비판행위로 얻어지는 이익, 가치와 공표가 이루어진 범위의 광협, 그 표현 방법 등 그 비판행위 자체에 관한 제반 사정을 감안함과 동시에 그 비판에 의하여 훼손되거나 훼손될 수 있는 타인의 명예 침해의 정도를 비교 고려하여 결정하여야 할 것이다(대법원 1996. 9. 6. 선고 96다19246, 19253호, 1997. 8. 29. 선고 97다19755호 판결).

명예훼손과 비방의 목적

교회 담임목사가 교회 분쟁과정에서 자신에게 반대하는 교인을 상대로 법원에 예배방해 등 금지 가처분을 신청하여 그 일부 인용결정을 받아, 위 교회가 제정한 직무분장 규정에 정한 바에 따라 담임목사가 위 교인 등을 제명, 출교하였고, 그 후 개최된 위 교회 발전위원회에서 위 교인 등 16명을 제명, 출교하였다는 등의 치리(治理)결과를 발표하고 이를 기독교신문에 공고하기로 한다는 내용을 보고하여 동의를 받은 다음, 이에 따라 위 담임목사가 기독교신문에 공소사실 기재와 같은 공고를 게재한 것이라면 위 담임목사가 이와 같이 위 신문 공고를 통해 적시한 甲 등을 제명, 출교하였다는 내용은 모두 객관적 사실과 부합하고, 또 형법 제309조 제1항에 정한 '사람을 비방할 목적'이란 가해의 의사 내지 목적을 요하는 것으로서 공공의 이익을 위한 것과는 행위자의 주관적 의도의 방향에 있어 서로 상반되는 관계에 있다고 할 것이므로, 적시한 사실이 공공의 이익에 관한 것인 경우에는 특별한 사정이 없는 한 비방 목적은 부인된다고 봄이 상당하며, 여기의 공공의 이익에 관한 것에는 널리 국가·사회 기타 일반 다수인의 이익에 관한 것뿐만 아니라 특정한 사회집단이나 그 구성원 전체의 관심과 이익에 관한 것도 포함하는 것이다. 위 담임목사가 위 신문 공고에 게재한 내용은 위 교회의 분규에 관심을 가지고 있는 상당수 침례교 교인과 목회자들에게 있어서 공공성, 사회성을 갖춘 공적 관심 사안으로서 위 교회 분규의 진행경과에 대하여 알리고 위 교단 안에서의 여론을 환기한다는 공공의 이익을 위한 행위로 볼 수 있고, 전체적으로 볼 때 위 담임목사에게 위와 같이 제명출교 사실을 공고함에 있어 위 교인을 비방할 목적이 있었다는 점을 인정할 증거가 없다(따라서 출판물에 의한 명예훼손죄로 처벌되지 않는다.) (대법원 2006. 3. 23. 선고 2005도10223호 판결).

명예훼손에서 사실의 적시 및 고의

(1) 명예훼손죄가 성립하기 위하여는 사실의 적시가 있어야 하는데, '사실의 적시'란 가치판단이나 평가를 내용으로 하는 의견표현에 대치되는 개념으로서 시간과 공간적으로 구체적인 과거 또는 현재의 사실관계에 관한 보고 내지 진술을 의미하는 것이며 그 표현내용이 증거에 의한 입증이 가능한 것을 말하고, 판단할 진술이 사실인가 또는 의견인가를 구별함에 있어서는, 언어의 통상적 의미와 용법, 입증가능성, 문제된 말이 사용된 문맥, 그 표현이 행하여진 사회적 정황 등 전체적 정황을 고려하여 판단하여야 할 것이고, 적시된 사실은 이로써 특정인의 사회적 가치 내지 평가가 침해될 가능성이 있을 정도로 구체성을 띠어야 하는 것이며, 비록 사실을 적시하였더라도 그 사실이 특정인의 사회적 가치 내지 평가를 침해할 수 있는 내용이 아니라면 형법 제307조 소정의 명예훼손죄는 성립하지 않으며, 헌법상 종교의 자유가 보장되는 점에 비추어 다른 종교 또는 종교집단을 비판할 자유 역시 최대한 보장되어야 한다.

유인물의 내용 중에서 "대한예수교침례회는 구원파 계열의 이단이다", "甲(구원파 목사)은 체계적으로 신학을 공부한 적이 없다"라는 기재부분은 그 의견의 기초가 되는 사실을 함께 기술하면서 의견을 표명한 것으로서 피고인들의 주관적인 종교적·교리적 분석에 기초한 순수한 의견 또는 논평에 해당하는 것이고, "甲이 기성교회를 공격하고 폄하하며 자기들을 드러내기만을 고집하려고 시도하였다." 또는 "甲

의 시도를 막아 우리 고장 대전이 이단들이 발호하는 도시라는 불명예를 씻어내고 우리 고장 대전과 우리 가정 및 자녀를 지켜내자"라는 등의 기재부분이나 "성경 위에 활동하는 마귀나 벌레 등을 젓가락으로 집어내는 형상"을 희화한 그림 부분 역시 전체적인 맥락에서 의견을 표명하고 있는 것일 뿐 이를 사실의 적시에 해당한다고 보기 어려우며, "구원파는 '성경세미나'라는 모임을 통하여 대전 시민에게 다가간다"라는 기재 부분 등은 대한예수교침례회의 사회적 가치 내지 평가를 침해할 수 있는 명예훼손적 표현에 해당하지 않으므로, 이러한 유인물을 배포한 행위를 명예훼손죄로 의율할 수 없다(대법원 2008. 10. 9. 선고 2006도5924호 판결).

(2) 형사재판에서 공소가 제기된 범죄의 구성요건을 이루는 사실은 그것이 주관적 요건이든 객관적 요건이든 입증책임이 검사에게 있으므로, 형법 제307조 제2항의 허위사실 적시에 의한 명예훼손죄로 기소된 사건에서 사람의 사회적 평가를 떨어뜨리는 사실이 적시되었다는 점, 적시된 사실이 객관적으로 진실에 부합하지 아니하여 허위일 뿐만 아니라 적시된 사실이 허위라는 것을 피고인이 인식하고서 이를 적시하였다는 점은 모두 검사가 입증하여야 하고, 이 경우 적시된 사실이 허위의 사실인지 여부를 판단할 때에는 적시된 사실의 내용 전체의 취지를 살펴보아야 하고, 중요한 부분이 객관적 사실과 합치되는 경우에는 세부에 있어서 진실과 약간 차이가 나거나 다소 과장된 표현이 있다고 하더라도 이를 허위의 사실이라고 볼 수 없다.

그리고 비록 허위의 사실을 적시하였더라도 허위의 사실이 특정인의 사회적 가치 내지 평가를 침해할 수 있는 내용이 아니라면 형법 제

307조의 명예훼손죄는 성립하지 않고, 사회 평균인의 입장에서 허위의 사실을 적시한 발언을 들었을 경우와 비교하여 오히려 진실한 사실을 듣는 경우에 피해자의 사회적 가치 내지 평가가 더 크게 침해될 것으로 예상되거나, 양자 사이에 별다른 차이가 없을 것이라고 보는 것이 합리적인 경우라면, 형법 제307조 제2항의 허위사실 적시에 의한 명예훼손죄로 처벌할 수는 없다(대법원 2014. 9. 4. 선고 2012도13718호 판결).

(3) 대한예수교장로회 산하 총신대학교에서 역사신학을 담당하는 교수 겸 목사인 甲이 1,200여 명의 학생들이 모인 채플실에서 예배를 인도하면서 대한예수교장로회 A교회 목사인 乙에 대해 "A교회 乙은 이단 중에 이단입니다. 그는 피가름을 실천에 옮겨야 된다고 가르치는 사람, 그것도 비밀리에 가르치고 있습니다"라고 설교한 것은 명예훼손죄에서 말하는 '사실의 적시'에 해당하지 않는다(대법원 2008. 10. 9. 선고 2007도1220호 판결).

(4) 교회의 부목사가 다수 교인이 모인 예배시간에 〈본 교회 소유 대지에 관한 사실을 밝힘〉이라는 제목으로 된, 위 교회가 대표자들의 명의로 불하받은 토지에 관하여 교회가 처분한 바 없는데도 소외 학원 앞으로 소유권이전등기된 것은 위 대표자 중의 1인인 학교장이 사리를 좇아 증여한 것처럼 날조한 사기행각이라는 내용의 유인물을 배포, 낭독하고 재석(在席)하였던 위 학교장을 단상으로 불러 경위를 해명하라고 요구한 행위는 사실을 적시하여 위 학원과 학교장의 명예를 훼손한 경우에 해당한다(대법원 1984. 7. 10. 선고 84도1197호 판결).

(5) 명예훼손의 주관적 구성요건으로서의 범의(犯意)는 행위자가 피해자의 명예가 훼손되는 결과를 발생케 하는 사실을 인식함으로 족하다 할 것이나, 새로 목사로서 부임한 피고인이 전임목사에 관한 교회 내의 불미스러운 소문의 진위를 확인하기 위하여 이를 교회 집사들에게 물어보았다면 이는 경험칙상 충분히 있을 수 있는 일로써 명예훼손의 고의가 없는 단순한 확인에 지나지 아니하여 사실의 적시라고 할 수 없다 할 것이므로 피고인에게 명예훼손의 고의 또는 미필적 고의가 없었다고 할 것이다(대법원 1985. 5. 28. 선고 85도588호 판결).

명예훼손의 공연성

명예훼손죄의 요건인 공연성은 불특정 또는 다수인이 인식할 수 있는 상태를 말하므로 피고인들이 출판물 15부를 피고인들이 소속된 교회의 교인 15인에게 배부한 이상 공연성의 요건은 충족된 것이라고 보겠으며, 배부 받은 사람 중 일부가 위 출판물 작성에 가담한 사람들이라고 하여도 결론에 아무런 소장이 없다(대법원 1984. 2. 28. 선고 83도3124호 판결).

나. 종교의 자유 및 표현의 자유와 명예훼손

종교적 목적을 위한 표현의 자유 보장

(1) 우리 헌법 제20조 제1항은 "모든 국민은 종교의 자유를 가진다"고 규정하고 있는데, 종교의 자유에는 자기가 신봉하는 종교를 선전하고 새로운 신자를 규합하기 위한 선교의 자유가 포함되고, 선교의

자유에는 다른 종교를 비판하거나 다른 종교의 신자에 대하여 개종을 권고하는 자유도 포함되는 바, 종교적 선전과 타 종교에 대한 비판 등은 동시에 표현의 자유의 보호대상이 되는 것이나, 그 경우 종교의 자유에 관한 헌법 제20조 제1항은 표현의 자유에 관한 헌법 제21조 제1항에 대하여 특별규정의 성격을 갖는다 할 것이므로 종교적 목적을 위한 언론·출판의 경우에는 그 밖의 일반적인 언론·출판에 비하여 고도의 보장을 받게 되고, 특히 그 언론·출판의 목적이 다른 종교나 종교집단에 대한 신앙교리 논쟁으로서 같은 종파에 속하는 신자들에게 비판하고자 하는 내용을 알리고 아울러 다른 종파에 속하는 사람들에게도 자신의 신앙교리 내용과 반대종파에 대한 비판의 내용을 알리기 위한 것이라면 그와 같은 비판할 권리는 최대한 보장받아야 할 것인바, 그로 인하여 타인의 명예 등 인격권을 침해하는 경우에 종교의 자유 보장과 개인의 명예 보호라는 두 법익을 어떻게 조정할 것인지는 그 비판행위로 얻어지는 이익, 가치와 공표가 이루어진 범위의 광협, 그 표현방법 등 그 비판행위 자체에 관한 제반 사정을 감안함과 동시에 그 비판에 의하여 훼손되거나 훼손될 수 있는 타인의 명예 침해의 정도를 비교 고려하여 결정하여야 한다.

군대 내에서 군종장교는 국가공무원인 참모장교로서의 신분뿐 아니라 성직자로서의 신분을 함께 가지고 소속 종단으로부터 부여된 권한에 따라 설교·강론 또는 설법을 행하거나 종교의식 및 성례를 할 수 있는 종교의 자유를 가지는 것이므로, 군종장교가 최소한 성직자의 신분에서 주재하는 종교활동을 수행함에 있어 소속 종단의 종교를 선전하거나 다른 종교를 비판하였다고 할지라도 그것만으로 종교적 중립을 준수할 의무를 위반한 직무상의 위법이 있다고 할 수 없다.

공군참모총장이 전 공군을 지휘·감독할 지위에서 수하의 장병들을 상대로 단결심의 함양과 조직의 유지·관리를 위하여 계몽적인 차원에서 군종장교로 하여금 교계에 널리 알려진 특정 종교에 대한 비판적 정보를 담은 책자를 발행·배포하게 한 행위가 특별한 사정이 없는 한 정교분리의 원칙에 위반하는 위법한 직무집행에 해당하지 않는다(대법원 2007. 04. 26. 선고 2006다87903호 판결).

(2) 종교의 자유에는 자기가 신봉하는 종교를 선전하고 새로운 신자를 규합하기 위한 선교의 자유가 포함되고, 선교의 자유에는 다른 종교를 비판하거나 다른 종교의 신자에 대하여 개종을 권고하는 자유도 포함되는 바, 종교적 선전, 타 종교에 대한 비판 등은 동시에 표현의 자유의 보호대상이 되는 것이나, 그 경우 종교의 자유에 관한 헌법 제20조 제1항은 표현의 자유에 관한 헌법 제21조 제1항에 대하여 특별규정의 성격을 갖는다 할 것이므로 종교적 목적을 위한 언론·출판의 경우에는 그 밖의 일반적인 언론·출판에 비하여 보다 고도의 보장을 받게 된다(대법원 1996. 9. 6. 선고 96다19246, 19253호 판결).

종교적 목적을 위한 표현의 자유의 한계

(1) 우리 헌법이 종교의 자유를 보장함으로써 보호하고자 하는 것은 종교 자체나 종교가 신봉하는 신앙의 대상이 아니라, 종교를 신봉하는 국민, 즉 신앙인이고, 종교에 대한 비판은 성질상 어느 정도의 편견과 자극적인 표현을 수반하게 되는 경우가 많으므로, 타 종교의 신앙의 대상에 대한 모욕이 곧바로 그 신앙의 대상을 신봉하는 종교단체나 신도들에 대한 명예훼손이 되는 것은 아니고, 종교적 목적을

위한 언론·출판의 자유를 행사하는 과정에서 타 종교의 신앙의 대상을 우스꽝스럽게 묘사하거나 다소 모욕적이고 불쾌하게 느껴지는 표현을 사용하였더라도 그것이 그 종교를 신봉하는 신도들에 대한 증오의 감정을 드러내는 것이거나 그 자체로 폭행·협박 등을 유발할 우려가 있는 정도가 아닌 이상 허용된다고 보아야 한다.

하지만 아무리 종교적 목적을 위한 언론·출판의 자유가 고도로 보장되고, 종교적 의미의 검증을 위한 문제의 제기가 널리 허용되어야 한다고 하더라도 구체적 정황의 뒷받침도 없이 악의적으로 모함하는 일이 허용되지 않도록 경계해야 함은 물론, 구체적 정황에 근거한 것이라 하더라도 표현방법에 있어서는 상대방의 인격을 존중하는 바탕 위에서 어휘를 선택하여야 하고, 아무리 비판을 받아야 할 사항이 있다고 하더라도 모멸적인 표현으로 모욕을 가하는 일은 허용될 수 없다.

A교회 교주 甲은 신도들과 함께 점심식사로 국수를 먹은 직후 지병인 뇌출혈이 발병하여 병원으로 이송된 후 다음날 병원에서 사망하였음에도, 甲이 식당에서 냉면을 먹다가 갑자기 쓰러져 병원으로 옮겼으나 중풍으로 죽었다는 취지의 발언을 한 경우, 면과 국수는 사전적 의미에서 아무런 차이가 없으므로 냉면도 국수의 일종이라고 할 수 있고, 뇌출혈은 중풍(뇌졸중)의 원인이나 종류 중 하나로서 일반인들 사이에서는 모두 구분 없이 혼용되는 경우가 많으며, 질병으로 그 자리에서 곧바로 사망하였다는 사실과 병원으로 옮겨진 상태에서 다음날 사망하였다는 사실 사이에 허위사실 적시에 의한 명예훼손으로 처벌할 만큼 피해자의 사회적 가치 내지 평가의 침해 여부나 정도에 유의미한 차이가 발생한다고 할 수 없으며, 이 부분 발언의 전체적인 취지는 甲을 신앙의 대상으로 삼는 것에 대해 의혹을 제기하고자 한 것

에 불과하고, 같은 종파에 속하는 교인들의 초청 등에 의하여 그 소속 신도들을 상대로 한정적으로 발언이 행하여진 점, 이 부분 발언을 포함한 강연의 전체적인 내용은 피고인의 신앙의 관점에서 이 사건 종교단체의 신앙의 대상이나 교리에 이단적인 요소가 있다는 이유로 그 비판하고자 하는 내용을 알리고, 신도들을 상대로 객관적 정보를 제공하여 주의를 촉구하고 경각심을 일으켜 신도들을 보호하고 교리상의 혼란을 방지하기 위한 취지의 것으로서 새삼스러운 것이 아닌 점, 이와 같이 어떤 종교나 교주에게 이단성이 있다고 하는 발언은 근본적으로 종교적 비판행위에 해당되는 점 등을 종합하면, 그 발언 안에 다소 과장·왜곡되거나 부적절한 표현이 있더라도 결국 피고인이 적시한 사실은 중요한 부분에 있어서 진실에 합치하는 것이거나, 적어도 허위라는 증명이 되었다고 볼 수는 없는 것이다(대법원 2014. 9. 4. 선고 2012도13718호 판결).

(2) 甲이 "자칭 신이라 주장하는, 시한부 종말론, 사이비 이단에 빠지지 맙시다. 하나님의 이름을 빙자하여 최근 가장 많이 활동하고 있는 사이비, 이단의 A교회 및 乙(교주). 이들은 乙을 하나님 아버지라 부르면서 진실한 교인들이 섬기고 있는 하나님의 이름을 짓밟고 있는 자들이다. 하나님의 뜻을 거짓으로 전하고 다니는 자들이다"라는 내용의 전단지를 아파트에 투입하거나 행인들에게 전하고 전봇대에 붙이는 등 공연히 허위의 사실을 적시한 행위는, 甲이 배포한 전단지의 배포 상대방, 문장의 표현 등에 비추어 보면 헌법에서 보장하는 종교적 자유의 한계를 벗어난 행위로서(A교회에 대한 명예훼손의) 위법성이 인정된다(대법원 2007. 2. 8. 선고 2006도4486호 판결).

(3) 甲은 목사이며 경주 및 영천지역의 대한예수교장로교회들을 지도, 감독하는 대한예수교장로회 지방노회의 노회장으로서 乙로부터 그의 처가 "丙이 운영하는 A기도원 때문에 가출하였으니 A기도원의 실상을 조사하여 적절한 조치를 취해 달라"는 진정을 접수받게 되자 위 노회 산하의 이단사이비종파대책위원회를 구성하여 위원회로 하여금 A기도원 등의 운영 실태와 피해사례 등을 조사하기로 하였고, 위원회의 조사 결과 丙은 목사, 전도사 등의 자격이 없는 자로서 1986년경 남편과 함께 B교회와 A기도원을 지었는데, 그 당시에는 A기도원 등 건물의 신축공사 대금도 제대로 지급하지 못하는 등 별다른 재산이 없었으나, A기도원 등을 운영하면서 상당한 부를 축적하여 현재 위 남편 등 명의로 20여 필지의 토지와 아파트, 고가의 승용차 2대를 소유하고 있으며, 丙은 A기도원 등을 운영하면서 헌금 능력이 없는 신도를 A기도원 등에서 쫓아내고, 설교를 하면서 거북이를 갖다 놓고 "거북이 입 다물기 전에 헌금을 하라"고 말하였으며, A기도원 등의 신앙생활 때문에 가정에 불화가 생겨 부녀자들이 가출하는 사례가 발생하였으며, 예배시간에는 조는 신도들의 종아리를 회초리 등으로 때리기도 한 사실 등이 있었다고 탐문되자, 甲은 위 노회의 결의를 거쳐 자기들의 신앙 차원에서 교회 권위의 훼손을 막고 교회의 건전한 질서를 확립하며 선량한 교인들이 현혹되어 피해를 당하지 않도록 하기 위하여 대책을 세우기로 하고 위 노회 산하 각 교회의 교역자들에게 A기도원 등의 실상을 알리는 내용과 A기도원 등을 이단으로 규정하고 비판하는 내용으로 된 각 유인물을 발송하고, 당시 〈월간 현대종교〉라는 잡지를 발행하면서 사이비 종교를 연구하고 있던 丁에게 A기도원 등의 탐문 내용을 제보하자 丁이 위 잡지 기자로 하여금 A기도원

등의 실상을 취재하게 한 후 위 잡지에 A기도원 등의 문제점에 관한 기사를 실었으며, 甲은 그 후 위 노회의 상급기관인 대한예수교장로회 총회에 A기도원 등의 문제점을 보고하여 위 총회에서 위 총회 산하 '사이비 신앙운동 및 기독교이단 대책위원회'로 하여금 A기도원 등의 실상을 조사하게 한 후 A기도원 등을 이단으로 규정하고 비판하는 내용의 보고서를 작성하게 하여 당시 위 총회에 참석한 1,600명 가량의 위 총회 산하 전국 교회의 대의원들에게 배포하였다. 그렇다면 甲은 위 노회의 회장으로서, 위와 같이 丙을 비판한 행위가 대부분 같은 노회 산하 교회의 교역자들이나 같은 종파에 속한 전국 교회의 대의원들에 대하여 한정적으로 행하여진 점, 甲이 丙을 비판한 내용은 상당 부분 신앙교리에 관한 것이고, 丙이 운영하는 A기도원 등의 신앙성향 등을 비판하며 같은 종파에 속하는 신도들에게 A기도원에 피고인들의 신앙차원에서 볼 때 이단적 요소가 있다는 이유로 주의를 촉구하는 취지의 것인 점, 위와 같은 비판으로 丙은 주로 그가 운영하는 A기도원 등에 피고인들의 교리상으로 볼 때 이단성이 있다고 공격받은 것이어서 그 명예 침해의 정도가 비교적 크지 아니한 점 등에 비추어 보면, 비록 甲이 丙을 비판함에 있어 다소 과장되거나 부적절한 표현을 사용한 바 있다 하더라도 위 행위는 근본적으로 종교적 비판의 표현행위에 해당되므로 위법성이 없다고 할 것이다(대법원 1996. 9. 6. 선고 96다19246, 19253호 판결).

(4) 甲은 자신이 시무하는 교회의 저녁예배시간에 교회 신도들에게 "乙이 거북이를 갖다 놓고 설교하면서 신도들에게 거북이 입 다물기 전에 헌금을 하라 하고, 어떤 사람에게는 거북이 입 다물기 전에

2,000,000원을 헌금하라고 그랬다. 이것은 기독교가 아니다"라고 하며 乙을 고소 잘하는 마귀에 비유하는 등의 내용의 설교를 하였다. 그러나 甲은 위 교회의 목사로 근무하고 있던 중 노회로부터 받은 유인물, 〈월간 현대종교〉 잡지 등을 통하여 乙이 운영하는 A기도원을 알게 되어, 자신의 교회 교인들에게 이를 알려 경계심을 갖게 하고자 예배시간에 A기도원 등의 신앙상 문제점에 관하여 설교를 하던 중 乙이 거북이를 이용하여 헌금을 강요하였다는 취지의 말을 하고, 또 당시 乙이 위 노회의 노회장과 서기를 명예훼손으로 수차례 고소한 일을 거론하면서 乙을 고소 잘하는 마귀 등에 비유하는 취지의 말을 한 것이라면, 甲은 자신이 목사로 있는 교회의 신도들에 대하여 한정적으로 행하여진 점, 甲이 乙을 비판한 내용은 상당 부분 신앙교리에 관한 것이고, 乙이 운영하는 A기도원 등의 신앙성향 등을 비판하며 같은 종파에 속하는 신도들에게 A기도원에 甲의 신앙 차원에서 볼 때 이단적 요소가 있다는 이유로 주의를 촉구하는 취지의 것인 점, 위와 같은 비판으로 乙은 주로 그가 운영하는 A기도원 등에 甲의 교리상으로 볼 때 이단성이 있다고 공격받은 것이어서 그 명예 침해의 정도가 비교적 크지 아니한 점 등에 비추어 보면, 비록 甲이 乙을 비판함에 있어 다소 과장되거나 부적절한 표현을 사용한 바 있다 하더라도 甲의 위 행위는 근본적으로 종교적 비판의 표현행위에 해당되므로 위법성이 없다 할 것이다(대법원 1996. 9. 6. 선고 96다19246, 19253호 판결).

(5) 어느 교단이 교리상의 혼란으로부터 교단을 보호하기 위하여 그 산하의 사이비이단대책위원회로 하여금 甲의 주장에 대하여 연구하게 한 후 그 연구 결과를 총회보고서의 일부로 채택하고 그 연구 보

고를 교단 소속의 사이비이단문제상담소에서 발간하는 책자에 게재하여 이를 주로 교단 산하의 지교회들을 상대로 배포한 것이라면, 비록 그 공표 내용 중에 甲의 교리와 주장을 비판하고 그 명예를 침해하는 내용이 포함되어 있다고 할지라도, 이는 신앙의 본질적 내용으로서 최대한 보장받아야 할 종교적 비판의 표현행위로서 그 안에 다소 과장되거나 부적절한 표현이 있다 하더라도 중요한 부분에 있어서 진실에 합치할 뿐만 아니라 교단의 교리 보호와 그 산하 지도자들 및 신자들의 신앙 보호를 위하여 주로 그들을 상대로 주의를 촉구하는 취지에서 공표한 것이므로 위법성이 없다고 할 것이다(대법원 1997. 8. 29. 선고 97다19755호 판결).

다. 명예훼손의 위법성과 공공의 이익

교단의 판결문을 신도들에게 배포한 경우

교회 담임목사를 출교 처분한다는 취지의 교단 산하 재판위원회의 판결문은 성질상 교회나 교단 소속 신도들 사이에서는 당연히 전파, 고지될 수 있는 것이므로 위 판결문을 복사하여 예배를 드리러 온 신도들에게 배포한 행위에 의하여 그 목사의 개인적 명예가 훼손된다 하여도 그것은 진실한 사실로서 '오로지 교단 또는 그 산하 교회 소속 신자들의 이익에 관한 때'에 해당하거나 적어도 사회상규(社會常規)에 위배되지 아니하는 행위에 해당하여 위법성이 없다. 가령 피고인들의 소행에 있어서 피해자를 비방할 목적도 함께 숨어 있었다고 하더라도 그 주요한 동기가 '공공의 이익을 위한 때'에 있다면 형법 제310조의 적용을 배제할 수 없는 것이다(대법원 1989. 2. 14. 선고 88도899호 판결).

신학교 교수의 이단 비판

신학대학교의 교수 甲이 출판물 등을 통하여 종교단체인 구원파를 이단으로 비판하는 과정에서 특정인인 乙을 그 실질적 지도자로 지목하여 명예를 훼손하는 사실을 적시하였으나 위 교수가 행한 강연, 대담이나 기고한 글 중에 언급한 乙의 행태는 객관적으로 볼 때 사회 일반에 상당한 영향력을 행사하고 있던 乙의 사회적 활동에 대한 비판 내지 평가의 한 자료가 될 수 있다는 의미에서 공공의 이익에 관한 것이라고 봄이 상당하고, 또 甲으로서도 乙 개인을 비방할 목적에서라기보다는 기독교 신자 등에게 乙에 대한 실망이 甲이 구원파를 떠나게 된 동기의 하나가 되었음을 설명하고 乙이 지도자로서의 자질이나 덕목이 부족함을 부각함으로써 구원파를 경계케 할 목적으로 공공의 이익을 위하여 한 행위라고 보아야 옳을 것이다(대법원 1996. 4. 12. 선고 94도3309호 판결).

특정 목사가 기소되었음을 홈페이지에 게재한 경우

기독교대한감리회 본부 기관목사로서 기독교대한감리회 내 임의단체인 '감리교회의 갱신을 위한 목요기도회' 소속 목사인 甲이 기독교대한감리회 본부 홈페이지에 올린 글의 주된 내용이나 그 취지가 그 교단 소속 乙목사가 간통 혐의로 기소된 사실을 알리는 데 있는 것이 아니라 乙목사를 옹호하는 乙의 교회 '사건 수습을 위한 비상대책위원회' 소속 장로들에 대한 비판에 있다고 보이고, 위와 같은 글을 게재한 곳도 甲이나 고소인들과 같은 기독교대한감리회 교인들이 이용하는 기독교대한감리회 본부의 홈페이지이며, 甲목사가 간통 혐의로 기소된 사실은 이미 감리회 소속 교인들이나 乙의 교회 교인들 사이에서는 널리 알려진 상태였음을 알 수 있는 점 등에 비추어, 그것은 진실한 사실로서 오로지 기독교대한감리회 또는 그 산하 A교회 교인들을 비롯한 일반 기독교 신자들의 이익을 위한 행위라고 할 것이므로 형법 제310조에 의하여 위법성이 조각된다(대법원 2005. 12. 23. 선고 2005도1453호 판결).

목사 안수의 자격을 문제 삼는 유인물을 발송한 경우
목사들이 함께 《존경하는 선배 목사님들과 동역자 목회자님들에게 호소합니다》라는 제목의 유인물에 〈甲전도사의 목사고시 시취유보 요청 결의건〉이라는 소제목 아래 "甲이 1996년 4월 하순 침례교 영남지역 목회자 체육대회 출전을 위한 지방회 공식 축구연습 도중 작전에 대한 여러 의견을 개진하던 중 갑자기 얼굴을 붉히고 웃옷을 벗어 던지며 'X같은 놈들 더러워서 못해 먹겠다'며 목회자로서 입에 담지도 못할 언행을 하였고, 1996년 6월 10일 지방회 월례회시 甲은 자신의 잘못을 시인하기는커녕 '원인 제공자가 누구냐'고 따지는 등 안하무인격의 불손한 태도를 보이는 등 비인격적이고 비윤리적인 행동에도 불구하고 목사 안수가 되었다"는 내용을 담은 위 유인물을 약 1,000부 인쇄하여 우체국에서 기독교한국침례회 총회 본부를 비롯한 각 교단 교회 약 600여 곳에 각 1부씩 우편으로 발송하였다. 위 유인물의 내용이 모두 진실한 사실이라면, 위 목사들이 이 사건 표현행위에 이르게 된 경위와 이 사건 유인물의 전체적인 내용 등에 비추어 보면 위 목사들은 자신들에 대한 제명의 징계처분을 면하기 위하여 이 사건 표현행위를 하였다고 볼 수 있으나, 다른 한편 이 사건 표현은 지방회 시취위원회 또는 그 시취위원들이 지방회 규약의 규정을 무시하고 인격적으로 목사 안수를 받을 자격이 없는 자로 하여금 목사 안수를 받도록 하였다는 것을 지적하고 있기 때문에 적시된 사실이 객관적으로 볼 때 한국침례회 또는 지방회 교인들이라는 특정한 사회 집단이나 그 구성원 전체의 관심과 이익에 관한 것으로서 공공의 이익에 관한 것이라고 할 수 있으며, 적시된 사실의 내용과 성질에 비추어 객관적으로 판단할 때에 위 목사들의 이러한 행위는 지방회 시취위원들의 전횡을 한국침례회총회에 대의원으로 참석하는 목회자들에게 널리 알려 이 사건 유인물에서 지적한 문제들을 한국침례회 교단 안에서 공론화함으로써 한국침례회 또는 지방회의 내부질서를 바로잡는다는 공공의 이익을 위한 행위로 볼 수 있고, 위와 같이 이 사건 유인물 배포에 피고인들에 대한 징계처분을 면하기 위한 개인적인 동기가 함께 게재되어 있다 하더라도 피고인들의 행위를 공공의 이익을 위한 행위라고 보는 데에 장애가 된다고 할 수 없다. 결국 위 목사들이 이 사건 표현을 한 행위는 형법 제310조가 규정하는 바 그 적시된 사실이 진실한 사실로서 오로지 공공의 이익에 관한 때에 해당한다고 보아야 할 것이다(대법원 1999. 6. 8. 선고 99도1543호 판결).

정당한 행위와 명예훼손

甲이 소속한 교단협의회에서 조사위원회를 구성하여 甲이 목사로 있는 교회의 이단성 여부에 대한 조사활동을 하고 보고서를 그 교회 사무국장에게 작성토록 하자, 甲이 조사보고서의 관련 자료에 피해자를 명예훼손죄로 고소했던 고소장의 사본을 첨부한 경우, 이는 자신의 주장의 정당성을 입증하기 위한 자료의 제출행위로서 정당한 행위로 볼 것이지, 고소장의 내용에 다소 피해자의 명예를 훼손하는 내용이 들어 있다 하더라도 이를 이유로 고소장을 첨부한 행위가 위법하다고까지는 할 수 없다(대법원 1995. 3. 17. 선고 93도923호 판결).

언론매체의 특정인에 대한 기사와 명예훼손
(1) 명예훼손이란 명예 주체에 대한 사회적 평가를 저하시키는 일체의 행위를 의미하고, 신문이나 잡지 등 언론매체가 특정인에 관한 기사를 게재한 경우 그 기사가 특정인의 명예를 훼손하는 내용인지의 여부는 기사의 객관적인 내용과 아울러 일반 독자가 기사를 접하는 통상의 방법을 전제로 기사의 전체적인 흐름, 사용된 어휘의 통상적인 의미, 문구의 연결 방법 등을 종합적으로 고려하여 그 기사가 독자에게 주는 전체적인 인상도 그 판단 기준으로 삼아야 한다(대법원 1997. 10. 28. 선고 96다38032호 판결).

(2) 분열되었던 교단의 통합을 추진하는 통합파 측 신문에서 잔류파 측 인물들의 명예를 훼손하는 내용의 기사 등을 게재한 경우 그 기사가 공공의 이익을 위하여 보도되었는지 여부에 관하여, 이 사건 기사가 오로지 위 잔류파와 반대의 입장에 있는 인물과 그가 제시하는 자료만을 취재원으로 하여 잔류파 인물들에 관한 과거의 비위사실을 들추어내어 보도한 점, 이와 같은 기사를 보도하면서 잔류파들의 해명이나 반론을 싣지 않은 점, 이 사건 기사의 전체적인 흐름이 통합파와 잔류파의 문제점을 균형 있게 보도한 것이 아니고 잔류파만의 문

제점만을 열거하여 그것이 통합의 유일한 걸림돌이 된다는 인상을 주고 있는 점 등에 비추어 볼 때 이 사건 기사는 공공의 이익을 위하여 보도한 것으로 볼 수 없다(서울고법 1997. 7. 25. 선고 96나5348호 판결).

명예훼손죄 면책을 위한 입증책임

도서·잡지에 의하여 사실을 적시하여 개인의 명예를 훼손하는 행위를 한 경우에도 그 목적이 오로지 공공의 이익을 위한 것일 때에는 적시된 사실이 진실이라는 증명이 있거나 그 증명이 없다 하더라도 행위자가 그것을 진실이라고 믿었고 또 그렇게 믿을 상당한 이유가 있으면 위법성이 없다고 보아야 할 것이나, 그에 대한 입증책임은 어디까지나 명예훼손 행위를 한 도서·잡지의 집필자 또는 발행인에게 있고, 피해자가 종교단체라 하여 입증책임이 바뀌는 것은 아니다(대법원 1999. 4. 27. 선고 98다16203호 판결).

10 교회 행정과 법률문제

가. 교회 행정과 형사처벌 및 제재

교회 건물의 불법건축과 처벌대상자

(1) 건축법상의 「건축주」라 함은 '건축물의 건축공사를 도급계약에 의한 경우에는 그 도급인, 도급계약에 의하지 아니한 경우에는 스스로 공사를 행하는 자'를 말하는데, 교회 교도들의 연보, 헌금, 기타 기부금품으로 이루어진 교회의 건물은 특별한 사유가 없는 한 위 교회 소속 교도들의 총유에 속한다 할 것이고, 위 교회를 건축함에 있어서 교회 교도들이 도급계약에 의하지 아니하고 스스로 공사를 하였으므로 교회 건축의 건축주는 위 교회 교도 전체이거나 또는 비법인사단으로서의 위 교회가 됨은 별론(別論)으로 하고, 위 교회 교도의 한 사람 또는 집사의 한 사람에 불과한 피고인이 건축주라고는 할 수 없

고 비법인사단으로서의 교회가 건축주라면 그 대표자가 처벌됨은 몰라도 교회대표자가 아닌 피고인이 건축주로 처벌될 수 없다(대구지법 1978. 3. 9. 선고 77노2219호 판결).

(2) 교회의 담임목사가 건축허가 없이 기존 교회 건물에 붙여서 건축물을 건축한 이상 건축법 위반죄가 성립되는 것이고, 교회 내부에 그 증축에 관한 실무책임자가 있다거나 목사는 건축 관계로 인한 민사, 형사책임을 지지 않기로 되어 있는 교회 내부의 규약이 있다고 해서 그 죄책을 면할 수는 없다(대법원 1986. 9. 23. 선고 85도575호 판결).

교회 건축자금을 위해 금원을 차용한 경우 사기의 범의(犯意) 유무

목사가 교회 건물 건립을 위하여 돈을 빌리고 그 채무의 원리금을 갚기 위하여 다시 돈을 빌린 경우 사실상 그 빌린 돈으로 교회 건물을 건축하고 채무를 변제한 사실이 있다면 변제할 의사가 없었음이 명백하지 않은 한 원리금 변제에 궁색하였다는 사유만으로 위 금원 차용 시 사기의 범의가 있었다고 단정할 수 없다(대법원 1981. 10. 13. 선고 81도1366호 판결).

상가건물을 교회로 무단용도 변경한 경우

(1) 당국의 허가를 받지 아니하고 그 용도가 목욕탕, 헬스클럽으로 된 상가건물을 교회로 용도 변경하였다면 그 후 공포 시행된 주택건설기준 등에 관한 규정(1991. 1. 15. 대통령령 제13252호) 제5조 제7호, 제6조 제1항 제7호에 의하여 종교생활에 사용할 수 있는 시설이 공동

주택의 복리시설에 해당하게 되어 주택단지에 설치할 수 있게 되었다 하더라도 건축물의 용도를 변경함에 있어 당국의 허가를 받도록 한 관계법령이 개정되지 아니한 이상 이는 건축법 제54조 제1항, 제5조 제1항 본문, 제48조(현행법 제14조 용도변경 규정) 위반의 범죄행위를 구성한다 할 것이다(대법원 1991. 4. 23. 선고 91도77호 판결).

(2) 주택건설촉진법 제52조의2 제1호, 제38조 제2항 제1호에 의하여 규제대상이 되는 '사업계획에 따른 용도 이외의 용도에 사용하는 행위'의 객체는 같은 법 제3조 제3호, 제6호, 제7호, 구 주택건설촉진법 시행령(1991. 1. 15. 대통령령 제13252호로 개정되기 전의 것) 제2조, 제3조, 제4조, 주택건설촉진법 시행규칙 제2조, 제3조에 열거한 '공동주택과 그 부대시설 및 복리시설'에 한정됨이 분명하므로 그에 해당하지 아니하는 시설 등을 사업계획에 따른 용도 이외의 용도에 사용하더라도 이를 처벌할 수는 없다 할 것인 바, 피고인이 원래의 용도가 상가의 사무실로서 위 규제대상이 아닌 건물부분에 대하여 건설부 장관으로부터 허가를 받지 아니하고 교회로 용도를 변경하여 사용하였다면 같은 법 제52조의2 제1호, 제38조 제2항 제1호 위반의 범죄를 구성하지 아니한다(대법원 1991. 4. 23. 선고 91도59호 판결).

종교시설로의 용도변경 제한

건축법 시행령 부표 제4항, 공동주택관리령 제6조 및 별표 2, 주택건설기준에 관한 규칙 제4조 제1항에 의하여 종교시설은 공동주택에의 설치가 제한되며 또 공동주택의 복리시설로부터의 용도변경이 제한되고 있음이 명백하지만 그와 같은 제한은 종교시설에 한정되지 아니하고 건축법 제48조, 제5조, 같은 법 시행령 제99조의 규정에 당국의 허가를 받아 공동주택에 설치된 근린생활시설 등을 종교시설로 용도 변경할 수 있음에 비추어 위와 같은 제약이 불합리한 차별 또는 권리의 제한이라고 보여지지 아니하므로 위 각 규정이 헌법 제11조 제1항의 평등권조항, 제20조 제1항의 종교의 자유 조항에 위배된 위헌조항이라고 할 수 없다(대법원 1991. 4. 23. 선고 91도77호 판결).

교회 차량의 유상운송

(1) 복지사회추진협회 소속 차량에 승객 48명을 태우고 관광운행을 함에 있어서 동 협회 소속 회원이 아닌 일반인 2인으로부터 운송비를 받았다면 이는 당국의 면허 없이 자가용자동차를 유상운송에 제공한 경우에 해당한다(대법원 1983. 7. 26. 선고 83누191호 판결).

(2) 교회 산하 각 교구가 그 소속 버스들을 개별적으로 관리하는 데서 오는 차량의 노후화, 자동차종합보험 등의 문제점을 개선하여 각 교구 소속 버스들을 효율적, 조직적으로 관리하기 위하여 회사를 설립하게 되었고, 위 회사는 위 교회 근처에 사무실을 마련하여 여직원 1명을 두고 버스들을 일괄적으로 관리하면서 버스들의 연락 배차, 교통사고, 보험, 세무처리 등의 행정적인 관리업무만을 처리하여 왔을 뿐이고 위 회사가 설립된 이후에도 위 버스들의 관리는 여전히 종전과 같이 각 교구별로 담당책임자인 조장이 있어 각 교구 소속 신도들로부터 차량관리 헌금을 받아 교구 소속 버스의 운전기사 급료, 유류대, 차량수리비 등을 지급하는 등의 방법으로 교구별로 직접 맡아 오면서, 다만 위 회사의 사무실 등을 운영하기 위한 경비조로 매달 10만

원씩 공동비용을 내어왔다면, 위 회사가 자기 계산 하에 영리적 목적으로 운송의 대가를 받고 신도들을 수송한 것은 아니라고 할 것이어서 위 회사의 신도 운송행위는 자동차운수사업법 소정의 유상운송행위에 해당하지 않는다(대법원 1992. 7. 10. 선고 92도500호 판결).

무인가 신학교 운영과 교육법의 적용

(1) 甲은 대한예수교장로회 정통통합교단을 창설한 자로서, 안양소재 오피스텔에서 A신학교란 학교 명칭을 사용하여 복음신문에 학생모집 광고를 하거나 교단 내의 목사, 전도사로 활동하는 사람들을 통하여 신학공부를 원하는 사람들을 학생으로 모집한 후, 신학과, 대학원 과정 등으로 구분하여 등록금을 받고 그들에게 甲이 저작한 8권의 통신교재를 나누어 주어 혼자서 독학하게 한 다음 리포트와 졸업논문을 제출하게 하고, 그 과정을 이수하였다고 인정되는 자에게는 'A신학교 학장 甲' 명의로 졸업증서를 수여하여 온 사실이 충분히 인정되므로, 위 A신학교는 교육법 제81조 제8호, 제149조가 정하는 대학에 준하는 각종 학교에 해당하여 같은 법 제85조 제1항에 따라 교육부장관의 설립인가를 받아야 한다(대법원 1997. 4. 22. 선고 97도315호 판결).

(2) 구 교육법의 제 규정을 살펴보면, 「학교」란 교육을 위하여 그에 상당한 인적, 물적 설비를 갖추어 피교육자로 하여금 인간사회의 문화재생산 내지 증진을 위하여 계획적으로 정비된 교육내용을 영속적으로 가르침 받게 하기 위하여 설치된 기관을 의미한다 할 것이고, 종교교육 및 종교지도자 양성은 종교의 자유의 한 내용으로서 보장되지만 그것이 학교라는 교육기관의 형태를 취할 때에는 교육기관 등을

정비하여 국민의 교육을 받을 권리를 실질적으로 보장하고자 하는 교육제도 등에 관한 법률주의에 관한 헌법규정 및 이에 기한 교육법상의 각 규정들에 의한 규제를 받게 된다 할 것이다. 그런데 이 사건 신학연구원이 ㉮ 지원자격에 있어서, 목사 예비교육과정의 '신학예비과', '유아교육과', '교회음악과' 등 경우에는 '세례를 받은 고졸 및 이와 동등한 학력을 가진 자로 담임목사의 추천을 받는 성직 혹은 교회지도자 지망생'으로 하고 있는바, 이는 구 교육법 제111조에 정한 대학입학자격요건과 유사하고, 또 학과편입생도 위 지원자격에 준한 자를 대상으로 하고 있으며, ㉯ 시설 면에서 대학규모의 시설(교수, 강의실, 교무과 등)을 갖추고 있으며, ㉰ 교과과정 면에서도 목사예비교육과정에는 신학예비과, 목회예비과, 기독교교육과, 유아교육과, 종교(교회)음악과 등의, 목사 교육과정에는 신학연구과, 목회연구과, 여교역자연구과 등의 각 과를 두어 이 역시 대학의 교과편성과 유사할 뿐 아니라, ㉱ 강의교과목도 성서 및 신학에 관한 것들은 전문신학대학에서 일반적으로 강의되는 것으로 보이는 과목이 편성되어 있고, 그 밖에 대학의 일반 교양과목에 해당되는 과목도 상당수 편성되어 있으며, ㉲ 그 명칭 여하에 불문하고 입학금 및 수강료를 수강생 또는 소속 교회 등이 이를 부담하고 있으며, ㉳ 교육기간도 3 내지 4년의 장기간에 걸쳐 학기 학기별진 이수하게 하고 있다면, 이 사건 신학연구원은 4년제 또는 3년제의 단계적 교육과정을 이수케 하기 위하여 특별히 설립된 것으로서 학교로서의 특성을 갖춘 교육기관이라 할 것이고, 그 설립의 주목적이 종교기관의 구성원에 대한 종교교육이라 하더라도 교육법의 규제대상으로서 그 설립에 있어 인가를 요하는 학교에 해당된다고 봄이 상당할 것이다(서울고법 1999. 4. 15. 선고 99누1436호 판결).

(3) 종교교육 및 종교지도자의 양성은 헌법 제20조에 규정된 종교의 자유의 한 내용으로서 보장되지만, 그것이 학교라는 교육기관의 형태를 취한 때에는 헌법 제31조 제1항, 제6항의 규정 및 이에 기한 교육법상의 각 규정들에 의한 규제를 받게 된다. 교회부설 교육기관인 한국어린이선교원 신학교가 외견상 학교의 요건을 구비한 이상 과목의 구분을 두지 않고 교수진도 자격기준에 맞지 않는다고 하더라도 교육법상의 전문학교에 해당하므로, 학교 설립인가를 받은 바 없음에도 전문대학 과정의 학생을 모집한 것은 교육법 위반에 해당한다(대법원 1992. 12. 22. 선고 92도1742호 판결).

(4) 종교단체가 운영하는 학교 형태 혹은 학원 형태의 교육기관도 예외 없이 학교 설립인가 혹은 학원 설립등록을 받도록 규정하고 있는 교육법 제85조 제1항 및 학원의 설립·운영에 관한 법률 제6조가 종교의 자유 등을 침해하는 것으로서 위헌인지 여부에 대하여, 교육법 제85조 제1항 및 학원의 설립·운영에 관한 법률 제6조가 종교교육을 담당하는 기관들에 대하여 예외적으로 인가 혹은 등록의무를 면제하여 주지 않았다고 하더라도, 헌법 제31조 제6항이 교육제도에 관한 기본사항을 법률로 입법자가 정하도록 한 취지, 종교교육기관이 자체 내부의 순수한 성직자 양성기관이 아니라 학교 혹은 학원의 형태로 운영될 경우 일반 국민들이 받을 수 있는 부실한 교육의 피해의 방지, 현행 법률상 학교 내지 학원의 설립절차가 지나치게 엄격하다고 볼 수 없는 점 등을 고려할 때, 위 조항들이 청구인의 종교의 자유 등을 침해하였다고 볼 수 없고, 또한 위 조항들로 인하여 종교 교단의 재정

적 능력에 따라 학교 내지 학원의 설립상 차별을 초래한다고 해도 거기에는 위와 같은 합리적 이유가 있으므로 평등원칙에 위배된다고 할 수 없다. 즉, 종교교육이라고 할지라도 그것이 일반 국민에게 피해를 주지 않고 교단 내부적으로 종교지도자 양성을 위한 순수한 종교 활동의 연장으로 운영되고 교육법 제81조상의 학교나 학원법상의 학원 형태라고 볼 수 없는 것이라면, 이는 종교교육의 자유에 속하는 단순한 종교내부의 활동으로서 국가의 제재를 받기에 적절하지 않다. 그러나 현대사회에서 많은 종교단체가 수많은 종교교육을 수행하고 있으며, 혹 그중에는 정식 학교와 유사한 설비와 교육과정을 지니고, 일반 국민들을 대상으로 하면서도 미흡한 시설을 갖추고 부실한 교육을 행하면서 수업료를 받고 인가되지 않은 학위수여 내지 자격을 남발하는 등 교육질서를 문란케 하고 국민들에게 피해를 주며, 또한 바람직하지 않은 방향으로 종교지도자를 양산하거나 교단을 발생케 하여 사회적 문제와 폐해를 낳을 수도 있다. 그런데 이에 대하여 국가가 개입하지 않고 해당 종교단체에 자율적으로 그 교육내용, 시설 등을 맡길 경우, 최소한의 교육환경마저도 구비하지 못한 학교나 학원이 무분별하게 난립되어 선량한 일반 국민들은 그러한 교육기관의 외관만을 보고 미처 그 실체를 잘 인식하지 못하여 피해를 입는 경우가 생길 수도 있다. 실제로 이 사건 기록에 의하면 종교 교육기관들이 일간신문에 학생모집 광고를 내고 있는데, 때로는 과장된 내용으로서 일반 국민들이 이에 현혹될 수 있고, 지원자들은 이들이 정식으로 인가받은 신학대학 등 교육기관과 어떻게 다른 것인지, 과연 그들이 수여하는 학위 기타 자격증이 그 실질을 제대로 가진 것인지 인식하기 어려운 면이 있는 것이다. 또한 종교교육기관이 제대로 된 시설을 갖추지 못하고 여기저기서 생겨나 일시적으로 운영되고 마는 상황도 생길 수 있는 것이다. 그러므로 국민의 교육을 받을 권리를 적극적으로 보호하고, 능력에 따라 균등한 교육기회를 제공하고, 지속성과 안전을 확보하고, 수업료 등에 있어서 적정한 교육운영을 유지하게 하기 위하여, 종교교육이 학교나 학원 형태로 시행될 때 필요한 시설기준과 교육과정 등에 대한 최소한의 기준을 국가가 마련하여 학교 설립인가 등을 받게 하는 것은 헌법 제31조 제6항의 입법자의 입법재량의 범위 안에 포함된다고 할 것이다. 따라서 종교교육이라 하더라도 그것이 학교나 학원이라는 교육기관의 형태를 취할 경우에는 교육법이나 학원법상의 규정에 의한 규제를 받게 된다고 보아야 할 것이고, 종교교육이라고 해서 예외가 될 수 없다고 할 것이다. 그러나 그러한 종교단체가 교육법상의 학교나 학원법상의 학원 형태가 아닌 교단 내부의 순수한 성직자 내지 교리자 양성기관을 운영하는 것은 방해받지 아니한다고 볼 것이다(헌법재판소 2000. 3. 30. 선고 99헌바14호 전원재판부 결정).

나. 교회 행정과 노동법

교회가 근로기준법의 적용을 받는 사업장인지 여부

근로기준법의 적용범위를 규정한 근로기준법 제10조 소정의 사업 또는 사업장이나 근로자를 정의한 같은 법 제14조 소정의 직업은 그 종류를 한정하고 있지 아니하므로 종교사업도 위 각 조문의 사업이나 사업장 또는 직업에 해당된다(대법원 1992. 2. 14. 선고 91누8098호 판결).

교회 산하 유치원 교사가 근로기준법상 근로자인지 여부

임금을 정의한 근로기준법 제18조에 의하면 임금이라 함은 그 명칭을 불문하고 근로의 대상으로 사용자로부터 받는 일체의 금품을 말하는 것이므로, 교회 산하의 유치원 교사는 교회에 근로를 제공하고 그 대가로 교회로부터 임금을 수령하는 근로자이다(대법원 1992. 2. 14. 선고 91누8098호 판결).

부목사, 교육전도사가 근로기준법상 근로자인지 여부

교회에 소속된 부목사는 임면과 지위에 있어 담임목사와 직접적인 종속관계에 있다고 보기 어렵고, 그에게 지급되는 금원도 목회활동의 대가로 지급되는 것으로서 생활보조금의 성격이 강하다고 보아야 하는 점 등에 비추어, 교육전도사는 신학대학교 신학대학원 학생의 신분을 가지고 있으므로 교회에서 수행한 교리학습지도가 신학대학교 수업의 일환으로 볼 수 있고, 그에게 지급된 금원도 소액으로서 근로소득세 원천징수도 하지 아니하였으며, 임금, 임면 등에 대한 별도의 규범이 마련되어 있지 아니한 점 등에 비추어, 근로기준법상 근로자에 해당하지 아니한다(서울행법 2005. 12. 27. 선고 2005구합13605호 판결).

다. 교회 · 교직자의 기타 민사 법률문제

목사의 정년과 가동연한
(1) 일반적으로 목사의 가동연한은 그 업무내용에 비추어 일반 육

체노동을 주로 하는 노무 직종의 가동연한과 같이 60세가 끝날 때까지라고 볼 수 없다(대법원 1991. 8. 27. 선고 91다2977호 판결).

(2) 목사인 甲과 같은 대한예수교장로회 소속 교회의 목사 중 70세 이상으로 실제 시무하고 있는 자는 전국을 통틀어 7명에 불과하고 그 비율도 전체 목사 중 0.2%에 불과하며, 그중에는 무임 시무자도 포함되어 있지만, 甲은 교통사고 당시 43세 10개월 정도의 나이로서 기대여명이 27년 9개월이고 예상 생존 연령은 71세 7개월까지이므로, 목사로서 甲의 가동연한은 70세가 되는 날까지로 봄이 상당하다(대법원 1997. 6. 27. 선고 96다426호 판결).

(3) 개인적 자유전문직인 의사나 한의사의 가동연령이 경험칙상 65세까지 인정되는 점에 비추어 볼 때 목사는 일반적으로 취업하여 교인들의 단체와 조직을 총괄하고 다중 집회를 주재하여야 하는 등의 직무 특성에 비추어 보면 일반적인 경험칙으로서 70세가 될 때까지 일할 수 있다고 보기는 어렵다고 할 것이므로 사고 당시 31세에 불과한 원고가 목사로서 70세가 될 때까지도 일할 수 있다고 인정하기 위하여는 목사의 연령별 인원수, 취업률 또는 근로참가율 및 근로조건과 정년 제한 등 제반 사정을 조사하여 이로부터 경험칙상 추정되는 가동연한을 도출하든가 또는 당해 피해 당사자인 원고의 연령, 경력, 근무조건, 건강상태 등 개인적 구체적인 사정을 고려하여 위와 같은 가동연한을 인정할 수 있어야 할 것이다. 위 목사가 소속된 대한예수교장로회 총회 소속 목사에 대한 정년은 따로 정하여져 있지 않고 종신까지 시무할 수 있도록 되어 있는데 통상적으로 목사는 70세까지

시무한다는 증인 1명의 증언이 있을 뿐인바, 이와 같은 점만으로 원고가 목사로서 70세가 될 때까지 일할 수 있다고 인정하기에는 부족하다고 할 것이다(대법원 1998. 12. 8. 선고 98다39114호 판결).

목사를 지망하는 신학생의 일실수입 산정기준
불법행위로 인한 상실수입액의 산정에 있어서는 특별한 사정이 없는 한 도시출신으로서 건강한 사람이라면 누구나 최소한 도시일용노동에 종사하여 그 임금 상당의 수입을 얻는다는 개연성이 있다 할 것이므로 원심이 피해자가 장래 목사를 지망하는 4년제 신학교의 1학년 학생인 경우 그 일실수입을 계산함에 있어 도시일용노동에 종사하여 얻을 것으로 기대되는 임금 상당의 수익을 기준으로 하였음은 정당하다(대법원 1980. 9. 24. 선고 80다1767호 판결).

예배에 사용하는 물건은 압류하지 못한다
예배에 직접적으로 공용하는 물건인 종은 민사소송법 제532조 제1항 제8호에 해당하는 압류금지물이다(대법원 1965. 2. 10. 선고 64마1092호 판결).

※ 구 민사소송법 제532조는 현행 민사집행법 제195조에 해당한다. 민사집행법 제195조(압류가 금지되는 물건) 제8호는 '위패·영정·묘비, 그 밖에 상례·제사 또는 예배에 필요한 물건'은 압류하지 못한다고 규정하고 있다.

임차 건물의 일부 주거사용과 주택임대차 보호
(1) 甲목사는 1995년 7월 17일 乙로부터 당시 그가 신축하던 지상 3층, 지하 1층 건물 중 지하층 부분을 임차하였고, 위 건물은 일반주

거지역에 위치하여 그 용도가 지상 3층 부분은 모두 주택이고 지하층 부분만 근린생활시설(소매점)로 예정되어 있었는데, 甲목사는 위 지하층을 주거로 사용하면서 거기에서 교회도 개설(개척)하여 운영할 목적으로 임차하였던 관계로, 소유자인 乙의 승낙 아래 위 지하층 부분에다가 방 2칸과 부엌을 설치하는 등 이를 주거용으로 만들어 처와 자녀 2명을 데리고 입주한 후 가족들과 함께 일상생활을 영위하면서 소규모 교회의 목회활동을 하였으며, 그 과정에서 1995년 11월 3일 주민등록 전입신고를 마치고, 같은 해 12월 7일에는 그 임대차계약서에 확정일자까지 받아두었다. 甲목사가 임차한 위 지하층 부분 중 예배당으로 사용되는 부분의 면적은 주거용으로 사용되는 면적에 비하여 다소 넓기는 하지만, 주거용으로 사용되는 부분도 적지 않은 면적을 차지하고 있을 뿐만 아니라, 위 지하층에는 출입구와 창고 등으로 사용되는 부분이 별도로 있고, 甲목사와 그 가족은 위 지하층 부분을 임차한 이래 다른 주거 없이 이를 유일한 주거로 사용하여 왔다면 甲목사가 임차한 건물 부분은 주택임대차보호법 제2조 후문에서 규정하는 '주거용 건물의 일부가 주거 외의 목적으로 사용되는 경우'에 해당한다고 봄이 상당하다(대법원 2003. 5. 13. 선고 2003다11455호 판결).

(2) 주택임대차보호법 제2조 소정의 주거용 건물에 해당하는지 여부는 임대차 목적물의 공부상의 표시만을 기준으로 할 것이 아니라 그 실지용도에 따라서 정하여야 하고 건물의 일부가 임대차의 목적이 되어 주거용과 비주거용으로 겸용되는 경우에는 구체적인 경우에 따라 그 임대차의 목적, 전체 건물과 임대차 목적물의 구조와 형태 및 임차인의 임대차 목적물의 이용관계 그리고 임차인이 그곳에서 일상

생활을 영위하는지 여부 등을 아울러 고려하여 합목적적으로 결정하여야 한다. 甲은 이 사건 임차부분을 처음에는 주택으로만 사용하다가 약 1년 후부터는 예배를 드리는 교회로 사용하기 시작하여 현재까지 목사로서 교회를 운영하고 있고, 임차 당시에는 甲의 처와 두 자녀도 함께 전입신고를 마치고 이 사건 임차부분에서 거주하였으나, 이 사건 경매개시결정이 고지되기 약 1년 전에 같은 동(洞)에 있는 다른 아파트 등으로 전출하였다가 배당기일 약 3개월 전에 이 사건 임차부분으로 다시 전입하였으나 제1심 판결 선고 후에는 甲을 포함하여 전 가족이 이전 주소로 재차 전출한 점에 비추어 위 경매 전후를 통하여 적어도 甲의 처와 두 자녀는 이 사건 임차부분에 거주하지 않은 것으로 보이며, 이 사건 임차부분 중 예배실로 사용되는 부분의 면적은 51.66㎡이고, 주거용으로 사용되는 방 2개, 주방, 욕실, 베란다 등의 면적은 53.85㎡이며, 나머지 27.2㎡는 임차부분의 출입통로와 놀이공간, 보일러실 등으로 사용되고 있다면, 이 사건 임차부분은 임차 당시에는 그 주된 목적이 주거용인 것으로 볼 수 있으나, 그 후 교회용으로 사용되는 부분이 증가하여 이 사건 경매진행 당시에는 오히려 甲이 교회 이용을 주된 목적으로 하고 주거부분은 교회를 위한 부수적인 목적으로 이용한 것으로 보이며, 甲의 처와 두 자녀는 최초에는 임차부분에 거주하였으나 적어도 이 사건 경매개시 1년 전부터는 그 곳에서 거주하지 않은 것으로 보이고, 이 사건 임차부분에서 주거 목적으로만 사용되는 부분은 전체의 약 40%(53.85/132.71)에 불과한 점 등을 종합하여 보면, 이 사건 임차부분은 주택임대차보호법 제2조 소정의 주거용 건물에 해당한다고 볼 수 없다(대법원 2001. 9. 14. 선고 2001다37828호 판결).

(3) 이 사건의 건물은 대로변 상가지대에 위치하고 있으며 지층은 주점, 1층은 한식점, 3층은 사무실이고, 이 사건 건물 부분은 부동산등기부등본과 건축물관리대장의 용도란에 2층 사무실로 기재되어 있으며 甲이 이 사건 건물 부분에 관하여 임대차계약을 체결함에 있어 작성한 임대차계약서에는 "철근콘크리트 육즙 3층건 사무실용 일동 내"라고 기재되어 있고, 건물 외벽의 창문과 출입문에는 "A교회"라는 간판이 붙어 있는 사실, 甲은 이 사건 건물을 전도활동을 위한 교회로 사용하며 기거하기 위하여 임차하였으며, 乙(주 : 건물 소유자)과 약 86.2㎡ 넓이의 이 사건 건물 부분에 대하여 임대차계약을 체결할 당시에는 그곳 안쪽 구석에 약 3평 정도의 방 1개와 화장실이 있었고 나머지 부분은 넓은 홀로 이루어져 있었으나 그 후 甲은 이 사건 건물 부분 한쪽에 부엌과 거실을 설치한 사실, 홀에는 한쪽 구석에 1인용 소파 1개와 수십 개의 방석이 놓여 있어 교인들이 모여 예배를 보는 장소로 사용되고 있으며 홀의 면적이 그 외 부분의 면적에 비하여 훨씬 넓은 사실, 이 사건 건물 부분은 甲 혼자서 거주하고 있고 방은 교회에 오는 교인들과 손님들의 접대장소로 사용되고 있으며 이곳에 설치된 전화는 선교회장 명의인 사실을 인정할 수 있다면, 甲이 임대차계약을 체결할 당시 방 1개와 화장실만이 있었던 이 사건 건물 부분은 교회활동을 위한 비주거용 건물이라고 보여지며 설사 甲이 그 후 거실과 부엌을 설치하여 주거 목적에 사용될 수 있는 공간이 다소 확장되었다고 하더라도 이는 어디까지나 위 교회활동에 부수적으로 사용되는 공간으로서 비주거용 건물의 일부가 주거 목적으로 사용되는 것일 뿐, 주택임대차보호법 제2조 후문에서 말하는 "주거용 건물의 일부가 주거외의 목적으로 사용되는 경우"에 해당한다고 볼 수 없고, 가

사 甲이 거실 및 부엌을 설치하여 개조한 결과 이 사건 건물 부분이 주거용 건물에 해당되게 되었다고 하더라도 이 경우 임차인이 주택임대차보호법 소정의 대항요건을 갖추기 이전에 임대인이 그 개조를 승낙하였다는 등의 특별한 사정이 없는 한 위 법을 적용할 수 없다 할 것인 바, 甲이 이 사건 건물 부분에 입주하기 이전에 임대인으로부터 개조의 승낙을 얻었음을 인정할 수 없는 경우 이 사건 건물 부분은 주택임대차보호법 소정의 주거용 건물에 해당된다고 볼 수 없다(대구지법 1999. 4. 30. 선고 98나16171호 판결).

종교법인의 명칭에 전속사용권이 인정되는지 여부

원고(저자 주 : 사단법인 한국불교조계종)는 불교 교리 등의 홍보를 위한 언론, 출판에 관한 사업 등을 영위하기 위하여 설립된 종교단체로서 2012년 4월 9일 서울특별시장으로부터 민법 제32조에 따른 비영리법인으로서의 설립허가를 받고, 2012년 4월 19일 서울중앙지방법원 중부등기소에 그 설립등기를 하였다.

한편 피고는 별지 목록 기재 부동산에서 한국불교조계종 A사찰을 운영하고 있는 사람인데, 위 A사찰 입구에는 '사단법인 한국불교조계종총본산'이라는 간판이 설치되어 있고, 피고는 2013년 9월 11일 현대불교신문에 '사단법인 한국불교조계종'의 명칭을 사용하여 분한신고 공고를 하는 등 '사단법인 한국불교조계종'이라는 명칭을 계속 사용하고 있다.

원고는 '사단법인 한국불교조계종'이라는 명칭으로 법인설립허가를 받고 그에 따라 설립등기를 마친 사단법인으로서 위 법인 명칭에 대해 독점적·배타적 사용권을 가진다면서, 피고의 위 법인 명칭 사용금지 및 피고 운영의 A사찰에 설치된 '사단법인 한국불교조계종총본산'이라는 간판의 철거를 구하였다.

우리 법률에 따르면, 법인의 명칭이 상법상의 '상호'에 해당할 경우 상법 제23조의 규정에 의하여 상호전용권이 인정되어 이를 침해하는 상호의 사용 금지 등을 구할 수 있고, 또한 국내에 널리 알려진 타인의 상호 등을 부정하게 사용하는 등의 부정경쟁 영업행위가 있을 때에는 부정경쟁방지 및 영업비밀보호에 관한 법률에 따라 위와 같은 행위의 금지를 구할 수 있는 등 일부 법률에서만 일정한 요건 하에 명칭의 사용금지를 구할 수 있는 법적 근거를 명시하고 있을 뿐, 모든 법인 명칭에 관하여 그 전속적인 사용권을 일반적으로 인정하는 법률 규정은 민법 등 어느 법률에도 찾아볼 수 없다.

위와 같은 법률의 입법 취지 및 법인이 자신의 명칭을 결정하는 것은 원칙적으로 헌법상 보장되는 결사의 자유에 근거한 자율적 행위로 볼 수 있다는 점, 자연인 또는 법인의 성명권(명칭권)은 헌법상 행복추구권과 인격권의 한 내용을 이루는 것으로서 자신의 성명을 타인의 방해를 받지 않고 사용할 수 있도록 보장될 필요가 있다는 점, 특히 종교단체와 같은 비영리법인의 경우 상인인 영리법인과는 달리 그 명칭의 선사용자 또는 선등기자에게 명칭의 독점을 인정하는 것이 오히려 적절하지 않은 경우가 많다는 점 등의 사정을 종합하여 보면, 법령에 명시적인 규정이 없는 이상 법인, 특히 비영리법인의 명칭에는 전속적인 사용권이 인정되지 아니한다고 봄이 타당하고, 이 점은 그 명칭을 등기하였다고 하여 달리 볼 것이 아니다.

이 사건의 경우, 원고는 민법 제32조의 규정에 의한 비영리법인으로서 그 명칭이 상법상 상호에 해당하지 아니할 뿐만 아니라 부정경쟁 영업행위에도 포함되지 아니함은 명백하고, 달리 그 명칭 자체에 전속적인 사용권을 인정하는 법령상의 규정도 없다.

따라서 위 법리에 비추어 볼 때, 피고에게 명칭 사용 금지를 구하는 원고의 주장은 이유 없다(대구지법 상주지원 2014. 5. 1. 선고 2013가합 634호 판결).

종교단체의 인격권에 기하여 명칭사용 금지를 구할 수 있는지 여부
종교단체인 비영리법인은 그 명칭과 관련되는 인격적 이익을 가지고 있고, 그 명칭이 그 종교단체를 상징하는 것이므로 원칙적으로 다른 종교단체로부터 명칭을 모용당하지 않을 권리를 가진다고 보아야 한다. 따라서 다른 종교단체로부터 위법하게 명칭을 모용당하였을 때에는 손해의 배상뿐만 아니라 침해행위의 금지도 요구할 수 있는 것으로 해석할 수 있다. 그러나 한편 종교단체의 성격상 다른 종교의 단체와는 식별될 수 있도록 그 교의를 간결하게 나타내는 말을 명칭에 사용하는 것이 보통이고, 어느 종교단체의 명칭의 보호는 다른 종교단체의 명칭 사용의 자유를 제약한다는 점도 아울러 고려할 필요가 있다.

결국, 이러한 사정을 모두 종합하면, 어느 종교단체의 명칭이 모용당하지 아니할 권리를 위법하게 침해하였는지 여부는 다른 종교단체의 명칭 사용의 자유도 아울러 배려하여, 양자 명칭의 동일성·유사성뿐만 아니라 기존 명칭의 주지성 여부 및 그 정도, 쌍방 명칭의 식별 가능성, 명칭을 사용하기에 이른 경위, 그 사용 모습 등의 여러 사정을 종합적으로 고려하여 판단하여야 할 것이다.

이 사건의 경우, ① 한국불교조계종은 1992년경 초대 종정인 소외

인에 의하여 창종된 이래 불교계에서 널리 사용되던 명칭이고, 원고 법인 설립 이전부터 전국 여러 곳의 사찰에서 한국불교조계종이라는 명칭으로 등기를 마치기도 하였던 점, ② 피고는 위 창종 단계부터 관여하기 시작하여 1999년 5월경 피고가 주지로 있던 A사찰이 한국불교조계종의 사원으로 등록되기도 하였고, 2000년 8월경에는 사단법인 한국불교조계종의 사원으로도 등록된 점, ③ 한편 위 한국불교조계종은 원고 법인의 등록 전부터 이미 '사단법인 한국불교조계종'이란 명칭도 아울러 사용하면서 비법인사단으로서의 활동을 하여 온 것으로 보이는 점, ④ '사단법인'이란 법인의 종류를 나타내는 것일 뿐 그 자체가 어떠한 단체의 고유명칭이라고 할 수는 없는 점 등의 사정에 비추어 보면, 원고의 명칭이 피고에 의하여 위법하게 모용당하였다고는 볼 수 없다(대구지법 상주지원 2014. 5. 1. 선고 2013가합634호 판결).

11 교회와 조세(租稅)

교회는 법인세 납세의무의 주체가 아니다

교회를 법인격 없는 사단으로 인정하는 이상, 그 교회의 재산은 교인들의 총유에 속하고 교인들은 각 교회 활동의 목적범위 내에서 총유권의 대상인 교회 재산을 사용·수익할 수 있다 할 것인데, 이러한 교회가 법인격 없는 재단으로서의 성격을 함께 갖고 있다고 본다면, 교회 재산인 부동산이 교인의 총유이면서 동시에 법인격 없는 재단의 단독소유가 된다는 결과가 되어 그 자체가 모순될 뿐만 아니라 그 소유관계를 혼란스럽게 할 우려가 있으므로, 교회가 법인격 없는 사단이면서 동시에 법인격 없는 재단이라고 볼 수는 없다. 따라서 법인격 없는 사단에 불과한 교회는 국세기본법에 의해 법인세 납세의무의 주체가 된다고 볼 수 없다(대법원 1999. 9. 7. 선고 97누17261호 판결). - 따라서 세무실무상으로는 법인이 아니라 1거주자로 보아 세금을 부과한다.

목사관은 비과세대상

(1) 교회의 담임목사는 교회가 그 목적사업을 수행함에 있어서 필요불가결한 중추적 존재라 할 것이므로 어떤 건물을 담임목사의 유일한 주택으로 사용함은 교회의 목적사업에 직접 사용하는 것과 다름이 없으며, 이건 건물이 교회의 경내에 있지 아니하고 떨어져 있다고 하여 달리 볼 것이 아니므로 이 사건 건물은 지방세법 제107조 제1호 소정의 비과세대상에 해당한다(대법원 1983. 12. 27. 선고 83누298호 판결).

(2) 이 사건 건물이 교회의 경내에 있지 아니하고 떨어져 있다고 하더라도 교회가 종교, 자선 등 목적사업을 함에 있어서 필요불가결한 중추적 존재라고 할 교회의 대표자인 담임목사의 유일한 주택으로 사용함은 교회의 목적사업에 직접 사용하는 것과 다름없다고 할 것이므로 이 사건 목사관은 비과세대상에 해당한다(대법원 1983. 11. 22. 선고 83누456호 판결).

선교사용 주택으로 취득한 재산은 비과세대상

(1) 종교, 자선 등을 목적으로 하는 비영리법인이 그 사업목적의 하나인 전도를 위한 선교사의 주택 및 부지로 사용하는 재산은 종교사업을 수행하기 위하여 필요한 것으로서 그 사업에 직접 사용하는 것에 해당하므로 재산세 등의 과세대상이 되지 아니한다(대법원 1978. 10. 10. 선고 78누245호 판결).

(2) 종교법인이 선교사 사무실 및 주택의 부지로 토지를 소유하는 경우 그 지상건물이 동 종교법인의 선교사 명의로 보존등기가 되어 있으나 동인이 그 건물을 위 법인에 기부하고 동 법인이 이를 채납하여 사실상 법인 소유로 되었으며 그 건물은 신축 당시 이래로 선교사들이 선교사 사무실 겸 사택으로 사용해 왔다면 그 토지는 결국 종교를 목적으로 하는 사업경영자가 그 사업목적의 하나인 전도를 위한 선교사의 사무실 겸 주택의 부지로서 그 사업에 직접 사용하는 재산이라 할 것이므로 재산세 비과세대상인 재산이라 할 것이며, 법인이 그 토지상의 건물을 증여받아 사실상 목적사업에 사용하고 있는 이상 건물의 등기부상 소유명의자가 누구로 되어 있든지 간에 위 토지가 재산세 비과세대상의 재산임을 인정하는 데 아무런 소장이 없다(대법원 1978. 11. 14. 선고 78누168호 판결).

교회 신축용 부동산은 비과세대상

종교단체가 오로지 교회신축을 위하여 그 대지를 취득하는 경우에는 취득세를 부과할 수 없다 할 것이며, 다만 6월내에 정당한 사유 없이 오로지 그 사업목적에 사용하지 아니하는 경우에는 그것을 이유로 하여 취득세를 부과할 수 있다 할 것인 바, 위 부동산을 취득한 날로부터 6월이 경과하기도 전에, 6월이 경과하더라도 교회 부지로 사용할 수 없는 객관적, 주관적 사정이 있었다 하여 취득세부과처분을 하였다면 구 지방세법 제107조의 규정에 의하여 동 부과처분은 중대하고도 명백한 하자 있는 당연무효의 행정처분이다(대법원 1972. 12. 12. 선고 72누174호 판결).

교회 부지로 용도를 특정하여 매수한 토지는 비과세대상

종교의 보급 기타 교화를 목적으로 설립된 재단법인이 그 재단 소속 교회를 짓기 위하여 교회 부지로 용도를 특정하여 부동산을 매수하고 기본 재산에 편입시켜 설계 등 신축 준비를 하던 중 당국의 토지구획정리사업의 시행으로 교회를 지을 수 없게 되자 주무관청인 문화공보부장관의 허가를 받아 소외인 소유의 토지와 교환하여 그 위에 교회를 신축하여 사용해 오고 있다면 위 토지의 양도는 법인세법 제59조의3 제1항 제17호에 해당하여 그로 인하여 발생한 소득에 대하여서는 특별부가세를 부과할 수 없다(대법원 1986. 6. 24. 선고 85누189호 판결).

수양관 건물은 비과세대상

A교회 수양관에 대해 외부인들도 유료 사용하는 등 교회의 목적사업에 직접 사용되는 부동산으로 볼 수 없다는 이유로 취득세 및 등록세를 부과한 처분에 대하여, A교회는 '선교하는 교회'를 표방하고 있던 중 교회 신도들을 위한 원래의 수양관 시설이 부족하여 이 사건 수양관을 신축한 후 이를 관리하다가 다른 교회의 신도 등의 요청에 따라 일반 기독교인들에게 이 사건 수양관의 사용을 개방하게 된 점, ② A교회가 이 사건 수양관을 신축하여 교회 신도들뿐 아니라 일반 기독교인들에게 일상을 벗어난 기도, 예배, 쉼터 등의 공간을 제공한 것이 경제적 동기와 목적에 기인한 것이 아니고, 다른 교회 신도 및 일반인들에게 위와 같은 종교 활동을 통하여 신앙심을 고취시키고 널리 선교하는 종교적인 동기와 목적에 기인하는 것이며, 실제로도 위와 같은 목적에 무관하거나 그 범위를 넘는 시설이나 활동이 있다고는 보

이지 않는 점, ③ 이 사건 수양관의 이용인원 중 외부인들이 차지하는 비중은 원고 소속 교인들의 1/10 정도에 불과한 점, ④ 이 사건 수양관을 이용하는 외부인들로부터 관리비 등의 명목으로 지급받는 돈이 실제 운영비에 크게 못 미치는 적은 액수이고, 이 사건 수양관 운영비의 대부분은 자발적인 헌금이나 A교회 본당의 지원금으로 충당되고 있는 점 등을 종합해 보면, A교회가 이 사건 수양관을 그 고유의 사업인 선교사업을 위해 건립하여 이를 취득하였다고 보아야 할 것이다. 즉 교회가 그 소유의 수양관 건물을 그 교회 신도뿐 아니라 다른 교회 신도들에게도 이용하게 하였으나, 다른 교회 신도들의 이용횟수, 이용료 및 이용실태 등을 고려하여 보면, 위 교회가 그 수양관 건물을 수익사업에 사용할 목적으로 취득한 것으로 볼 수 없으므로 A교회에 대하여 취득세, 등록세 등을 부과한 처분은 위법하다고 할 것이다(춘천지법 2004. 6. 10. 선고 2003구합2401호 판결).

교육관 부지는 비과세대상

교회가 이 사건 택지를 교육관 부지로 이용한 것이 교회의 고유 업무에 이용한 것이 되는지에 대하여 살피건대, 교회의 교육이 종교법인의 고유 업무에 해당하는 것은 당연한 것이므로 교육관 부지로 이 사건 택지를 이용하는 것은 이를 교회의 고유 업무에 이용하는 것이 된다(즉 택지초과소유부담금 부과대상이 아니다)(대구고법 1994. 4. 21. 선고 93구3159호 판결).

교회 건물의 부속 토지는 비과세대상

교회 건물과 같은 경내에 있으면서 교회의 고유 업무에 직접 사용되는 건물의 부속 토지는 성질상 초과소유부담금 부과대상 택지에서 제외된다(대법원 1998. 10. 23. 선고 98두12512호 판결).

교회 건물과 같은 경내에 있는 관리인 숙소는 비과세대상

교회 건물과 같은 경내에 있는 교육관, 관리인 숙소 건물이 교회 건물에 비하여 소규모여서 교회 건물의 부속건물의 규모에 불과한 경우 교육관은 교회가 목적사업으로 하는 예배, 전도, 교육 등에 필요한 건물에 해당하며, 관리인의 숙소 역시 위 교회 건물 및 교육관의 효율적인 소유·관리를 위하여 항상 교회의 경내 등 가까운 곳에서 근무할 필요가 있는 관리인의 거주에 이용하기 위한 최소한의 숙소인 점 등에 비추어 보면 교회의 고유 업무인 경내 교회용지로 직접 사용되는 택지로서 (택지초과소유)부담금 부과대상 택지에서 제외된다고 봄이 상당하다(대법원 1998. 10. 23. 선고 98두12512호 판결).

부목사, 강도사, 전도사의 사택은 과세대상

(1) 비영리 사업자인 교회가 소유 토지 중 일부 지상의 주택 철거 시까지 이를 교회 소속 부목사들의 사택으로 사용하였다고 하더라도, 부목사는 교회의 필요에 따라 당회장인 위임목사를 보좌하기 위하여 수시로 노회의 승낙을 받아 임명되어 임의로 시무하는 목사라는 점에서 그 교회의 종교 활동에 필요불가결한 중추적인 지위에 있다고는 할 수 없으므로, 토지의 일부가 부목사들의 사택용으로 사용되는 것은 그 목적사업에 직접 사용되는 것이라고 할 수 없어 지방세법 제234조의12 제2호에 의한 종합토지세의 비과세대상에 해당하지 않는다(대법원 1997. 12. 12. 선고 97누14644호 판결).

(2) 지방세법 제107조 제1호와 제127조 제1항 제1호는 제사·종교·자선·학술·기예 기타 공익사업을 목적으로 하는 대통령령으로 정하는 비영리사업자가 그 사업에 사용하기 위한 부동산의 취득 및 그 등기에 대하여는 취득세와 등록세를 부과하지 아니한다고 규정하고 있는 바, 위 각 규정에서 비영리사업자가 당해 부동산을 '그 사업에 사용'한다고 함은 현실적으로 당해 부동산의 사용용도가 비영리사업 자체에 직접 사용되는 것을 뜻하고, '그 사업에 사용'의 범위는 당해 비영리사업자의 사업목적과 취득목적을 고려하여 그 실제의 사용관계를 기준으로 객관적으로 판단하여야 한다.

원고 교회의 부목사가 담임목사를 보좌할 목적으로 수시로 노회의 승낙을 받아 임시로 시무하는 것이라면 원고 교회의 종교 활동에 필요불가결한 중추적인 지위에 있다고는 할 수 없으므로, 부목사의 사택으로 제공된 부동산들이 원고 교회의 목적사업에 직접 사용되는 것이라고는 할 수 없어 위 각 규정에서 정한 비과세 대상에 해당하지 않는다(대법원 2009. 5. 28. 선고 2009두4708호 판결).

(3) 교회의 부목사, 강도사, 전도사 등은 모두 교회의 목적사업을 수행함에 있어 필요불가결한 중추적 존재라 할 수 없으므로, 그들의 주거용으로 사용한 아파트는 교회의 목적사업에 직접 사용하는 것이라고 단정할 수 없고, 따라서 이는 재산세 비과세대상에서 제외된다(대법원 1986. 2. 25. 선고 85누824호 판결).

선교단체 운영의 병원은 과세대상

지방세법 제245조의2 제1항 제1호에 의하면 '제사, 종교, 자선, 학술, 기예 기타 공익사업을 목적으로 하는 비영리사업자의 사업소에 대하여는 사업소세를 부과하지 아니하나 수익사업에 관계되는 재산할 및 종업원할에 대하여는 그러하지 아니하다'고 되어 있는 바, 비영리법인이 수행하는 어느 사업이 사업소세(事業所稅)의 비과세대상에서 제외되어 과세되는 지방세법 제245조의2 제1항 제1호 단서 소정의 수익사업인지 아닌지 여부는 당해 사업이 수익성을 가진 것인지 여부에 의하여 판단할 것이며 그 사업에서 얻는 수익이 종국적으로 고유 목적 사업의 재원조달에 충당된다 하여 그 수익성을 부정할 것은 아니며, 선교사업을 목적으로 하는 민법상 비영리법인으로서 같은 법 시행령 제207조 소정의 '비영리사업자'인 원고가 운영하는 병원의 의료사업에 위의 수익성이 있다면 위 병원을 찾아온 일부 극빈환자들에 대하여 병원 자체의 진료비 감면규정에 따라 진료비 감면의 혜택을 준다 하더라도 이것만으로는 위 병원의 수익사업체로서의 성격을 부정할 수는 없으므로 이를 사업소세의 비과세대상이라 할 수 없다(대법원 1991. 5. 10. 선고 90누4327호 판결).

사찰집사의 주거용 사택은 과세대상

구 지방세법 제112조 제2항은 대통령령으로 정하는 법인의 비업무용 토지 등을 취득한 경우의 취득세율은 일반세율의 100분의 750으로 한다고 규정하고 있고, 같은 법 시행령 제84조의4는, 법인의 비업무용 토지의 범위에 관하여 규정하면서, 그 제1항에서, 법 제112조 제2항의 규정에 의한 법인의 비업무용 토지는 법인이 토지를 취득한 날로부터 1년 이내에 정당한 사유 없이 그 법인의 고유 업무에 직접 사용하지 아니하는 토지를 말한다고 규정하고 있으며, 그 제4항 제

3호에서, 법인의 종업원(대표자를 포함한다)의 주거용으로 사용하기 위하여 사택·기숙사·합숙소 등의 건축물을 취득한 경우의 그 부속토지에 대하여는 제1항 등의 규정에 불구하고 법인의 비업무용 토지로 보지 아니한다고 규정하고 있는 바, 위 관계법령을 종합하여 보면, 법인이 취득한 토지가 같은 법 시행령 제84조의4 제4항 제3호에서 규정하는 건축물의 부속토지에 해당하는 이상 그 제1항 등에서 규정하는 비업무용 토지에 해당하는지의 여부에 불구하고 법인의 비업무용 토지로 볼 수 없으므로, 당해 토지의 취득은 같은 법 제112조 제2항의 규정에 의한 취득세의 중과세대상에 해당하지 아니한다고 할 것이다. 교회의 사찰집사는 교회의 종업원으로서 지방세법시행령 제84조의4 제4항 제3호 소정의 '법인의 종업원'에 해당한다. 교회의 사찰집사는 교회의 목적사업을 수행함에 있어서 필요불가결한 중추적 존재라 할 수 없어 그의 주거용으로 사용한 토지 및 건물의 취득이 지방세법 제107조 제1호의 규정에 의한 취득세의 비과세대상에 해당하지 아니한다(즉, 취득세의 중과세대상은 아니지만 취득세의 비과세대상도 아니다)(대법원 1995. 7. 11. 선고 95누2739호 판결).

교회 버스기사·관리인의 사택은 과세대상

택지소유상한에 관한 법률 및 같은 법 시행령의 관계 규정의 취지를 종합하여 보면, 종교 기타 공익사업을 영위하는 법인이 같은 법 시행 당시 택지를 소유하여 법인의 '고유 업무에 직접 사용'하는 경우에는 시장·군수의 허가를 받은 것으로 간주되어 같은 법 제18조 소정의 택지의 이용·개발의무를 이미 이행한 것이거나 같은 법 제10조의 규정에 의하여 취득한 택지로서 허가 받은 내용에 따라 이용·개발하는 택지에 해당하므로 택지초과소유부담금 부과대상 택지에서 제외되는 것이고, 여기서 말하는 '고유 업무에 직접 사용'이라 함은 교회의 중추적 업무에 사용되는 것만을 의미하는 것이므로 종교 법인이 그 소유의 주택을 버스기사·관리인의 사택으로 사용하는 경우에는 그 주택 부지는 여기에 해당하지 않는다(대법원 1997. 2. 28. 선고 96누6721호 판결).

교회의 임시 주차장은 과세대상

교회가 교육관 신축 예정 부지의 일부를 취득한 후 그 지상의 주택 일부를 철거하고 그 철거된 부지 일부를 교회 본당의 임시주차장으로 사용하고 있다고 하더라도, 이는 주차장법에 의한 건축물 부설주차장에 해당되지 아니할 뿐 아니라 기존의 교회 본당의 주차장으로 임시 사용하는 것에 불과하여 목적사업에 직접 사용하는 것으로 볼 수 없다 할 것이므로, 결국 위 토지가 목적사업에 직접 사용되고 있음을 이유로 그 부분 토지가 종합토지세 비과세대상이라고는 할 수 없다(대법원 1997. 12. 12. 선고 97누14644 판결).

간헐적으로 사용하는 야산은 교회 사업에 직접 사용하지 않는 경우에 해당

지방세법 제107조 및 제127조 제1항은 용도구분에 의한 '취득세·등록세 비과세사유'를 규정하면서 그중의 하나로 제1호에서 '공익사업을 목적으로 하는 비영리사업자의 그 사업에 사용하기 위한 부동산의 취득 및 등기'를 들고 있고, 각 본문 단서에서는 취득·등기일로부터 소정 기간 이내에 정당한 사유 없이 취득·등기한 부동산의 전부 또

는 일부를 그 사업에 직접 사용하지 아니한 경우에는 그 부분에 대하여는 취득세·등록세를 부과한다고 규정하고 있는 바, 그 각 규정에서 비영리사업자가 당해 부동산을 '그 사업에 직접 사용'한다고 함은 현실적으로 당해 부동산의 사용용도가 비영리사업 자체에 직접 사용되는 것을 뜻하고, '그 사업에 사용'의 범위는 당해 비영리사업자의 사업목적과 취득목적을 고려하여 그 실제의 사용관계를 기준으로 객관적으로 판단되어야 하는 것이다. 따라서 종교단체인 A교회가 토지를 취득한 이래, 그중 49,700㎡ 상에 교육연구 및 복지시설 건물, 주차장, 캠핑장, 운동장, 수영장 등을 설치하여 이를 신도들 및 교역자들의 교육연구 및 복지시설로 사용하여 왔지만, 나머지 655,571㎡는 수목이 울창한 야산으로서 그 자체로 산책로나 등산로 또는 극기훈련장이나 자연학습장 등으로 이용될 수 있는 상태였는데, A교회는 위 655,571㎡의 야산에 아무런 인공적인 시설물을 설치하지 아니한 채, 단지 산악 1·2·3코스, 산책로, 어린이 자연학습장, 곤충 관찰지대 등의 표지판을 곳곳에 세워두고, 1년에 약 4회 정도 위 교육연구 및 복지시설에서 신도들 및 교역자들의 수련회, 기도회 등을 개최할 때, 간헐적으로 위 야산의 극히 일부분의 지역에서 위 수련회 등의 프로그램의 하나로서 등산이나 공동체훈련 등의 행사를 실시하곤 하였으나 위 야산은 그 자체로 등산로나 산책로 또는 극기훈련장이나 자연학습장 등으로 사용될 수 있는 상태이고, A교회는 위 야산을 취득한 이래 처분 당시까지 이따금 극히 일부분의 지역에서 등산이나 공동체훈련 등 행사를 실시하곤 하였으나, 나머지 대부분의 기간 동안은 자연 그대로의 상태로 이를 방치하여 둔 것이라면 A교회는 위 야산을 그 고유의 목적사업에 직접 사용하였다고 보기 어려워 취득세·등록세 비과세요건에 해당한다고 할 수 없다(대법원 2003. 11. 28. 선고 2003두9039호 판결).

주택용 건물을 불법 용도변경하여 종교시설로 사용하는 경우
　택지소유상한에 관한 법률 및 같은 법 시행령의 관계 규정의 취지를 종합하면, 종교 기타 공익사업 또는 공공사업을 영위하는 법인이 같은 법 시행 당시 택지를 소유하여 그 고유 업무에 직접 사용하는 경우에는 시장·군수의 허가를 받은 것으로 간주되어 택지초과소유부담금의 부과대상에서 제외되고, 이때 그 고유 업무에 직접 사용하는 당해 택지상의 건물이 적법한 용도변경절차를 거치지 못하였다고 하여도 달리 볼 것은 아니라 할 것이지만, 종교 기타 공익사업 또는 공공사업을 영위하는 법인이 같은 법 시행 이후에 택지취득허가를 받아 취득한 택지의 경우에 있어서 위 부담금 부과대상에서 제외되기 위하여는 위 부담금 부과기간 동안 그 허가 받은 사용계획서의 내용에 따라 이용·개발되고 있어야만 하고, 이때 허가 받은 사용계획서의 내용이란 관련 법규에서 정한 택지취득허가기준에 적합하여야 할 뿐 아니라 적법한 절차에 따라 이용·개발하는 것을 뜻한다고 할 것이므로, 같은 법 시행 후 취득한 택지의 경우에는 당해 택지 상에 원래 주거용으로 사용할 수 있도록 건축되었고 공부상으로도 주택용으로 되어 있는 건물에 대하여 이를 적법한 용도변경 절차를 거침이 없이 종교 기타 공익사업 또는 공공사업을 영위하는 법인의 고유 업무에 직접 사용함으로써 무단으로 다른 용도로 사용하고 있다면, 특별한 사정이 없는 한, 그 건물의 부지는 위 부담금 부과대상에서 제외될 수는 없다고 할 것이다(대법원 1999. 2. 5. 선고 98두5781호 판결).

개인 명의로 등기 이전된 부동산은 조세 회피목적이 있어 과세대상

부동산을 매수한 실질소유자가 교회 명의로 소유권이전등기를 하였다가 그 후 자신의 명의가 아닌 며느리 명의로 소유권이전등기를 한 것에 대하여 등기가 교회 명의로 되어 있어 이를 담보로 은행융자가 불가능하여 개인 명의로 함으로써 융자를 받을 목적이었을 뿐 조세 회피목적이 없었다고 인정한 것은 채증법칙 위반의 위법이 있다(결국 이 경우는 상속세의 과세대상이 된다는 결론이다)(대법원 1991. 5. 28. 선고 91누1868호 판결).

종교법인 토지에 대한 특별부가세 과세를 인정한 사례

종교 법인이 토지를 고유 목적에 직접 사용하지 못한 것이 제3자가 토지를 불법 점유하였기 때문이었다고 하더라도, 양도 당시 고유 목적에 직접 사용하지 않고 있었던 이상 양도소득이 구 법인세법(1989년 12월 30일 법률 제4165호로 개정되기 전의 것) 제59조의3 제1항 제17호에 해당하여 특별부가세를 부과하지 아니한다고 볼 수 없다(대법원 1993. 2. 23. 선고 92누18849호 판결).

종교단체 소유의 토지가 비과세지로 되기 위한 요건

종교단체의 재산유지를 목적으로 하는 재단이 공익을 위한 사업에 제공하는 재산이었다 할지라도 그 토지의 소유자 또는 관리자의 신청이 있어야 재산세 등의 비과세지가 될 수 있으며 당연히 재산세의 비과세대상이 되는 것은 아니다(대법원 1972. 3. 28. 선고 71누225호 판결).

교회 재산에 대해 세금면제 신청을 하지 않은 경우

　조세평등주의의 이념에 비추어 볼 때, 비록 조세감면규제법에 의한 면제제도가 선교활동의 촉진을 통한 국민의 정신생활의 성숙이라는 정책적 목적을 실현함에 있어서 필요하다고 하더라도, 특히 정책목표달성이 필요한 경우에 그 면제혜택을 받는 자의 요건을 엄격히 하여 극히 한정된 범위 내에서 예외적으로 허용되어야 하는 것이다. 그러므로 면제신청 외 다른 특별부가세 요건을 갖춘 종교 법인이 위 면제신청을 하지 않아 특별부가세의 면제를 받지 못하는 불이익을 입게 되었다 하더라도 면제신청을 하여 특별부가세를 면제받은 종교 법인에 비하여 합리적 이유 없이 차별취급을 받은 것으로는 볼 수 없다(즉 조세평등주의에 반하는 위헌이라고 할 수 없다.) (헌법재판소 2000. 1. 27. 선고 98헌바6호 전원재판부 결정).

12 종교의 자유

가. 종교의 자유 보장과 그 한계

국가시험의 주일 시행과 종교의 자유

(1) 매년 반복하여 시행되는 사법시험의 시행일을 일요일로 정하는 것이 기독교인의 일요일에 예배행사에 참석할 종교적 행위의 자유를 제한하는 것으로 볼 수 있는지에 대하여, 종교적 행위의 자유는 신앙의 자유와는 달리 절대적 자유가 아니라 질서유지, 공공복리 등을 위하여 제한할 수 있는 것으로서 사법시험 제1차 시험과 같은 대규모 응시생들이 응시하는 시험의 경우 그 시험 장소는 중·고등학교 건물을 임차하는 것 이외에 특별한 방법이 없고, 또한 시험 관리를 위해 2,000여 명의 공무원이 동원되어야 하며 일요일 아닌 평일에 시험이 있을 경우 직장인 또는 학생 신분인 사람들은 결근, 결석을 하여야 하

고 그 밖에 시험당일의 원활한 시험 관리에도 상당한 지장이 있는 사정이 있는 바, 이러한 사정을 참작한다면 국가가 사법시험 제1차 시험 시행일을 일요일로 정하여 공고한 것은 국가공무원법 제35조에 의하여 다수 국민의 편의를 위한 것이므로 이로 인하여 청구인의 종교의 자유가 어느 정도 제한된다 하더라도 이는 공공복리를 위한 부득이한 제한으로 보아야 할 것이고, 그 정도를 보더라도 비례의 원칙에 벗어난 것으로 볼 수 없고 청구인의 종교의 자유의 본질적 내용을 침해한 것으로 볼 수도 없다. 또한 기독교 문화를 사회적 배경으로 하고 있는 구미 제국과 달리 우리나라에서는 일요일은 특별한 종교의 종교의식일이 아니라 일반적인 공휴일로 보아야 할 것이고 앞서 본 여러 사정을 참작한다면 사법시험 제1차 시험 시행일을 일요일로 정한 국가의 사법시험일자 공고가 청구인이 신봉하는 종교를 다른 종교에 비하여 불합리하게 차별대우하는 것으로 볼 수도 없다(헌법재판소 2001. 9. 27. 선고 2000헌마159호 결정).

(2) 법학적성시험 시행공고가 시험의 시행일을 일요일로 정하고 있는 것은 법학적성시험을 공휴일에 실시함으로써 가능한 한 다수의 국민이 본인의 학업·생계활동 등 일상생활에 가장 지장 없이 시험에 응시할 수 있도록 하고, 시험장소로 제공된 시설의 부담을 최소화함과 동시에 시험장소의 확보 및 기타 시험관리를 용이하게 하기 위한 것으로 그 목적에 정당성이 인정되며, 공식적인 휴일인 일요일을 시험일로 지정한 것은 이러한 목적을 달성함에 있어 적절한 수단이라고 할 것이다.

청구인은 시험의 시행일자가 대학교의 여름방학 기간에 해당한다는 점, 중등학교는 격주로 주5일 수업을 실시하고 대부분의 직장에서는 주5일 근무제를 실시하고 있다는 점, 사법시험 제2차 시험 및 의·치의학교육입문적성검사(DEET) 등이 모두 평일에 실시되는 점을 들어 평일이나 토요일에 시험을 실시하면서도 동일한 목적을 달성할 수 있음에도 적성시험의 시행일을 일요일로 정하고 있는 것은 피해의 최소성 및 법익의 균형성 원칙에 위배된다고 주장한다.

그러나 법학적성시험의 응시생 수는 2009학년도에는 10,960명, 2010학년도에는 8,428명에 달하고 있으며, 법학전문대학원협의회는 서울, 부산, 전주를 비롯한 9개의 시에 소재한 대학교 및 고등학교를 임차하여 시험장소로 사용하고 있다. 적성시험은 9개의 시에서 동일하게 시행되므로 시험에 대한 관리는 전국적으로 이루어져야 하는데, 시험장으로 임차된 학교별로 개학일시, 구체적인 계절학기의 일정, 보충수업의 일정, 토요일 수업 및 방과 후 학습의 진행 여부가 모두 다르기 때문에 시험일을 평일이나 토요일로 정할 경우 시험장의 확보 및 전국적인 시험의 관리에 어려움이 발생한다. 또한 철저한 시험관리 및 준비를 위해서는 시행일 전일에도 시험장의 사전점검이나 준비 등의 절차가 필요하다고 할 것인데, 시험의 시행일을 토요일로 정하는 경우에는 이러한 준비가 평일에 이루어지게 되어 시험장소로 제공된 학교에 부담을 주게 될 뿐만 아니라 위 학교의 일정에 따라 시험 준비 등의 절차가 변동되어 철저한 시험준비 및 관리에도 어려움이 있다.

또한 2010학년도 법학적성시험에 응시한 자들의 연령분포를 살펴보면 26~28세가 32.8%, 29~31세가 23.6%, 32~34세가 13.2%에 달하는 등 대학을 졸업한 후 상당기간이 경과한 자들의 응시율이 상당히 높아 상당수가 직장생활을 하고 있을 것으로 보이고, 실제로 2009학년도 법학전문대학원 입학전형결과를 보면 합격자의 상당수가 직장인임을 확인할 수 있다. 그런데 현행법상 연가가 보장되어 있다고는 하나 이직 내지 사직을 전제로 하는 법학적성시험 응시를 사유로 휴가를 받는 것은 쉽지 않고, 근로기준법 제50조 제1항에 따라 1주간의 근무시간이 40시간으로 제한되고 주5일 근무제가 확대 시행되고 있기는 하나, 20명 미만의 근로자를 사용하는 사업장이나(근로기준법 부칙 제4조 제6호), 사업의 종류에 관계없이 관리·감독업무 또는 기밀을 취급하는 업무의 경우에는(근로기준법 시행령 제34조) 주5일 근무제가 강제되고 있지 아니하고 있음을 고려할 때 적성시험의 시행일을 평일이나 토요일로 정할 경우에는 법학적성시험의 응시자 중 상당수를 차지하는 직장인들의 응시기회가 제한된다.

그리고 국가시험이라고 할지라도 각각의 시험별로 시행부처 및 시행기관이 달라 시험의 관리 및 준비능력이나 시험 시행에 투입되는 비용에 차이가 있고, 시험의 목적 및 실시기간 등에도 차이가 존재하므로, 여타 국가시험의 시행일을 평일 또는 토요일로 정하고 있다는 사실만으로 시험의 시행일을 일요일로 정하고 있는 적성시험 시행공고가 피해의 최소성 및 법익의 균형성 원칙에 반한다고 할 수는 없다.

이처럼 적성시험의 시행기관인 협의회가 국가공무원법 제35조에 따라 응시자의 편의를 최우선적으로 고려하여 자신들의 시험관리 및 준비능력, 가용자원 등을 감안하고, 평일, 토요일, 일요일 등으로 시험의 시행일을 정할 경우 국민들에게 발생하는 기본권 제한의 효과를 서로 비교하여 적성시험의 시행일을 일요일로 정한 점이 인정되는 이상, 주5일 근무제가 확대되고 있다거나 다른 국가고시의 시험일이 일요일이 아니라는 점만으로 적성시험 시행공고가 피해의 최소성의 원칙에 반한다거나 이를 통해 달성할 수 있는 공익이 제한되는 청구인의 기본권에 비해 작다고 말할 수는 없다.

따라서 적성시험 시행공고는 청구인의 종교의 자유를 침해하지 아니한다.

적성시험 시행공고가 시험의 시행일을 일요일로 정하고 있는 것이 일요일에 예배행사 참석과 기도, 봉사행위 이외의 다른 업무를 하지 않고 이를 거룩하게 보내는 것을 신앙적 의무로 정하고 있는 종교를 믿는 자들의 적성시험의 응시기회 및 법학전문대학원 진학 기회를 다소 제한하는 결과를 가져오기는 하나, 기독교 문화를 사회적 배경으로 하고 있는 구미 제국과 달리 우리나라에서는 일요일이 특정 종교의 종교의식일이 아니라 일반적 공휴일에 해당한다는 점 및 앞서 살펴본 여러 가지 사정을 고려할 때 일요일에 적성시험을 실시하는 것이 특정 종교를 믿는 자들을 불합리하게 차별대우하는 것으로 볼 수는 없다.

따라서 적성시험 시행공고는 청구인의 평등권을 침해하지 아니한다(헌법재판소 2010. 4. 29. 선고 2009헌마399호 결정).

'종교의 자유'라는 기본권 보장의 한계

종교, 양심, 학문, 예술의 자유 등 인간의 정신생활에 관한 기본권이라도 그것이 정신적, 내적 영역을 떠나 외부적으로 나타나는 종교, 학문 혹은 예술적 집회, 결사 등에 이른 때에는 이미 인간의 내적, 정신적 문제가 아니라 대외적인 것이므로 그것이 국가의 안전과 공공질서를 위태롭게 하는 것이라면 정당화될 수 없다(대법원 1982. 7. 13. 선고 82도1219호 판결).

종교상 이유로 한 국기경례 거부

학생들은 그 학교의 학칙을 준수하고 교내질서를 유지할 의무가 있으므로 그 종교의 자유 역시 그들이 재학하는 학교의 학칙과 교내질서를 해치지 아니하는 범위 내에서 보장된다. 따라서 국기에 대한 경례를 종교상의 우상숭배라 하여 거부한 학칙위반 학생의 제적처분은 정당하다(대법원 1976. 4. 27. 선고 75누249호 판결).

종교행위의 자유와 계엄 하의 정치활동

성인이나 명현의 진리에 관한 어록이나 명언이라 할지라도 그것을 인용하는 시기, 장소, 방법에 따라서는 법에 저촉될 수 있다. 계엄 하에 정치활동을 목적으로 하는 옥내외의 집회가 금지된 시기에 종교행사인 기독교 예배집회에서 피고인이 인간의 기본적 자유, 권력 및 법 등에 관한 연설을 하였음은 당시 공고 중에 있던 개헌안에 대한 불만 및 반대의사를 은연중 표현하는 정치활동으로 못 볼 바 아니다(대법원 1973. 5. 22. 선고 73도535호 판결).

종교교육과 학위수여의 요건

사립학교는 국·공립학교와는 달리 종교의 자유의 내용으로서 종교교육 내지는 종교선전을 할 수 있고, 학교는 인적·물적 시설을 포함한 교육시설로써 학생들에게 교육을 실시하는 것을 본질로 하며, 특히 대학은 헌법상 자치권이 부여되어 있으므로 사립대학은 교육시설의 질서를 유지하고 재학관계를 명확히 하기 위하여 법률상 금지된 것이 아니면 학사관리, 입학 및 졸업에 관한 사항이나 학교시설의 이용에 관한 사항 등을 학칙 등으로 제정할 수 있으며, 또한 구 교육법시행령 제55조는 학칙을 학교의 설립인가 신청에 필요한 서류의 하나로 규정하고, 제56조 제1항은 학칙에서 기재하여야 할 사항으로 '교과와 수업일수에 관한 사항', '고사(또는 시험)와 과정수료에 관한 사항', '입학·편입학·퇴학·전학·휴학·수료·졸업과 상벌에 관한 사항' 등을 규정하고 있으므로, 사립대학은 종교교육 내지 종교선전을 위하여 학생들의 신앙을 가지지 않을 자유를 침해하지 않는 범위 내에서 학생들로 하여금 일정한 내용의 종교교육을 받을 것을 졸업요건으로 하는 학칙을 제정할 수 있다.

기독교 재단이 설립한 사립대학이 학칙으로 대학예배의 6학기 참석을 졸업요건으로 정한 경우, 위 대학교의 대학예배는 목사에 의한 예배뿐만 아니라 강연이나 드라마 등 다양한 형식을 취하고 있고 학생들에 대하여도 예배시간의 참석만을 졸업의 요건으로 할 뿐 그 태도나 성과 등을 평가하지는 않는 사실 등에 비추어 볼 때, 위 대학교의 예배는 복음 전도나 종교인 양성에 직접적인 목표가 있는 것이 아니고 신앙을 가지지 않을 자유를 침해하지 않는 범위 내에서 학생들에게 종교교육을 함으로써 진리·사랑에 기초한 보편적 교양인을 양성하는 데 목표를 두고 있다고 할 것이므로, 대학 예배에의 6학기 참석을 졸업요건으로 정한 위 대학교의 학칙은 헌법상 종교의 자유에 반하는 위헌무효의 학칙이 아니다(대법원 1998. 11. 10. 선고 96다37268호 판결).

구치소 내 수용자의 종교행사 참석 제한

(1) 형의 집행 및 수용자의 처우에 관한 법률 제45조는 종교행사 등에의 참석 대상을 '수용자'로 규정하고 있어 수형자와 미결수용자를 구분하고 있지도 아니하고, 무죄추정의 원칙이 적용되는 미결수용자들에 대한 기본권 제한은 징역형 등의 선고를 받아 그 형이 확정된 수형자의 경우보다는 더 완화되어야 할 것임에도, 피청구인이 수용자 중 미결수용자에 대하여만 일률적으로 종교행사 등에의 참석을 불허한 것은 미결수용자의 종교의 자유를 나머지 수용자의 종교의 자유보다 더욱 엄격하게 제한한 것이다. 나아가 공범 등이 없는 경우 내지 공범 등이 있는 경우라도 공범이나 동일사건 관련자를 분리하여 종교행사 등에의 참석을 허용하는 등의 방법으로 미결수용자의 기본권을 덜 침해하는 수단이 존재함에도 불구하고 이를 전혀 고려하지 아니하였으므로 이 사건 종교행사 등 참석불허 처우는 침해의 최소성 요건을 충족하였다고 보기 어렵다. 그리고 이 사건 종교행사 등 참석불허 처우로 얻어질 공익의 정도가 무죄추정의 원칙이 적용되는 미결수용자들이 종교행사 등에 참석을 하지 못함으로써 입게 되는 종교의 자유의 제한이라는 불이익에 비하여 결코 크다고 단정하기 어려우므로 법익의 균형성 요건 또한 충족하였다고 할 수 없다. 따라서 이 사건 종교행사 등 참석불허 처우는 과잉금지원칙을 위반하여 청구인의 종교의 자유를 침해하였다(헌법재판소 2011. 12. 29. 선고 2009헌마527호 결정).

(2) 피청구인(저자 주 : 부산구치소장)은 출력수(작업에 종사하는 수형자)를 대상으로 원칙적으로 월 3~4회의 종교집회를 실시하는 반면,

미결수용자와 미지정 수형자에 대해서는 원칙적으로 매월 1회, 그것도 공간의 협소함과 관리 인력의 부족을 이유로 수용동별로 돌아가며 종교집회를 실시하여 실제 연간 1회 정도의 종교집회 참석 기회를 부여하고 있다. 이는 미결수용자 및 미지정 수형자의 구금기간을 고려하면 사실상 종교집회 참석 기회가 거의 보장되지 않는 결과를 초래할 수도 있다. 나아가 피청구인은 현재의 시설 여건 하에서도 종교집회의 실시 회수를 출력수와 출력수 외의 수용자의 종교의 자유를 보장하는 범위 내에서 적절히 배분하는 방법, 공범이나 동일사건 관련자가 있는 경우에 한하여 이를 분리하여 종교집회 참석을 허용하는 방법, 미지정 수형자의 경우 추가사건의 공범이나 동일사건 관련자가 없는 때에는 출력수와 함께 종교집회를 실시하는 등의 방법으로 청구인의 기본권을 덜 침해하는 수단이 있음에도 불구하고 이를 전혀 고려하지 아니하였다. 따라서 이 사건 종교집회 참석 제한 처우는 부산구치소의 열악한 시설을 감안하더라도 과잉금지원칙을 위반하여 청구인의 종교의 자유를 침해한 것이다(헌법재판소 2014. 6. 26. 선고 2012헌마782호 결정).

나. 양심적 병역거부의 문제

양심 실현의 자유와 병역의무

(1) 입영기피에 대한 처벌조항인 병역법 제88조 제1항의 '정당한 사유'는 원칙적으로 추상적 병역의무의 존재와 그 이행 자체의 긍정을 전제로 하되, 다만 병무청장 등의 결정으로 구체화된 병역의무의 불

이행을 정당화할 만한 사유, 즉 질병 등 병역의무 불이행자의 책임으로 돌릴 수 없는 사유에 한하는 것으로 보아야 할 것이고, 다만 다른 한편, 구체적 병역의무의 이행을 거부한 사람이 그 거부 사유로서 내세운 권리가 우리 헌법에 의하여 보장되고, 나아가 그 권리가 위 법률조항의 입법목적을 능가하는 우월한 헌법적 가치를 가지고 있다고 인정될 경우에 대해서까지도 병역법 제88조 제1항을 적용하여 처벌하게 되면 그의 헌법상 권리를 부당하게 침해하는 결과에 이르게 되므로 이때에는 이러한 위헌적인 상황을 배제하기 위하여 예외적으로 그에게 병역의무의 이행을 거부할 정당한 사유가 존재하는 것으로 봄이 상당하다.

헌법이 보호하고자 하는 양심은 '어떤 일의 옳고 그름을 판단함에 있어서 그렇게 행동하지 않고는 자신의 인격적 존재 가치가 파멸되고 말 것이라는 강력하고 진지한 마음의 소리로서 절박하고 구체적인 양심'을 말하는 것인데, 양심의 자유에는 이러한 양심 형성의 자유와 양심상 결정의 자유를 포함하는 내심적 자유뿐만 아니라 소극적인 부작위에 의하여 양심상 결정을 외부로 표현하고 실현할 수 있는 자유, 즉 양심상 결정에 반하는 행위를 강제 받지 아니할 자유도 함께 포함되어 있다고 보아야 할 것이므로 양심의 자유는 기본적으로 국가에 대하여, 개인의 양심의 형성 및 실현 과정에 대하여 부당한 법적 강제를 하지 말 것을 요구하는, 소극적인 방어권으로서의 성격을 가진다.

헌법상 기본권의 행사가 국가공동체 내에서 타인과의 공동생활을 가능하게 하고 다른 헌법적 가치 및 국가의 법질서를 위태롭게 하지 않는 범위 내에서 이루어져야 한다는 것은 양심의 자유를 포함한 모든 기본권 행사의 원칙적인 한계이므로, 양심 실현의 자유도 결국 그 제한을 정당화할 헌법적 법익이 존재하는 경우에는 헌법 제37조 제2항에 따라 법률에 의하여 제한될 수 있는 상대적 자유라고 하여야 할 것이다.

병역법 제88조 제1항은 가장 기본적인 국민의 국방의 의무를 구체화하기 위하여 마련된 것이고, 이와 같은 병역의무가 제대로 이행되지 않아 국가의 안전보장이 이루어지지 않는다면 국민의 인간으로서의 존엄과 가치도 보장될 수 없음은 불을 보듯 명확한 일이므로, 병역의무는 궁극적으로는 국민 전체의 인간으로서의 존엄과 가치를 보장하기 위한 것이라 할 것이고, 양심적 병역거부자의 양심의 자유가 위와 같은 헌법적 법익보다 우월한 가치라고는 할 수 없으니, 위와 같은 헌법적 법익을 위하여 헌법 제37조 제2항에 따라 피고인의 양심의 자유를 제한한다 하더라도 이는 헌법상 허용된 정당한 제한이다.

병역의무의 이행을 확보하기 위하여 현역입영을 거부하는 자에 대하여 형벌을 부과할 것인지, 대체복무를 인정할 것인지 여부에 관하여는 입법자에게 광범위한 입법재량이 유보되어 있다고 보아야 하므로, 병역법이 질병 또는 심신장애로 병역을 감당할 수 없는 자에 대하여 병역을 면제하는 규정을 두고 있고, 일정한 자에 대하여는 공익근무요원, 전문연구요원, 산업기능요원 등으로 근무할 수 있는 병역특례제도를 두고 있음에도 양심 및 종교의 자유를 이유로 현역입영을 거부하는 자에 대하여는 현역입영을 대체할 수 있는 특례를 두지 아니하고 형벌을 부과하는 규정만을 두고 있다고 하더라도 과잉금지 또는 비례의 원칙에 위반된다거나 종교에 의한 차별금지 원칙에 위반된다고 볼 수 없다.

양심적 병역거부자에게 그의 양심상의 결정에 반한 행위를 기대할 가능성이 있는지 여부를 판단하기 위해서는, 행위 당시의 구체적 상황하에 행위자 대신에 사회적 평균인을 두고 이 평균인의 관점에서 그 기대가능성 유무를 판단하여야 할 것인바, 양심적 병역거부자의 양심상의 결정이 적법행위로 나아갈 동기의 형성을 강하게 압박할 것이라고 보이기는 하지만 그렇다고 하여 그가 적법행위로 나아가는 것이 실제로 전혀 불가능하다고 할 수는 없다고 할 것인바, 법규범은 개인으로 하여금 자기의 양심의 실현이 헌법에 합치하는 법률에 반하는 매우 드문 경우에는 뒤로 물러나야 한다는 것을 원칙적으로 요구하기 때문이다(대법원 2004. 7. 15. 선고 2004도2965호 전원합의체 판결).

※ 대법원은 위와 같은 이유로 '여호와의 증인' 신도가 현역입영통지서를 받고 종교적 양심에 따라 입영을 거부한 것은 병역법 위반죄에 해당한다고 판시하였다.

※ 위 대법원 전원합의체 판결 이후 양심 및 종교의 자유를 이유로 한 병역의무 거부는 종교의 자유 또는 양심의 자유에 속하는 것으로 보고 있으나, 종전 판례는 아래와 같이 속하지 않는 것으로 보았다.

(2) 종교의 교리를 내세워 법률이 규정한 병역의무를 거부하는 것은 헌법에서 보장한 종교와 양심의 자유에 속하는 것이 아니다(대법원 1985. 7. 23. 선고 85도1094호 판결).

(3) 종교의 교리를 내세워 법률이 규정한 병역의무를 거부하는 것과 같은 이른바 '양심상의 결정'은 헌법에서 보장한 종교와 양심의 자유에 속하는 것이 아니다(대법원 1992. 9. 14. 선고 92도1534호 판결).

(4) 그리스도인의 소위 양심상의 결정으로 군복무를 거부하는 것은 헌법에서 보장한 양심의 자유에 속하지 아니한다(대법원 1969. 7. 22. 선고 69도934호 판결).

대체복무제도와 국제규약

양심적 병역거부자에게 병역의무 면제나 대체복무의 기회를 부여하지 아니한 채 병역법 제88조 제1항 위반죄로 처벌한다고 하여 '시민적 및 정치적 권리에 관한 국제규약'에 반한다고 해석되지는 아니한다(대법원 2007. 12. 27. 선고 2007도7941 판결).

신앙을 이유로 집총훈련을 거부한 행위의 위법성

모든 국민이 종교의 자유를 가진다고 하여서 병역의 의무를 거부할 수 있는 것은 아니므로 군에 입대한 피고인이 '제7일 안식일 예수재림교'를 신봉한다고 하여 소속중대장의 집총훈련을 받으라는 정당한 명령을 거부할 수는 없다(대법원 1965. 12. 21. 선고 65도894호 판결).

다. 신앙생활과 이혼사유

배우자에게 부당하게 신앙 포기를 강요한 경우

신앙생활과 가정생활이 양립할 수 없는 객관적 상황이 아님에도 상대방 배우자가 부당하게 신앙생활과 가정생활의 양자택일을 강요하기 때문에 부득이 신앙생활을 택하여 혼인관계가 파탄에 이르렀다면 그 파탄의 주된 책임은 양자택일을 강요한 상대방에게 있다고 할 것이므로 이 배우자의 이혼청구는 허용할 수 없다(대법원 1981. 7. 14. 선고 81므26호 판결).

과도한 신앙생활은 이혼사유가 될 수 있다
신앙의 자유는 부부라고 하더라도 이를 침해할 수 없는 것이지만, 부부 사이에는 서로 협력하여 원만한 부부생활을 유지하여야 할 의무가 있으므로 그 신앙의 자유에는 일정한 한계가 있다 할 것인바, 처가 신앙생활에만 전념하면서 가사와 육아를 소홀히 한 탓에 혼인이 파탄에 이르게 되었다면 그 파탄의 주된 책임은 처에게 있는 것으로 보아야 할 것이다.

원고와 피고는 혼인신고를 마친 부부로서 슬하에 두 아들을 두었는데, 그간 비교적 원만한 부부생활을 하여 오다가 1990년 여름경부터 피고가 '여호와의 증인'이라는 종교를 믿기 시작하면서 자주 집을 비우고 가사와 아이들의 뒷바라지를 소홀히 한 탓에 불화가 생긴 사실, 이에 원고는 위 종교로 인한 피고와의 갈등을 해소하기 위해서 1년간 원고가 위 종교의 교리를 공부해 보되 그럼에도 위 종교를 믿을 마음이 생기지 않으면 피고도 위 종교를 믿지 않기로 약속한 후 1990년 가을경부터 1991년 가을경까지 1년간 교리공부를 하였고, 그 후 다시 1992년 1월경부터 1993년 3월경까지 1년 2개월간 교리공부를 하고 교인들을 만나는 등 위 종교를 이해하기 위하여 많은 노력을 기울였음에도 위 종교를 믿을 마음이 생기지 않아 피고에게 약속대로 위 종교를 믿지 말라고 요구하였으나 피고는 이혼을 하면 했지 종교를 버릴 수 없다면서 이를 거절한 사실, 피고는 1993년 2월경 침례를 받아 위 종교의 정식 교인이 되었는데 그 이후 더욱 더 종교활동에 심

취, 경도되는 바람에 이로 인하여 서로 다투다가 같은 해 3월 30일에 이르러 피고가 결혼할 때 가져온 금 1,500,000원을 위자료조로 지급하고 서로 이혼하기로 합의한다는 내용의 협의이혼서까지 작성한 사실, 피고는 평소 위 종교에서 금한다는 이유로 원고가 장남임에도 불구하고 시댁의 제사나 차례는 물론 시부모의 생일에도 참석하기를 거부할 뿐 아니라 제물 및 음식 차리는 일까지 거들지 않았으며 이로 인하여 피고의 시아버지와 싸우기까지 하였고, 두 아들에게는 국기에 대한 경례나 애국가 제창 및 수혈을 하지 말도록 교육시키고 두 아들의 수혈거부증까지 만들어 와서 원고와 다투기도 한 사실, 원고는 나중에는 하는 수 없이 피고의 신앙생활을 용인하면서 다만 가정일에는 충실하기로 다짐을 받았으나, 피고는 전과 같은 태도로 계속 가정일을 소홀히 하고 아이들에게 관심을 갖지 아니할 뿐 아니라(당시 초등학교 1학년인 아들은 담임선생으로부터 학습준비물을 제대로 준비해 오지 않는다는 지적을 받기도 하였다), 1994년 3월 19일에는 종교집회에 참가한다고 집을 나가 5일간 들어오지 않는 바람에 원고가 아이들을 돌보느라 출근하지 못한 일도 있었고, 이에 원고는 같은 해 4월경 아들을 원고의 본가가 있는 성남으로 전학시켜 조부모 밑에서 학교에 다니도록 하였다가 2개월 후 다시 데려오기도 한 사실, 그 무렵인 같은 해 4월경 원고는 위 협의이혼서대로 피고에게 금 1,500,000원을 지급한 다음 이혼해 줄 것을 요구하였으나 피고는 이를 거절한 사실, 그 후에도 피고는 원고의 수차에 걸친 요청에도 불구하고 종교에 경도되어 가정 일을 소홀히 하다가 급기야는 같은 해 8월 9일 직장에 있는 원고에게 전화를 걸어 집을 나갈 터이니 아이들을 책임지라고 일방적으로 통고하고, 아이들에게는 "엄마는 멀리 여행 간다. 미안하다"는 내용의 메모를 남기고 집을 나가 버렸다. 그렇다면 원고가 피고를 이해하기 위하여 2년 이상 위 종교의 교리를 배우는 등 원만한 혼인 생활을 하기 위하여 부단히 노력을 하고 그 간 수차례 피고에게 가정생활에 충실할 것을 호소하였음에도, 피고가 이에 불응하고 원고와의 약속을 저버리고 종교에 몰두하여 가정 및 혼인생활에 소홀히 함으로써 원고와 피고 사이의 혼인관계가 파탄에 이르게 되었으므로 그 파탄의 주된 책임이 피고에게 있다(대법원 1996. 11. 15. 선고 96므851호 판결).

라. 종교박해와 난민

난민불인정처분을 취소한 사례

원고는 미얀마 친(Chin)족 출신으로 기독교 교회의 목사로 활동하던 사람이고, 대규모 종교행사를 개최하다가 신병의 위협을 느끼고 도피하여 대한민국에 입국한 후 난민인정 신청을 하였으나 법무부장관이 이를 불허하는 처분을 하였다.

미얀마의 기독교 활동에 대한 억압은 주로 친(Chin)족 등 소수 민족의 반정부활동에 대한 탄압과 연계하여 이루어지고 있고, 비록 미얀마 내에서 기독교도들의 통상적 종교활동이 어느 정도 허용되고 있고 신청인 역시 2004년 이전에는 복음 전도활동으로 인하여 별다른 박해를 받은 적이 없다고 하더라도, 자신이 목사로 있던 교회에서 대규모 종교행사를 개최함으로써 미얀마 정부의 주목을 받게 되었고, 제반 정황으로 볼 때 미얀마 정부로서는 이러한 종교활동이 반정부 활동과 연계된 것이라고 의심하여 신청인 등의 종교행사 관계자들을 탄

압 대상으로 삼을 가능성이 큰 점 등에 비추어, 신청인에게 '소수민족이라는 신분, 기독교라는 종교, 정치적 의견 등으로 박해를 받을 우려가 있다고 볼 만한 충분한 근거가 있는 공포'가 있으므로 위 처분을 취소한다(서울행정법원 2010. 4. 1. 선고 2009구합38312호 판결).

에필로그

　지금까지 교회나 신앙생활과 관련하여 발생할 수 있는 여러 가지 법률문제에 대해 살펴보았다. 보통 교회와 관련하여 법(法)이 이야기 되는 것은 대체로 좋지 못한 상황에서 비롯된다. 교인들 간에 분쟁이 생긴 경우일 수도 있고 교회 재산에 관해 다툼이 발생한 경우일 수도 있으며, 교단 내의 분쟁일 수도 있다. 종교영역에 법이 개입하는 것 자체는 바람직하지 못한 현상이라고 생각되나, 이러한 교회 분쟁이 종종 발생하여 세상법이 개입하고 있는 것은 외면할 수 없는 현실이다. 그리고 유감스럽게도 일단 발생한 교회 분쟁은 잘 해결되지 않고 복잡해지면서 장기화되는 경향을 나타내고 있다. 이런 이유 등으로 판사나 검사들은 교회 분쟁사건 맡는 것을 껄끄러워 한다. 참으로 안타까운 일이 아닐 수 없다.
　한국 기독교계가 1990년대 이후 침체기에 접어들고 있다는 지적들이 있다. 여러 가지 이유들이 있겠지만, 교회에 대한 신뢰 저하가 큰 원인이 될 것이다. 그리고 그 신뢰 저하에는 교회 분쟁도 한몫을 하고 있음을 지적하지 않을 수 없다. 기독교연합단체나 교단이 교권 다툼에 나서는 경우가 있고, 교회의 주도권을 잡기 위한 교회 안의 분쟁이 언론에 보도되기도 한다. 이런 일이 있을 때마다 세상 사람들은 "믿는 사람들이 왜 그래?" 하며 교회를 조롱한다. 교회 분쟁이 교회와 기독교에 대한 사회적 선호도를 떨어뜨리고 있는 것이다.

교회 분쟁을 세상 법정으로 가져가면 소송을 건 사람이나 소송을 당한 사람이나 모두 손해를 보게 된다. 목사가 자신의 교회에 속한 성도를 고소한다면 그 자체로 그 목사에 대한 평가절하의 원인이 된다. 고소를 당한 성도도 수사와 재판 과정에서 많은 어려움을 겪게 된다. 비록 소기의 목적에 이른다고 하더라도 신앙적으로는 이미 많은 것을 잃게 되는 것이다.

따라서 교회 분쟁은 사전에 예방되어야 한다. 교회 분쟁의 상당수는 교회관계 당사자들이 너무나 법을 몰라서 야기된다. 저자는 그 동안 수많은 교회관계자들로부터 교회나 신앙생활과 관련한 법률상담 요청을 받아왔다. 그런데 그중 대부분의 사안에 있어서는 당사자들이 '교회법'과 '교회에 적용되는 세상법'에 대해 미리 알고 적절히 대처하였더라면 그러한 문제가 아예 발생조차 하지 않았을 것이라는 결론을 내리게 되었다. 교회 분쟁의 상당수는 예방될 수 있다. 따라서 교회지도자들이나 의식 있는 기독교인들은 비록 법학을 전공하지 않았다고 하더라도 교회에 적용되는 세상법에 대해 최소한의 상식을 가져야 한다. 이것이 이 책을 쓰게 된 이유이다.

교인들이나 특히 교회지도자들은 '법'을 외면할 것이 아니라, 오히려 법이 '분쟁해결의 최후수단'이라는 인식 아래 법을 가까이 하여야 한다. 적어도 교회에 적용되는 법에 대해서는 잘 알고 있어야 할 것이다. 그래야 교회의 분쟁을 미리 예방할 수 있고, 일단 교회 분쟁이 발생한 경우에도 조속히 슬기롭게 수습해 나갈 수 있기 때문이다.

물론 '법' 자체가 매우 어려운 분야이기 때문에, 법률 비전문가인 기독교인들이 이를 잘 이해한다는 것은 쉬운 일이 아니다. 그러나 요즘은 우리 주변에도 법을 쉽게 해설한 책자들이 많이 출간되어 있고, 특히 교회에 관련된 법률문제에 대해서는 이 책에서 설명한 내용들만 살펴보면 대체로 그 해답을 알 수 있으리라고 본다.

아무쪼록 앞으로 이 땅의 교회에서는 분쟁으로 인해 세상 법정을 드나드는 불미스런 사례가 더 이상 발생하지 않게 되기를 갈망하면서, 재판과 관련된 성경구절을 인용하면서 글을 마치려고 한다.

"너희가 피차 고발함으로 너희 가운데 이미 뚜렷한 허물이 있나니 차라리 불의를 당하는 것이 낫지 아니하며 차라리 속는 것이 낫지 아니하냐?"(고린도전서 6장 7절)

사랑은 오래 참고 사랑은 온유하며 시기하지 아니하며
사랑은 자랑하지 아니하며 교만하지 아니하며
무례히 행하지 아니하며 자기의 유익을 구하지 아니하며
성내지 아니하며 악한 것을 생각하지 아니하며
불의를 기뻐하지 아니하며 진리와 함께 기뻐하고
모든 것을 참으며 모든 것을 믿으며 모든 것을 바라며
모든 것을 견디느니라
그런즉 믿음, 소망, 사랑, 이 세 가지는 항상 있을 것인데
그 중의 제일은 사랑이라

고린도전서 13장

요단 사역정신

"그러므로 너희는 가서 모든 민족을 제자로 삼아 아버지와 아들과 성령의 이름으로
침(세)례를 베풀고 내가 너희에게 분부한 모든 것을 가르쳐 지키게 하라
볼지어다 내가 세상 끝날까지 너희와 항상 함께 있으리라 하시니라"

1. For God and Church
　하나님의 영광과 그의 몸 된 교회의 영적 성장과 성숙을 위한 도서를 엄선하여 출판한다.

2. Prayer-focused Ministry
　기획・편집・제작・보급의 전 과정을 기도 가운데 진행한다.

3. Path to Church Growth
　건강한 교회를 세우는 축복의 통로로 섬긴다.

4. Good Stewardship and Professionalism
　선한 청지기와 프로정신으로 문서 사역에 임한다.

5. Creating a Culture of Christianity by Developing Contents
　각종 문화 컨텐츠를 개발함으로 기독교 문화 창달에 기여한다.